## 作者简介

**扈剑晖** 女，1980年生于广西南宁市，2015年获中央财经大学经济学博士学位。2006年至今就职于广西财经学院，副研究员。主要研究领域：政府经济与战略管理，公共部门绩效管理等。共完成国家哲学社课题1项，省部级课题4项，厅级课题2项，参与翻译出版译著1部，在学术期刊上发表论文20余篇。

国家安全视角下的

中俄能源合作战略研究

扈剑晖 ◎ 著

人民日报学术文库

人民日报出版社

图书在版编目（CIP）数据

国家安全视角下的中俄能源合作战略研究／扈剑晖
著 . —北京：人民日报出版社，2017.7
ISBN 978 - 7 - 5115 - 4684 - 5

Ⅰ.①国… Ⅱ.①扈… Ⅲ.①能源经济—经济合作—
研究—中国、俄罗斯 Ⅳ.①F426.2②F451.262

中国版本图书馆 CIP 数据核字（2017）第 153630 号

书　　名：国家安全视角下的中俄能源合作战略研究
作　　者：扈剑晖

出 版 人：董　伟
责任编辑：周海燕
封面设计：中联学林

出版发行　人民日报出版社

社　　址：北京金台西路 2 号
邮政编码：100733
发行热线：（010）65369509　65369527　65369846　65363528
邮购热线：（010）65369530　65363527
编辑热线：（010）65369518
网　　址：www. peopledailypress. com
经　　销：新华书店
印　　刷：北京欣睿虹彩印刷有限公司

开　　本：710mm×1000mm　1/16
字　　数：253 千字
印　　张：15.5
印　　次：2017 年 7 月第 1 版　　2017 年 7 月第 1 次印刷

书　　号：ISBN 978 - 7 - 5115 - 4684 - 5
定　　价：68.00 元

# 序　言

　　能源是当今世界经济发展的基本动力来源,当今以油气为代表的能源深刻影响着世界政治和经济格局。在目前复杂的国际政治环境中,能源已经成为大国间博弈以及各国强国战略的战略支点。而中俄两国既是世界上重要的能源消费国与生产国,又作为世界多极政治的重要力量,两国的能源合作也将深刻地影响国际政治格局。扈剑晖博士以中俄能源合作为选题开展的研究具有重要的理论和现实价值。

　　本书是扈剑晖博士在其博士论文的基础上进一步完善的成果。扈剑晖博士学习阶段一直跟随我进行"强国战略"的研究,并从"战略资源"的视角研究了苏俄时期的发展历程,这些前期准备为其研究中俄能源合作战略提供了基础。作为她的博士导师,我见证了她在此领域从摸索、熟悉到有自己深入思考的研究过程。

　　目前国家间能源合作的研究多基于国际政治理论,本书则在此基础上进一步尝试采用公共战略学的理论与方法探讨能源合作战略的分析与制定。总体来看,本书的贡献主要体现在以下三个方面。首先,该书创新了国家战略环境的分析框架。目前在国家战略环境分析中应用得广泛且成熟的工具仍是基于战略管理的SWOT分析法。但该法在此领域应用时,仍缺乏类似于PEST模型和波特五力模型等工具来配合进行环境要素的识别和分析,使该法在国家战略环境分析时的应用受限。本书则探索应用公共战略学中的议题管理法,架构能源合作环境的张力分析框架用于识别环境要素,并可用该框架进一步分析要素间相互作用产生的影响,使SWOT方法在国家战略环境分析中更具应用性;其次,将演化博弈方法应用于战略类型变迁的研究中。战略类型的划分及不同战略类型之间的转化是公共战略学研究的重要内容,但战略类型转化的研究多采用传统逻辑的形式来研究战略转化的路径。本书在此引入了演化博弈方法，采用数理逻辑方法研究了不同类型能源合作战略相互转化的条件及路径，提升了战略类型变迁研究的科学性；最后，本书在理论分析的基础上，对中俄能源合作战略进行讨论，并从国际政治的角度就中俄能源合作战略实施的难点提出了相应的对策建议。

"不谋全局者，不足以谋一隅，不谋大势者，不足以谋一时"。本书从国家安全利益的视角研究中俄能源合作问题，能够剖析不同历史阶段能源合作战略中隐含的国家安全利益和经济利益之间的冲突或协调，以及各利益集团在国家安全利益下的妥协。这对于解释不同时期的能源合作战略，以及思考未来能源合作战略需要服从怎样的国家战略利益时颇具价值。战略研究非常重要同时又很难把握，本书的研究成果并非尽善，但作为一个青年学者能在此领域深入探索并呈现阶段性的研究成果已难能可贵。希望作者后续研究中继续做到"知识"与"知势"的统一，将学问探究继续融入强国战略的思考，为战略研究不断输入新鲜血液和思想，吸引更多力量关注和参与到战略主题的研究中来。特此为序，予以共勉。

赵景华

2016 年 11 月 26 日于京

（赵景华教授，博士生导师，中央财经大学政府管理学院院长，中国管理现代化研究会秘书长。）

# 目　录
## CONTENTS

# 第一章

## 绪　论

国家安全指的是国家既没有面临外部威胁和侵害,又没有出现内部混乱和破坏的没有危险的客观状态(刘跃进,2004:51[①];丛鹏,2004:5;王帆,卢静,2010:72)。国家安全涉及国家基本的生存利益,在国家利益中居于核心地位。随着国际形势的复杂化,国家安全不仅仅局限于传统的军事、政治、领土和主权安全领域,更是扩展到了经济、文化、社会、环境、科技、信息等非传统安全领域。国家安全目标由不同领域的安全目标构成。能源作为国家战略资源,不但其本身的安全就是国家安全的重要构成,同时也影响着其他安全领域安全目标的实现。

能源在人类社会的生产生活中占有重要的地位。在 19 世纪的大部分时间里,煤炭是主导的燃料。到了 20 世纪,石油逐渐取代了煤炭,成为能源的主要形式。进入 21 世纪,对能源多样化需求及环境问题关注,许多国家逐步开始加快天然气、可再生能源以及核能源的应用。国际能源署(International Energy Agency,IEA)预计在 2035 年,化石燃料(石油、煤炭和天然气)仍在世界主要能源组合中占有 63% ~80% 的比例[②]。这意味着化石能源在今后很长一段时间内将仍是世界能源组合中最重要的种类。目前油气资源以其能效的优越性、资源的稀缺性、不可再生性及在人类生产生活中的重要性,被世界各国视为最重要的国家战略资源。但油气资源地理分布的不均衡性引发的供需安全以及运输安全问题,影响着各国的能源安全。目前能源安全构成国家安全的基础,是国家战略的重要的议题领域。

---

① 参见刘跃进主编. 国家安全学[M]. 北京:中国政治大学出版社,2012:年第 51 页. 此书的第一版为 2004 年出版,本书引用的 2012 年第二次印刷的版本。

② 资料来源:Energy Information Administration. World Energy Outlook (2012)[R]. http://www. Eia. gov. 2014/04/21:51.

在全球和平与发展的背景下,能源合作成为解决能源安全问题的重要途径,各国都在寻求多元的能源合作以解决能源安全问题。对一些国家而言(如能源资源缺乏的消费国及高度依赖能源出口的生产国),能源合作甚至成为解决能源安全问题的唯一途径。而国家间的能源合作受到经济、政治、文化、国际关系等各种因素的影响。各种国际和国内因素的影响交织在一起,使能源合作呈现复杂性。能源合作战略通过政治、经济、文化、外交等多种途径实现国家间的能源合作。通过能源合作战略的实施,获得能源合作利益的同时,帮助改善国家发展所面临的国际环境,为本国争取甚至创造更多的发展机会。因此,能源合作早已上升为国家战略,成为国家战略的重要组成。

国家战略的最终战略目标是实现国家安全。能源合作战略则通过推进国家间能源合作的实现,保障国家的能源安全,来支撑国家安全目标的实现。那么,在国家安全目标下的能源合作的战略目标是什么?国家间的能源合作为什么会产生?如何能实现?国家能源合作的战略是什么?这些都是政府战略管理者在能源合作时需要考虑的问题。中央政府作为国家战略的制定者和管理者,需要运用战略思维和战略管理方法,通过能源合作战略的制定和实施,最终支持国家安全目标的实现。本研究在认识能源合作规律的基础上,探讨中央政府在国家安全目标下在能源领域如何开展战略合作进行理论性的思考,以丰富能源合作战略以及国家战略的研究。

# 第一节　选题的背景和意义

中国和俄罗斯作为目前世界上最具有影响力的大国,两国的能源合作不仅关系着各自的国家安全利益,还足以影响世界的政治格局。因此,中俄两国的能源合作战略的研究具有重要的现实意义和理论价值。

## 一、现实背景
### (一)能源是构成国家安全的重要因素
国家安全概念自 20 世纪 40 年代由美国专栏作家沃尔特·李普曼(Walter

Lippman)提出后,一直是西方国际政治研究的核心领域(Marigold P. ,1990:2)。国家安全的研究经过了大半个世纪的发展,国家安全的外延也逐渐扩大。传统国家安全的外延包括了军事、政治、领土和主权安全领域。20世纪90年代,以巴瑞·布赞(1997)为代表的学者,将国家安全的外延扩展到非传统安全领域,认为国家安全包括军事、政治、经济、社会和(生态)环境等诸多安全领域①。进入21世纪后,中国学者在新安全理论的基础上,进一步扩展了国家安全的领域。中国学者刘跃进(2004)提出国家安全包括了国民安全、国土安全、经济安全、主权安全、政治安全、军事安全、文化安全、科技安全、生态安全以及信息安全。② 2014年4月中国中央国家安全委员会第一次会议中,中国国家主席习近平首次阐述了中国的总体国家安全观,并系统地提出了国家安全体系由11个安全领域组成,包括了政治安全、国土安全、军事安全、经济安全、文化安全、社会安全、科技安全、信息安全、生态安全、资源安全、核安全。刘跃进(2014:3-25)对这11个国家安全领域进行了划分,认为政治安全、国土安全、军事安全、经济安全、社会安全和资源安全都是在国家最初形成时就存在的"原生安全",而其他安全领域则是在随着历史和社会的发展形成的"派生安全"。

"原生安全"领域是国家安全的基础,而能源在各"原生安全"领域中都扮演着重要的角色。

能源成为许多国家政府的政治武器。摩根索(1948)曾明确地指出石油是有效的政治武器。③ 如1973—1974年阿拉伯—以色列的战争,阿拉伯石油生产国通过削减石油产量、石油禁运等手段,对支持以色列的欧洲和美国等国进行施压。2004年至今的俄乌油气争端,俄罗斯运用能源外交武器,通过能源政策影响乌克兰政局,不断引发乌克兰的政治危机。

能源是引发国土安全的重要因素。由于化石能源蕴藏于国土资源之中,因此对能源争夺极易引起国土安全。如第一次世界大战结束后,法国军队迅速控制德国的产煤区鲁尔工业区,对该地出产的煤炭实施掠夺。20世纪90年代,海湾地区

---

① 参见[英]巴瑞·布赞,[丹麦]奥利·维夫,[丹麦]迪·怀尔德著. 朱宁译. 新安全论[M]. 杭州:浙江人民出版社,2003年第30-32页. 原著在1997年出版。

② 见刘跃进主编. 国家安全学[M]. 北京:中国政治大学出版社,2012:51. 此书的第一版为2004年出版,本书引用的2012年第二次印刷的版本。

③ 参见[美]汉斯·摩根索著. 徐昕等译. 王缉思校. 国家间政治:权力斗争与和平(第七版)[M]. 北京:北京大学出版社,2006年:130. 译著根据1948年版的原著译。

因石油问题引发战争,伊拉克侵略并占领科威特全境,以图占有科威特的石油资源。能源是近代以来引发国土战争的最重要的原因之一。

能源是军队维持作战的战略物资。强大的军事实力需要充足和高效的能源供应为支撑。虽然 19 世纪的社会主要燃料是煤炭,但由于石油在能源密度、清洁性、灵活性更优于煤炭,且更便于储存和运输(Smil V.,1998:253 - 276),因此在第一次世界大战之前,时任英国海军大臣的温斯顿·丘吉尔决定将海军军舰的燃料由煤炭转换为石油,并购买英国—伊朗石油公司的控制权,以保障能源的供应。二战时,美国对日本实施石油禁运来遏制日本的军事扩张,也成为 1941 年日本发动太平洋战争的原因之一。20 世纪两次世界大战及随后冷战的推动,军事工业迅猛发展,使石油替代了煤炭成为各国的战略资源。直至现在,石油仍是军队能够维持持续作战的基本战略物资(余治国,2011:111)。

能源是现代经济平稳运行的基础。能源是工业社会的基本工业原料和燃料动力。经济稳定的运行需要持续稳定的能源供应。二战后欧洲和日本的复兴过程中,低价持续的能源供应对世界各国的发展起了重要作用。而 20 世纪 70 年代欧佩克原油生产国对欧美的石油禁运,使得国际油价大幅上涨,引发世界经济危机。为了避免由于能源短缺引起的不利影响,1973 年发达国家成立国际能源署(International Energy Agency,IEA),并建立了战略原油储备制度,来应对短期原油供给减少或中断对经济的冲击。从 20 世纪 70 年代开始国际油价的波动都会对各国经济产生不同程度的影响。

能源是现代社会的基本生活资料。进入工业社会后,能源的影响逐渐渗透到人们的衣食住行等生活的各个方面。日常的居民用电、出行常用的交通工具、烹制一日三餐的燃料等居民的基本生活都离不开能源的消费。长期的能源短缺一般会引发经济危机,伴随着居民生活的不便,将使社会安全面临挑战。

能源是国家战略资源。资源的概念比较复杂。一般将资源定义为自然界及人类社会中对人类有用的资财(张跃庆等,1992:74),是人类社会物质资料生产活动所需要的诸要素的统称(张明泉等,2000:6)。但也有许多研究将资源分为自然资源与社会资源两大类。在国家安全的研究中,资源安全指的是自然资源的安全。进入工业化发展阶段后,能源成为国家最重要的资源,能源安全问题是国家资源安全问题的重要构件。

从上述能源与"原生安全"领域关系的分析可以看到,进入工业化社会发展阶段后,能源成为国家安全的重要因素,能源安全问题会对国家安全产生深刻的影响。

(二)能源安全在全球范围内面临着挑战

能源安全通常被定义为,一个国家和所有或大多数公民及企业,能够在合理的价格下获得充足的能源资源,且可预见的未来无严重的风险或服务出现重大破坏(Hancher & Janssen,2004:85 - 119;IEA,2014①)。这个得到广泛共识的定义是从能源消费国的角度做出的。在消费国关注供应安全问题的同时,生产国也关注消费市场的安全(Zanoyan,2003:15)。能源生产国认为能源供应安全应是合理而稳定的价格与平稳的市场需求,降低能源生产国经济体的风险(El - Badri,2008)②。因此,无论是能源生产国还是消费国,能源安全都是国家平稳发展的关键因素。而目前能源安全问题在全球范围内都面临着挑战,主要体现在以下两大方面。

首先,国际能源市场的稳定性面临挑战。能源资源供给和需求的不匹配增加国际能源市场的不稳定。以石油为例,从供给方看,主要的生产国,如中东地区,俄罗斯联邦和非洲地区,2013 年三个地区出产的石油量占全世界石油产量的55.2%,其石油消费量仅占全球石油消费量的17%。虽然自身的能源消费尽管也在增长,却占他们供给能源的比重较小。从需求方看,主要消费国家,如美国,欧洲,日本,中国和印度,2013 年五个地区的石油消费量占全世界石油消费量的55.8%,对能源具有庞大的需求量,但其出产的比例只占世界生产量的17.4%,且对能源的消费仍日益增长,而属于他们的能源储量远远不能满足这些国家的消费需求。近年来除了美国因页岩油气革命,预计未来可能拥有有能源自给的潜力外,能源在消费和生产之间具有全球范围内的不匹配性。因此能源产品是目前世界上最大的贸易商品。几乎世界上的每一个国家的进口或出口,能源产品都占了很大的比重,显示出目前世界对能源存在严重的依赖。能源的价格波动将对各国的国际收支平衡产生显著的影响(Bahgat,2011:1)。

---

① IEA 提出的定义相似,见 IEA 网站:http://www.iea.org/topics/energysecurity/,2014/8/9.

② 这是欧佩克秘书长何·阿卜杜拉·萨利姆·埃—巴德里(HE Abdalla Salem El - Badri)2008 年 2 月 4 日在英国伦敦查塔姆大厦会议(the Chatham House Conference)就议题"中东能源 2008"——风险与责任:能源供应的新的现实——发表的主题演讲《能源安全和供应》(Energy Security and Supply)时呼吁关注能源供给方的能源安全问题。资源来源:OPEC 官网,http://www.opec.org/opec_web/en/862.htm,2014/8/9。

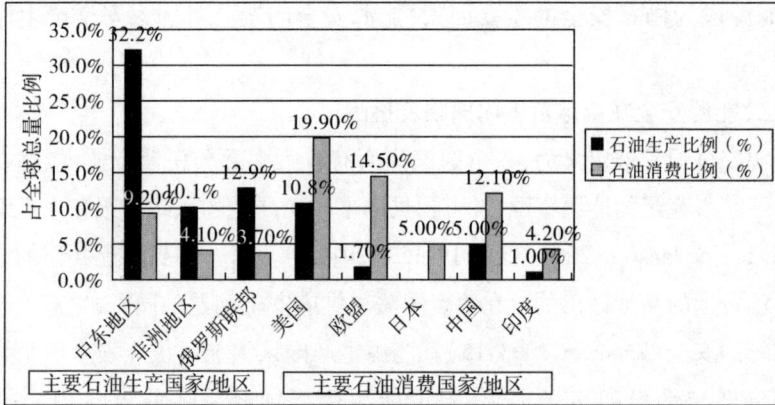

图1-1 2013年世界石油生产和消费的地区不平衡性

数据来源:《BP Statistical Review of World Energy 2014》。

其次,能源运输线路的安全性面临挑战。能源供给和需求地理分布的不均衡性和能源的重要性,使能源产品成为世界各国贸易量最大的大宗商品。能源运输线路的安全性影响国际能源市场的稳定性。2011年,全球石油生产量接近8700万桶/日(bbl/d),超过半数的石油是通过海上航线运输的①。全世界对原油及其产品进出口贸易量一半都要通过一些海上航线的咽喉要道进行运输(如表1-1所示)。根据原油运输的数量,霍尔木兹海峡(连接波斯湾与阿曼湾和阿拉伯海)以及马六甲海峡(连接印度洋和南中国海及太平洋)是最重要的两个战略运输咽喉要道②。这些咽喉要道的地理特殊性让石油海运遭遇海盗、恐怖袭击的风险增大。咽喉要道上的各种政治力量的干预,也会使石油海运显得非常脆弱。对中国而言,马六甲海峡是重要的原油运输线路,中东、非洲和东南亚的石油都要经过此运输线路。③ 根据BP报告中的数据计算,2013年中国通过马六甲的原油运输量

---

① 资料来源:Energy Information Administration. World Oil Transit Chokepoints (2012) [R]. www. Eia. gov. 2014/04/20.

② 其他的咽喉要道还有:连接红海和地中海的苏伊士运河;连接地中海和印度洋的曼德海峡;土尔其的海峡,其中博斯普鲁斯海峡连接着黑海和(希腊)马尔马拉海,达达尼尔海峡连接爱琴海和地中海;连接太平洋和加勒比海及大西洋的巴拿马运河等。

③ 资料来源:EIA. The South China Sea is an important world energy trade route [EB/OL]. http://www. eia. gov/todayinenergy/detail. cfm? id = 10671#,2013/4/4.

达到了海外原油总进口量的 74%[①]，马六甲海峡运输线路的安全性会对中国的石油安全产生极大的影响。

表 1－1　海运咽喉要道的运输量（百万桶/日）

| | 2007 | 2008 | 2009 | 2010 | 2011 |
|---|---|---|---|---|---|
| 霍尔木兹海峡 | 16.7 | 17.5 | 15.7 | 15.9 | 17.0 |
| 曼德海峡 | 4.6 | 4.5 | 2.9 | 2.7 | 3.4 |
| 土耳其海峡 | 2.7 | 2.7 | 2.8 | 2.9 | N/A |
| 苏伊士运河 | 2.4 | 2.5 | 1.9 | 2.0 | 2.2 |
| 巴拿马运河 | 0.7 | 0.7 | 0.8 | 0.7 | 0.8 |
| 以上海峡运输总量 | 27.1 | 27.9 | 24.1 | 24.2 | 23.4 |
| 世界石油及产品出口总量 | 54.83 | 54.61 | 52.94 | 53.51 | 54.58 |
| 经由要道运输量占出口贸易比例 | 49.43 | 51.09 | 45.52 | 45.23 | 42.87 |

数据来源：各海峡运输数据来自 EIA 的《World Oil Transit Chokepoints（2012）》，世界石油及产品出口总量数据来自 BP 公司 2008 年至 2012 年的《BP statistical review of world energy》。

除了海运线路，管道运输也是石油与天然气的重要运输方式。2013 年的全球天然气贸易中，液化天然气的贸易量为 3253 亿立方米，而管道天然气的贸易量为 7106 亿立方米[②]。运输管线由生产国出发，经过一个或多个独立主权国家（即过境国）的领土，使管线运输没有统一的合法管理权来管辖和规范各方行为和合同。管线运输的收益要在生产国、消费国和过境国之间分配，各方的博弈容易引起冲突和矛盾（Omonbude E. J.，2007：6188－6194）。石油和天然气管道运输的中断，会引发能源供应及国际能源价格的波动，使相关国家的能源安全受到挑战。2013 年，俄罗斯的液化天然气的出口仅有 142 亿立方米，其管道天然气出口为 2113 亿立方米，其中有 1624 亿立方米管道天然气销往欧洲[③]。俄罗斯销往欧洲的天然气通过乌克兰境内的天然气管道，俄乌天然气管道争端对俄乌欧三方的能源安全都产生重大影响。

能源安全在全球范围内都面临着严峻的挑战，各国都在寻求解决能源安全的途径。能源安全既对国家安全有重要的意义，又是国际关系大格局中的一部分。

---

[①]　数据来源：BP 石油公司《Statistical Review of World Energy 2014》，第 18 页

[②]　数据来源：BP 石油公司《Statistical Review of World Energy 2014》，第 28 页。

[③]　数据来源：BP 石油公司《Statistical Review of World Energy 2014》，第 28 页。

能源安全问题已经超越了单一国家范围,呈现出交叉性、区域性以及国际性。而同时,能源安全问题还具有政治性,受到国际关系的影响。在当今世界追求和平与发展的背景下,能源安全需要国家之间通过政治和经济等多元合作方式实现。当前能源消费国为了降低能源消费脆弱性,成立国际能源署、建立战略石油储备、鼓励能源保护、实现原油进口的来源多样化等各种多边和双边的合作来实现能源安全,还通过开发包括核能、生物能源等可再生能源实现能源种类多样化战略降低对单一能源(指石油和天然气)的相对依赖性。同时,能源生产国同样寻求各种多边和双边的国家之间的合作来减少能源市场的不稳定带来的负面影响。因此,各国都在寻求多样化的国际合作来应对能源安全领域的挑战。

(三)中俄能源合作的意义

1. 中国的能源安全现状

从 20 世纪 80 年代开始,中国经济开始发展,国内生产总值从 1980 年的 4545.6 亿元,到 1990 年 18667.8 亿元,到 2013 年的 568845.2 亿元①,1980 至 2013 年 33 年间经济总量扩大了 125 倍,2013 年比 1990 年的经济总量扩大了 31 倍。如此快速的经济增长,伴随着能源需求的快速增长,导致能源供给的压力日益突显。图 1-2 显示了 1990 年至 2013 年中国能源生产量与消费量的增长情况,1990 年中国的能源消费量为 98703 万吨标准煤,到了 2013 年达到了 375000 万吨标准煤,23 年间能源消费量扩大了近 4 倍。

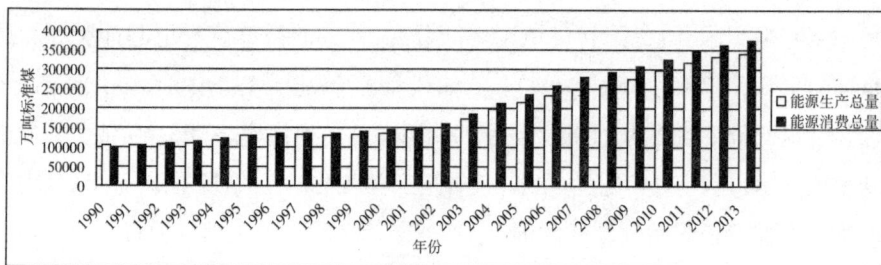

图 1-2　中国能源生产量与消费量的增长情况

数据来源:作者根据中国统计年鉴 2014 整理。

---

① 数据来源:中国统计年鉴 2014 - 国内生产总值[DB/OL]. 国家统计局网站,http://www.stats.gov.cn/tjsj/ndsj/2014/indexch.htm,2015/1/9。

中国在一次能源的消费中,各种能源形式的消费比例如图 1 - 3 所示。从图上显示,煤炭一直在中国的能源消费结构中占据了绝大部分的比重。1989 年到 1993 年间中国的能源问题突出体现为煤炭供应紧张以及电力供应不足问题。国家政府在这一时期能源工作围绕着提高煤炭产能和煤炭利用的经济效率,以及扩大电力产能。[①] 随后中国能源领域的发展中,虽然煤炭仍是中国能源消费中的最大构成,但是在中国能源消费中的比重总体呈现下降趋势。虽然近年来煤炭的进口量也在迅速增加,但中国也是世界上最大的煤炭生产国,2012 年进口量只占总消费量的 8. 2%[②],煤炭的供应问题并不突出。从世界范围看,两次世界大战和冷战后,煤炭在世界能源体系中的战略地位已被石油取代,目前世界能源安全的核心是石油和天然气。中国石油资源生产量远远不能满足经济发展的需要(见图 1 - 4),因此,石油供应安全问题是目前中国能源安全问题的核心。提高天然气消费在能源结构中的比例是未来能源结构调整的方向,同时也是缓解国家能源安全的战略之一。

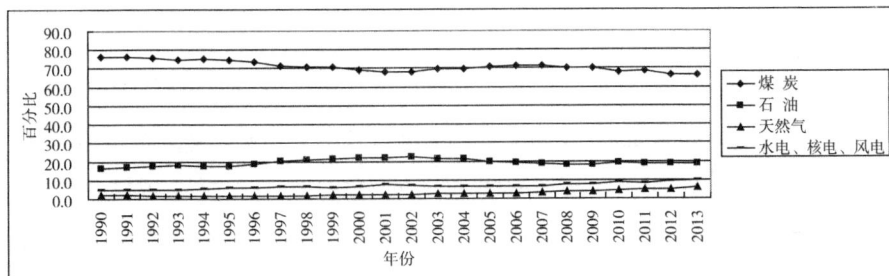

图 1 - 3 中国一次能源消费构成

数据来源:作者根据中国统计年鉴 2014 整理。

---

① 资料来源:黄毅诚. 能源部[M]. 大连:大连出版社,1993 年:代序言 8.
② 数据来源:中国统计年鉴 2014 - 煤炭平衡表[DB/OL]. 国家统计局网站,http://www. stats. gov. cn/tjsj/ndsj/2014/indexch. htm,2015/1/9.

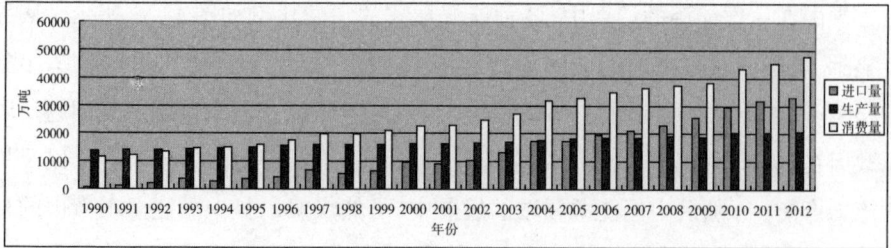

**图1-4　中国石油进口、生产与消费情况**

数据来源:作者根据中国统计年鉴1991至2014年各年年鉴中的《石油平衡表》整理。

2. 俄罗斯的能源安全现状

1991年12月25日苏联解体,最大加盟国俄罗斯正式独立。俄罗斯的自然资源丰富,尤其是石油和天然气储量。2013年俄罗斯石油占世界石油总储量的5.5%,排名第八位;天然气占16.8%,仅次于伊朗,处于世界第二位。[①]俄罗斯是全球第二大干天然气(dry natural gas)生产国及第三大的液体燃料生产国。

作为世界上的资源大国,俄罗斯的经济高度依赖于其能源出口。根据美国能源信息署(Energy Information Administration, EIA)2013年关于俄罗斯的能源报告中指出,石油和天然气收入占联邦预算收入的50%以上[②]。而从1992年至2013年俄罗斯GDP发展趋势(图1-5)与国际油价的变动图(图1-6)的对比来看,俄GDP的变动趋势即时反映着国际油价的涨跌,也就是说,国际油价变动会对俄罗斯的经济产生直接的冲击,给俄罗斯经济发展带来了较高的风险。

---

[①]　数据来源:BP石油公司《Statistical Review of World Energy 2014》,第6页,第20页。

[②]　EIA. RURRIA[R]. http://www.eia.gov/countries/analysisbriefs/Russia/russia.pdf,2013/11/26.

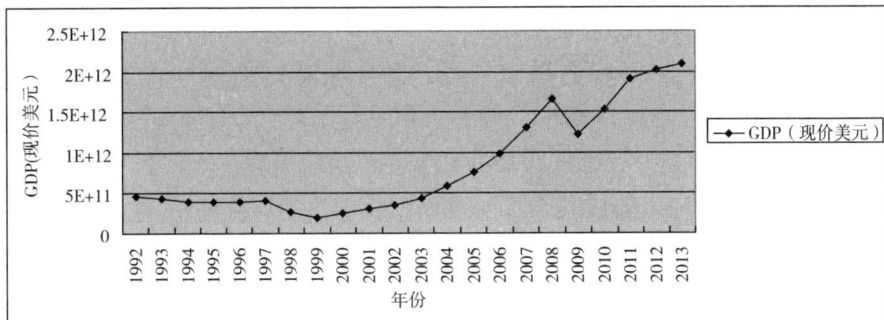

图 1 - 5 俄罗斯 GDP（1992—2013）

资料来源：世界银行数据库①

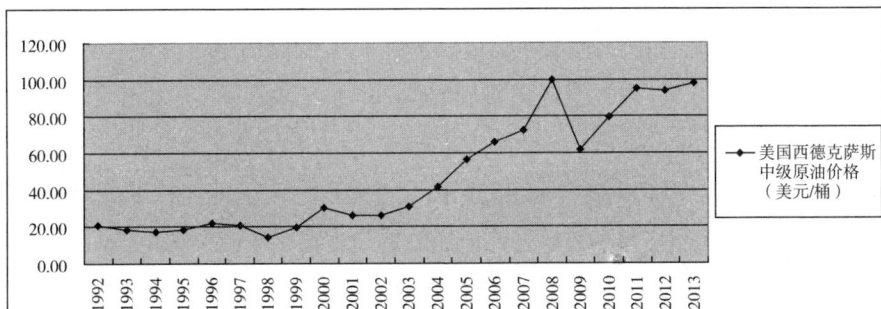

图 1 - 6 国际油价（1992—2014）

资料来源：《BP statistical Review of World Energy 2014》

2014 年 3 月，原乌克兰克里米亚自治共和国经过公投加入俄罗斯后，欧美对俄罗斯实施制裁。美国与欧洲相继采取的制裁措施包括冻结俄主要官员和重要企业的账户、停止向俄能源、金融和国防领域的企业提供新贷款，并限制对俄出口前沿的油气开发技术等。国际原油价格（指美国西德克萨斯中级原油价格，即WTI）2014 年 7 月达到 105.79 美元/桶后，开始持续下跌，至 2014 年底已经跌破

① 数据来源：世界银行网站：http://databank. shihang. org/data/views/reports/tableview. aspx，2015/1/13.

60 美元/桶①。西方对俄的制裁导致俄罗斯吸引的投资不断减少,国际油价的下跌使俄罗斯的国内生产总值明显降低,卢布持续贬值。而占有俄原油年出口量70%左右的欧洲市场由于自身经济衰退,下调了从俄罗斯的石油进口量。面对严峻的经济形势,俄罗斯央行预测 2015 年俄罗斯经济将萎缩 4.5% 至 4.7%。在欧洲能源市场萎缩的同时,亚洲的中印日韩的能源需求仍保持增长,俄罗斯的能源战略加大对亚太市场的重视。② 因此,俄罗斯的能源安全问题集中体现为油气需求安全,通过维持油气的出口量以支持经济的发展。能源战略的重点体现为维持传统的欧洲市场,加大对亚太市场的重视程度。

3. 中俄能源合作的价值

中俄两国面临的能源安全问题具有互补性,中俄能源合作有利于缓解各自面临的能源安全问题,并对世界政治格局产生重大影响。

首先,中俄能源合作帮助双方推进各自能源多元化战略来分散能源安全风险。无论是能源生产国或是能源消费国,为了避免因对单一市场过于依赖,常常寻求市场的多元化来分散能源安全面临的风险。中东石油一直是中国主要的石油来源地,这一地区政治局势不稳定,大国在此地区的政治博弈错综复杂;此外,中国需要通过海运经马六甲海峡将此地区的石油运输至中国市场,石油稳定供给的风险较大。一直以来,中国都在开拓多元化的石油供应市场来分散市场的稳定性风险。苏联地区的哈萨克斯坦和俄罗斯近几年占中国进口石油比例逐渐提升,以及中南美洲石油市场的开拓,都使中国石油多元化战略得到逐步的实现(如图1-7)。对俄罗斯而言,油气的出口过于依赖欧洲市场(如图 1-8 和图 1-9),目前欧洲市场量价齐跌对俄罗斯经济产生较大的冲击,俄罗斯加快了油气出口市场多元化进程来分散欧洲市场的风险。

---

① 数据来源:美国能源信息署:http://www. eia. gov/forecasts/steo/report/prices. cfm,2014/11/13.

② 数据来源:林雪丹. 俄能源企业加速"向东看"[N]. 人民日报,2014 年 12 月 22 日第 22 版.

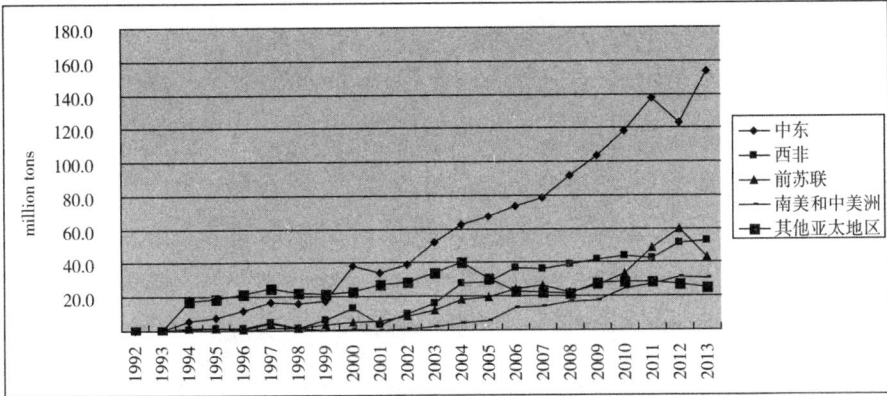

图 1-7 中国从主要地区进口石油的情况

数据来源:1993 年至 2014 年各年的《BP 世界能源统计》。

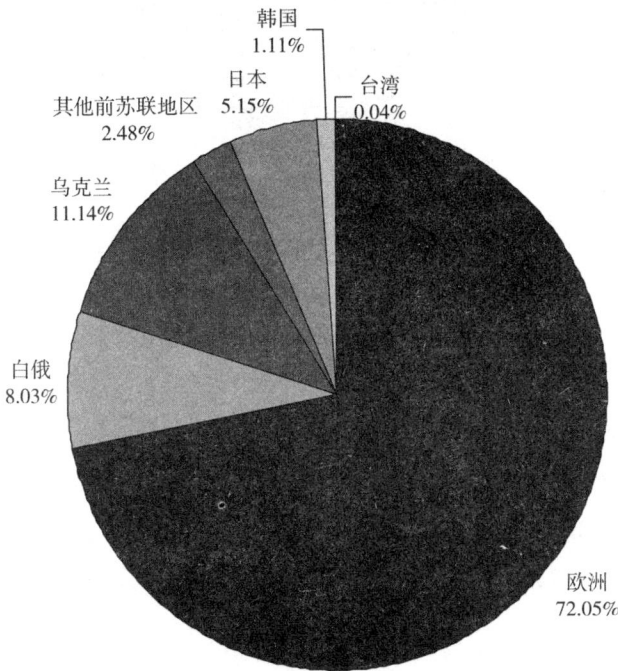

图 1-8 2013 年俄罗斯天然气出口国构成

数据来源:作者根据《BP 世界能源统计 2014》整理。

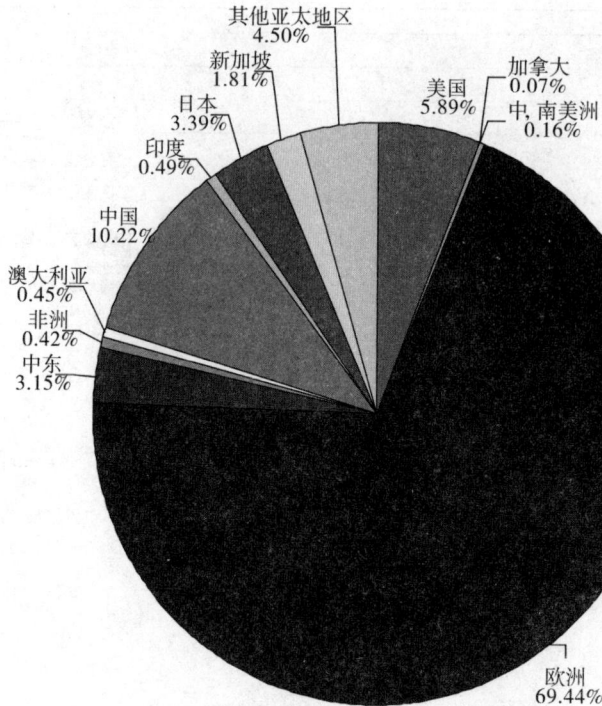

**图1-9　苏联地区石油出口国构成**

数据来源:作者根据《BP世界能源统计2014》整理。

　　其次,中俄能源合作有利于各自能源战略的实施。对俄罗斯而言,在2009年的《俄罗斯2030年前能源战略》(Russian Energy Strategy up to 2030)中,明确提出在稳定西部欧洲市场的同时,加大对东向亚太市场能源出口,并指出东部是俄出口多样化的主要方向。[①] 其中,中国市场是亚太市场中最大的能源市场,中俄能源合作的加强有助于其能源战略的实施,有助于缓解其能源安全问题。对中国而言,除了通过进口多元化战略来分散能源供给的风险外,还需要保障能源运输的安全性和稳定性。为了分散能源运输环节的风险,中国构建了能源进口的四大战

---

① 数据来源:Gromov A. Key points of Russian energy strategy up to 2030 - between Europe and Asia [EB/OL]. http://wenku. baidu. com/link? url = rTV9RxXYyYF8jhYNySNyeVb3zKrXJH7KWZ9DvK6 - 4F5e0FfhGTAHisFTGM9DmlyX9NnY80avVA7MXPxWhvPPPKb - o7HxC5u4z6FNMCQDqce,2010/09/ 30.

略通道,即东南方向的海上马六甲海峡海运线、西南方向的中缅油气管道、西北方向的中哈原油管道及中国—中亚天然气管道和东北方向的中俄油气管道。因此,中俄能源合作对能源战略通道的布局形成意义重大。此外,中俄油气管道的建成,对分散海运风险,开拓陆上能源市场都具有重要的战略价值。

第三,中俄两国能源合作建立起的更紧密的战略联系将对世界政治格局产生重要影响。中俄两国相互毗邻,且是世界格局中重要的两个大国,是世界多极化发展的主要力量。但一直以来,中俄两国的政治与经济关系并不十分紧密。在经贸关系上,根据《中国统计年鉴》中对中国与各国家(地区)海关货物进出口总额来看,俄罗斯与中国的进出口货物总额不但是远远低于同是亚洲的日本、韩国,且往往不能排入中国进出口总额的前十位的国家,这与中俄两国经济体规模及两国地缘上的相互重要性极不相符。在政治合作上,虽然中俄进入21世纪以来加强了双边合作,但大多数是表面的伙伴关系,真正的合作行动少之又少(白根旭,2013:3)。关于中俄之间关系对西方产生的影响的研究中,有的学者认为中俄之间存在非对称性使两国几乎无法结成同盟,也无法结成伙伴来反对西方(Haukkala H. & Jakobson L.,2009:59 - 76)。国家间相互依赖关系的强弱将会对国家的行动偏好产生影响(Moravesik,1997:513 - 533;Frieden,1999:39 - 76;Farrell & Newman,2014:331 - 363),政治和经济之间较弱的联系并不利于国家间战略伙伴关系的建立。中俄两国的能源合作,有助于加强两国之间的经济和政治间的相互联系,提高彼此的战略地位,增强彼此之间的战略合作价值。而中俄两国关系的紧密,将加强各自在国际政治和经济中的影响力。

因此,当前的国际环境为中俄能源合作提供了最有利时机。两国政府将在各自的国家安全目标下,利用中俄能源合作实现各自的战略目标。因此,研究中央政府如何运用战略管理思维,通过制定和实施中俄能源合作战略,推动两国能源合作关系的进一步发展,实现两国各自的合作利益具有重要的现实意义。

## 二、理论背景

### (一)国际战略、大国战略、国家大战略等战略理论研究的兴盛

17世纪中期,欧洲学者建立了研究国家之间关系的现代国际关系体系的基本

框架(阎学通,2002)。① 两次世界大战和冷战后,随着国际关系的全球化和复杂化,国际关系学的研究兴盛起来(王缉思,2006)②。大国在国际社会中占有重要地位,大国关系左右着世界发展的进程,因此一直是西方国际关系学界十分重视的命题(金灿荣,2007:代序 19)。国际关系研究分为两大类,一类是纯理论的研究,对国际关系问题进行抽象解释,阐释其内在的规律,回答国际关系中"为什么"的问题;二是对策性研究,为国家面临的国际关系问题寻找解决途径,回答国际关系中"做什么"的问题。而对大国战略、国际战略、国家大战略的研究,则是通过解释国际关系中的"为什么",来解决国家在中长期阶段下"做什么"的问题(李少军,2005:前言 3)。

随着中国国际地位不断提高,中国已经跨入大国行列。国内外围绕中国展开的大国关系与国际战略研究也成为热点。以 Jstor 数据库的研究为例,1949 至今对中国问题研究的文献有超过 16 万篇③。研究中国与其他大国关系是主要内容之一,主要集中在中美、中苏、中俄、中日、中印等大国关系与战略研究上,其中研究中俄关系及其战略的文献有 6000 多篇④。这些热点也同样是中国国际战略研究的焦点。但对国内的研究而言,大国关系及其战略研究大多针对某一国家和某个问题进行现实分析,较少将实际问题进行理论研究,亟待从战略理论的高度来分析中国的国际战略问题。

(二)公共战略学的兴起和政府战略管理理论的探索

20 世纪 80 年代,传统公共行政学开始考虑公共组织面临的内外部环境的变化,借鉴企业战略管理理论,思考通过战略管理使公共组织的发展适应环境的变化,提高组织实现其发展目标的内在能力(陈振明,2004:5 - 14),公共部门战略管理由此发展起来。目前世界经济与政治之间相互依赖关系的日益密切,国内与国际、不同政策领域间,以及公共部门及私人部门和非营利性部门之间的互通性的增加(Cleveland,2002;Kettl,2002),而正是由于这种互通性,使任何地方发生的事件都有可能影响到世界所有角落。因此公共组织在行动时,有可能会受到更广阔

---

① 参见阎学通翻译的[美]詹姆斯·多尔蒂等著. 争论中的国际关系理论(第五版)[M]. 北京:世界知识出版社,2013 年总序第 1 - 2 页.
② 参见王缉思为金灿荣主编. 中国学者看世界·大国战略卷[M]. 北京:新世界出版社,2007 年的导论第 2 页.
③ 以"sino"为关键字的搜索结果。
④ 以"sino - russian"和"stragegy"为关键词的搜索结果。

的国际环境的影响。约翰·布赖森(Bryson J. M. ,2004:4 - 5)在分析公共战略规划对公共组织重要性时就举例指出:国家之间经济发展关系密切,国家在能源领域上面临的外部环境的威胁,就会对国家政府的许多部门的行动产生影响。① 因此,公共战略管理的理论可以为国家战略的研究提供新的视角和方法。

公共战略管理理论目前在公共部门战略管理模式和公共部门战略管理方法的研究上形成许多研究成果。在公共部门战略管理模式上,目前形成了莫尔的"公共价值创造模式"(Moore M. H. ,1997)②,纳特和巴可夫的"公共战略管理过程循环模式"(Nutt P. C. & Backoff R. W. ,1991)③,布赖森的"公共战略转变循环模式"(Bryson J. M. ,2004)④。国内的研究有朱国伟(2010:39 - 59)提出的"价值—工具—事实"的三维理性范式,以及赵景华和李宇环(2011:32 - 37)结合中国的现实实践提出的公共战略管理"V - PS"模式等。这些战略管理模式从不同角度揭示了公共战略管理的规律,为战略管理者提供了不同的问题分析框架。

赵景华在国内外公共部门战略管理研究的基础上,提出公共战略学的概念,将公共战略学界定为研究公共战略的学科,并探讨公共战略学的研究包括了公共战略导论、公共战略哲学、公共战略环境与战略类型、公共战略过程、公共战略内容及公共战略协调六大部分的研究内容(赵景华和李宇环,2010:112 - 116)。公共部门的构成主体之一是政府,政府战略管理理论成为公共战略学的重要分支。而在政府战略管理理论和方法的发展中,赵景华和李代民(2009:47 - 49)在莫尔模式的基础上总结的"政府战略管理三角模式",并在纳特(1991)的公共战略管理中开发的利益相关者方法和议题张力分析方法的基础上⑤,对张力的类型和特征进行了分析,指出张力管理对政府战略管理的重要性,并构建了张力管理的内容(赵景华和李代民,2011:7)。李宇环(2013:78 - 84)在中国地方政府战略管理

---

① 参见孙春霞翻译,约翰·布赖森著. 公共与非营利组织战略规划:增强并保持组织成就的行动指南(第三版)[M]. 北京:北京大学出版社,2010 年第 4 - 5 页.

② 参见 Moore M. H. . Creating public value:strategic management in government[M]. Beijing:Tsinghua University Press,2003.

③ 参见陈振明等译校. [美]保罗·C·纳特,罗伯特·W·巴可夫著. 公共和第三部门组织的战略管理[M]. 北京:中国人民大学出版社,2001 年:第 72 - 82 页.

④ 约翰·布赖森著. 孙春霞译. 公共与非营利组织战略规划:增强并保持组织成就的行动指南(第三版)[M]. 北京:北京大学出版社,2010:4 - 5.

⑤ 参见陈振明等译校. [美]保罗·C·纳特,罗伯特·W·巴可夫著. 公共和第三部门组织的战略管理[M]. 北京:中国人民大学出版社,2001 年.

模式的研究中,更进一步地研究了战略议题张力产生的机制,构建了中国地方政府战略管理的张力分析框架。此外,在环境分析工具上,赵景华和邢华(2010:23 - 27)在深入分析了公私部门的差异及新旧公共管理的基础上,结合政府管理的三角模型,发展了传统的环境分析 SWOT 模型,在原有环境评估的基础上,结合使命与价值分析、战略可控性分析及政治支持分析,构建了政府战略管理概念框架,有助于提高政府战略管理的有效性。学者们探讨的这些管理工具和方法,为政府战略管理实践提供了可操作的工具。

中央政府作为战略行动的主体时更需要根据国际关系对国际战略进行选择,这一战略行动过程与政府战略管理的过程具有相似性。因此,公共战略管理和政府战略管理理论的发展可以为国际关系和国际战略的研究提供新的视角和方法。

政府战略管理在国内甚至在国外都是一门新兴的学科,发展的历史较短。这门新兴的学科在基础概念、研究对象、研究内容和研究方法等方面的理论体系都尚在构建之中。将政府战略管理理论的应用向国际战略管理领域拓展,既具有学科价值,在实践上看也是提升中央政府对国家战略制定和实施能力,为国家争取和创造更有利的发展机会,并提高国家实力的实践需要。

(三)国际合作理论探讨的不断深入

国际合作为什么会产生以及如何能实现合作是各种合作理论探讨的核心问题。各个学科从不同的角度对国际合作理论进行研究。国际政治学的新现实主义学派、新制度主义学派及构建主义学派从权力、制度和文化的不同角度来解释合作产生的机理及合作产生的条件。国际经济学的国际经济合作理论及国际区域合作理论,如区域经济合作理论及全球经济一体化理论等,对合作的动因及合作形式展开研究。博弈理论的非合作博弈理论和合作博弈理论两大流派,探讨不同前提条件下,合作产生的条件及合作发生的路径。公共政策学科从全球治理理论的角度,来探讨能源环境问题的全球合作治理如何产生和实现。各个学科从各自的视角不断丰富国际合作理论。

能源作为国家级的战略资源,其合作承载着国家经济、政治、军事等多个层面的战略目标。对国际能源合作行为产生的影响因素的研究,以及如何实现国家之间的能源合作的条件以推动国家能源合作的形成的研究和探讨,不但是国际能源合作实践的现实需要,也丰富国际合作理论的研究。

### 三、研究的目标与意义

中央政府通过各种国家战略的实施,提升国家的国际竞争优势。复杂多变的国际形势对政府的战略管理能力提出了挑战。能源是一种商品,更是世界级的战略资源,承载着国家利益,能源合作成为国家间的政治合作的重要手段。能源合作不但受到经济因素的影响,更受到如政治、文化、安全等非经济因素的制约。中央政府需要通过能源合作实现国家的安全目标,地方政府则希望促进地方经济的发展,而能源企业通过合作来实现自身的利润和企业发展目标。多变的环境以及各行动主体多层次战略目标交错在一起,使能源合作呈现出复杂性。在复杂多变的国际环境中,为了实现国家的安全目标,中央政府应该采取怎样的能源合作战略? 影响中俄能源合作的因素是什么? 它们是如何影响能源合作行为的? 中俄能源合作实现的条件是怎样的? 对这些问题的回答需要结合国际合作理论和政府战略管理理论,对合作的机理进行分析,并对相应的配套战略的规律进行发现和应用。

本书立足于对上述问题的思考,拟对以下内容进行研究:(1)构建中俄能源合作环境影响因素分析框架。通过分析框架,对能源合作的环境影响因素及其作用机制进行分析;(2)构建中俄能源平衡合作战略博弈模型。通过博弈论方法,演绎能源合作实现的条件;(3)能源合作战略模式的分类及合作战略模式选择模型。根据战略决策时的环境,对能源合作的战略模式进行分类,分析不同能源合作战略模式所包含的应用条件及其战略的内容,刻画能源合作战略模式的演化规律;(4)中俄油气合作战略的案例分析。中俄能源合作领域涵盖了石油、天然气、煤炭、核能、电力等领域,当前及今后一段历史时期最核心的能源合作围绕着油气资源展开。本书以中俄油气合作为案例,首先应用能源合作战略模式变迁模型来阐释中俄能源合作战略模式的变化,其次应用能源合作环境因素分析框架进行战略分析,最后对未来中俄油气合作战略进行探讨。(5)基于上述的研究,提出中俄能源合作的战略对策。以下分别阐述该选题研究的实践和理论意义。

1. 实践意义。能源国家间政治经济合作的重要领域,是国际合作的重要议题。从俄罗斯独立成国至今,中俄两国能源上的合作并不紧密,也不是彼此重要的能源合作伙伴。但客观上,中俄是世界上有影响力的大国,国土上相互毗邻,分别是世界上重要的能源消费大国和能源生产大国。中国市场对能源有持续性且大量的需求,而俄罗斯的能源生产有能力满足中国巨大的能源需求。中俄国土相邻,能源陆陆运输和管道运输可以不经过第三方过境国,运输过程的风险可降至最小。因此,中俄的能源贸易具有经济性,且两国之间的能源合作对各自的国家安全而言都体现出重要的战略价值。因此,认识中俄能源合作产生的机理及能源合作战略形成的规律,为国家政府在能源合作中运用战略思维,制定能源合作战略和政策上有着实践意义。

2. 理论意义。本研究将对战略管理中环境分析框架进行拓展,提出更适合国际战略环境分析的影响因素分析框架,使战略管理理论中的环境分析工具更适合在国家战略的层面上应用。对能源平衡合作战略演化博弈模型及能源合作战略模式演化和选择模型的架构,刻画了能源合作实现的条件和过程,丰富了国际合作理论的研究。

## 第二节 相关概念的界定

### 一、能源合作

什么是"能源合作",不同的研究角度下有不同的定义。目前对能源合作概念的界定分为广义和狭义两种。广义上的能源合作对不同合作主体在能源领域的合作活动进行了抽象概括,如管清友和何帆(2007:43 – 53)将其定义为各类国家行为体为了实现各自的能源利益,通过国际协调,使得能源领域的利益相关者的行为一致,并采取可操作性的措施,实现在国际协调中达成的共识和履行国际协议的行为。由于能源安全与合作问题是伴随着石油问题而出现的,同时石油问题在目前及未来相当长的一段时期内仍然是能源安全和能源合作问题的核心,因此狭义的能源合作指的是石油领域展开的合作行动。如韩学功和佟纪元(1995:1)在《国际石油合作》中认为能源合作是不同的国际合作行为体,包括主权国家政府、国家石油公司、国际石油经济组织和超越国家界限的自然人与法人,为了共同利益,在石油、天然气生产领域中以生产要素的移动与重新配置为主要内容而进行的较长期的油气经济协作以及国家间的石油政策协调。狭义的能源合作定义中,有的学者从企业层面做出的定义,如葛艾继等学者(2004:51-52)认为国际能源合作是指资源国为了同外国企业合作开发本国石油资源而依法订立的关于石油勘探、开发、生产和销售合同(的行为)。

从上述对能源合作的定义中看到,这一概念中"能源"和"合作"的界定都存在着争议。

(一)能源

在《大英百科全书》及《现代汉语词典》中将"能源"一词的解释为能源是自然界中存在的能够提供能量的资源。① 在维基百科、美国能源信息署(EIA)、BP 石油公司等机构的研究中,对能源(energy source)没有明确的定义。但对能源的分类基本一致,即能源可分为可再生能源和不可再生能源。可再生能源包括:太阳能、风能、地热能、生物能、水能。不可再生能源指化石燃料和铀,其中化石燃料包括石油、天然气、煤炭。可再生能源和不可再生能源均可以产生二次能源(如电能),目前二次能源的主要来源是化石燃料。② IEA(International Energy Agency)预计在 2035 年,在化石燃料(煤炭、天然气和石油)仍是世界能源的主要组成③。

本书探讨的是中俄两国之间的能源合作问题,中俄过去及未来很长的历史时期内,能源合作的领域涉及石油、天然气、煤炭、核能、电力五大领域的合作。在本书研究中,能源合作战略的最终是为了实现国家的安全目标。中俄能源合作的核心问题仍然是石油和天然气的合作,但核电、煤炭、电力等其他领域的能源合作也成为辅助能源安全和国家安全目标实现的重要组成。因此,本书对能源合作领域的界定,不但包括油气领域的合作,也包括核电、煤炭、电力这三个中俄能源合作的重要领域。

(二)合作

本书从国家安全的视角下研究国家间的能源合作战略问题,从国际关系的层面理解国家间的能源合作。国际关系学者米尔纳(Milner H,1992:466-496)回顾

---

① 转引自:黄素逸,龙妍编著. 能源经济学[M]. 北京:中国电力出版社,2010 年:6.

② 参考资料包括:美国能源信息署网站 2014 年 7 月 18 日修订的信息:http://www. eia. gov/ energyexplained/index. cfm？page = about_home;维基百科 2014 年 10 月 25 日修订的对 energy source 及 energy development 的词条解释:http://en. wikipedia. org/wiki/Energy_development;并参考 BP 石油公司各年《BP Statistical Review of World Energy》中对能源的分类.

③ 资料来源:Energy Information Administration. World Energy Outlook (2012) [R]. www. Eia. gov. 2014/ 04/21:51.

了国际合作的文献后总结,国际合作领域的研究对"合作"与"不合作"的定义是比较一致的。对合作的定义是,当行动者根据他人的实际或预期偏好来调整各自行动的过程,通过这一过程实现政策的协调。如果行动者在单边行动中没有考虑他们的行动会给其他人带来的影响,或者是不作为,这些行为虽然并不试图去降低他人的收益,但是由于行为没有尝试(或意愿)减少对其他利益方的负面影响,即使这些行为并不试图去降低其他人的收益,但是仍然被定义为不合作行为。随着国际环境机制(International Environmental Regimes)研究的出现和成熟,后来的学者又在此基础上,对合作的定义进行了扩展,如哈斯(Haas,1998)进一步指出合作包括了重复的过程,这一过程在复杂和持续的治理秩序和潜在的社会改变上,继续超越最初的协议和结果(O'Neill,2004:149 - 175)。

虽然各类文献中对"能源合作"的定义没有统一的认识,但是对能源合作的目标是一致的,即通过能源合作,保障本国的能源安全和国家安全(管清友和何帆,2007:45 - 53)。通过对"能源"范围和"合作"概念的界定,以及对能源合作目标的明确,本书对"能源合作"界定为,国家作为合作行动的主体,为了能够实现各自国家的能源安全和国家安全的目标,相互之间在谈判过程中进行政策调整,行动各方试图通过调整各自的期望收益使双方达成阶段性共识的状态。

定义中包括三个要素。一是目标导向的行为。行动各方都是为了实现各自的能源安全和国家安全目标,行为具有目标性,或者说行动方具有理性。二是相互进行政策调整。合作常常是为了避免竞争或冲突,因此采取合作行动往往意味着追寻目标的行动会减少从他人处获得收益或降低他们原本的满意度,即合作双方相互之间会进行一定程度的妥协,让渡一部分自己的期望收益。相互之间的政策调整就意味着,每个国家会调整各自的政策,减少对其他国家的负面影响,促使合作的形成。三是行动各方要达成阶段性的共识。行动各方政策的调整是一个持续的谈判过程,虽然各方都在让渡各自的期望收益,但对各国而言,只有在国家间能源合作产生的收益能实现各自国家的能源安全目标的条件下,行动方才能达成共识(或是阶段性共识)签署能源合作协议,开展能源合作活动。

## 二、能源合作战略

战略的概念起源于军事领域,之后从军事领域扩展到了国际政治领域,而后又向企业管理领域和公共管理领域扩展。了解战略概念在这些领域中的内涵,有助于界定能源合作战略。

(一)国际政治中的战略定义

随着战略的概念从军事领域扩展到政治领域,对战略出现了不同的提法,常见的有大战略、国家战略和国际战略。

1. 大战略

目前国内外的国际政治学者对大战略尚未有统一的界定,学者们仍是根据自己研究的需要来界定大战略的外延。大战略的定义如表 1-2 所示,从表中学者的定义看,在对大战略的定义中,国家战略、总体战略概念穿插其中,有混同使用的现象。

表1-2 大战略的定义

| 外延 | 代表人物 | 定义 |
|---|---|---|
| 强调军事 | 彼得·帕雷特(1986) | 战略是使用武装力量来达到军事目的,并且广而言之达到战争的政治目的。① |
| | 博弗尔(Andre Beaufre) | 总体战略位于金字塔的顶上,而且也在政府直接控制之下,其任务为决定应如何指导总体战争。② |
| 强调安全 | 阿瑟·斯坦(1993) | 大战略是调整国内和国际资源以实现国家的安全。③ |
| | 加迪斯(1981) | 加迪斯在研究美国战后安全政策时提出,战略是目的与手段,意图与能力,目标与资源联系起来的一个过程。④ |
| | 门洪华(2004:33-45) | 大战略是综合运用国家战略资源实现国家安全及国际目标的艺术。 |
| 强调战略构成 | 李少军(2005:24) | 大战略是国家运用一个国家或是一组国家的全部资源与手段来制定的国家战略,包括军事战略、经济战略、科技战略和外交战略。 |
| | 叶自成(2003:2) | 大战略或国家总体战略实际上包含了三大部分,即国家的对外战略、国家的内部发展战略,还有一部分既是对外战略也是对内发展战略,是内外战略的结合。 |

---

① 参见时殷弘等译.[美]彼得·帕雷特主编.现代战略的缔造者—从马基雅维利到核时代 [M].北京:世界知识出版社,2006 年.导言第 5 页.

② 引自钮先钟.战略研究[M].桂林:广西师范大学出版社,2003 年:28.

③ 参见刘东国译.理查德·罗斯克兰斯,阿瑟·斯坦主编.大战略的国内基础[M].北京:北京大学出版社,2005 年.第 4 页.

④ 参见时殷弘等译,约翰·加迪斯著.遏制战略:战后美国国家安全政策评析[M].北京:世界知识出版社,2005 年.前言第 6 页。

| 外延 | 代表人物 | 定义 |
|---|---|---|
| 强调博弈互动 | 谢林(1960) | 战略是既重视冲突的存在,又关注冲突双方之间的共同利益;既重视"合理"追求价值最大化的行为模式,又关注一方的"最佳"选择取决于另一方的行为,以及"战略行为"涉及的一方如何通过研究自我对对方行为的预期判断来影响对方决策的这一事实①。 |
| | 斯奈德尔(1985:22 -57) | 战略是一个完整的行动计划,包涵了所有的偶然性,包括由其他随机的外生事件以及其他行动者的内生的行为。 |

资料来源:作者整理。

### 2. 国家战略

学者们对国家战略的定义基本可以视为是大战略的另一种提法。如《美国联合军事术语辞典(1953)》定义,国家战略是平时和战时在使用武装力量的同时,发展和运用国家的政治、经济和心理力量以实现国家目标的艺术和科学。② 这一定义与强调国家安全的大战略定义的本质是一致的。国内的学者多从在从战略种类构成来界定国家战略,如金灿荣(2007:序14)认为国家的军事战略、外交战略、安全战略、经济战略、文化战略都从属于国家战略,是国家战略不可缺少的重要组成部分,这一定义与李少军(2005:24),叶自成(2003:2)等学者对大战略定义中,大战略构成的界定也是一致的。因此,钮先钟先生(2003:22)认为在国际关系领域的研究中,战略、大战略、国家战略、总体战略四种提法常出现在国际政治学学者的研究中,虽然有些差异,但几乎可视为同义词。

李少军(2005:31)在用国家战略解释大战略的同时,也对国家战略的内涵进行了界定。国家战略应包括四个方面:首先,根据国际战略环境进行国家定位;其次,根据国家根本利益确定战略目标;第三,根据资源和实力确定实现战略目标的实施途径;最后,通过战略管理的部署来对各种具体战略的实施进行协调和控制。这一界定,从战略管理的角度说明了国家战略如何制定、实施和管理,有助于深化我们对国家战略的认识。

---

① 参见赵华等译.[美]托马斯·谢林著.冲突的战略[M].北京:华夏出版社,2011年.第12页。

② 转引自:严波.试论西方大战略理论[J].国外社会科学,2007(6):21-25.

3. 国际战略

邓小平(1979)在党的理论工作务虚会上首先提出"国际战略"一词①。国际战略的定义相对比较统一。李景治和罗天虹(2003:5)定义国际战略是主权国家在较长时间内参与国际竞争的总体方略,表现为主权国家的对外战略。李少军(2005:34)定义国际战略是国家实施和贯彻自身对外政策的措施与手段。而金灿荣(2006:序16)也是将国际战略等同于对外战略。

由上述的定义可以看出,在国际关系和国际政治的研究中,学者对战略的界定根据研究问题的不同而各异,不同的研究对战略的内涵和外延定义差别较大。对比国际战略和大战略及国家战略的定义,三种提法属于同一级别的概念。大战略概念更偏重于国家安全目标,国家战略则强调涵盖国家对内对外的各种类型战略,而国际战略则偏重于主权国家的对外战略。大战略与国家战略所包含的内容基本一致,只是在定义的角度和研究的侧重点上稍有区别,而国际战略是包含于国家战略之中,是国家战略的重要组成部分。三个概念的关系如图1-10所示。

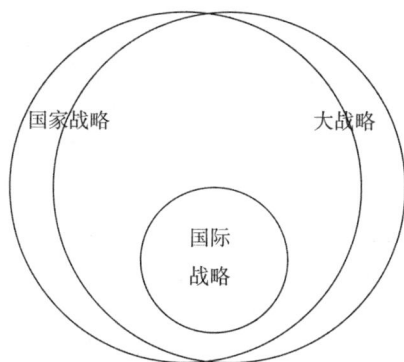

**图1-10 大战略、国家战略与国际战略的关系**

来源:作者整理

(二)企业管理领域中的战略定义

战略的概念发展到企业管理领域时,企业管理研究中战略学派的学者们对战略作出的定义具有广泛的影响力。企业战略学派的学者对战略的定义如表1-3所示。

---

① 资料来源:邓小平. 邓小平文选(第2版)[M]. 北京:人民出版社,1994:160.

从表中所示的定义可以看到,企业战略管理学者虽然对战略没有统一的定义,在战略概念中形成了一些共识,包括战略与环境、与组织的整体和长远发展、与高层的重大决策、与获取竞争优势相关(李宇环,2013:25)。这些对战略的共识、形成的理论和方法对其他领域的学科研究具有借鉴价值。

表1-3 企业战略学派对战略的定义

| 作者 | 定义 |
| --- | --- |
| 伊戈尔·安索夫(Ansoff. I, 1988) | 战略是用来指导一个组织发展过程的新的决策原则和指导方针。① |
| 钱德勒(Chandler A. D. ,1963) | 战略是企业长期目标的决定,以及为实现这些目标所必需的一系列行动和资源分配。② |
| 安德鲁斯(Andrews K. R. ) | 战略是目标、意图或目的,以及为达到这些目的而制订的主要方针和计划的一种模式。③ |
| 迈克尔·波特(Porter M. ,1985) | 战略是企业要获取竞争优势做出的选择。不同的战略代表了通过竞争优势的迥然不同的途径。④ |
| 亨利·明茨伯格(Mintzberg H. , 1987) | 在系统划分了十个不同的战略学派后,提出战略有五种定义,即计划、模式、定位、展望和策略。⑤ |

资料来源:作者整理。

(三)能源合作战略的界定

通过对战略概念的梳理,并且在界定"能源合作"概念的基础之上,本书进一步对"能源合作战略"进行定义。"能源合作战略"定义为,为了实现能源安全和国家安全目标,并获得长远发展和竞争优势,国家在对国际和国内环境分析的基础上,国家中央政府为促成国际合作而进行政策和行动调整的模式。

---

① 参见曹德骏等译. [美]伊戈尔·安索夫. 新公司战略[M]. 成都:西南财经大学出版社,2009 年. 第 67 页.
② 参见北京天则经济研究所等译. [美]艾尔弗雷德·D·钱德勒. 战略与结构:美国工商企业成长的若干篇[M]. 昆明:云南人民出版社,2002. 第 15 页
③ 转引自方振邦,徐东华编著. 管理思想百年脉络[M]. 北京:中国人民大学出版社,2012年:210.
④ 参见陈小悦译. [美]迈克尔·波特. 竞争优势[M]. 北京:华厦出版社,1997 年. 第 11 页.
⑤ 参见魏江译. [美]亨利·明茨伯格等. 战略历程[M]. 北京:机械工业出版社,2012 年. 第 7-12 页.

在上述的定义中,需要关注以下四个方面的内容。首先,能源合作战略的行动主体是国家中央政府;其次,能源合作战略的目标是为了实现国家的能源安全,进而支撑国家安全目标的实现,在能源合作过程中使国家获得长远的发展和国际竞争优势;第三,能源作为一种高度政治性的商品,能源合作战略是国家实施和贯彻对外政策的措施与手段,因此具体体现为国际战略的形式;第四,能源合作战略的制定需要建立在国家对国内外环境分析的基础之上,并随着环境的改变而发生变化,有战略模式的特征。

# 第三节 研究思路与研究方法

## 一、研究思路

为了保障自身的能源安全,能源消费国与能源生产国都会相互寻求多方位深层次的合作。本书从能源合作的机理、合作条件及合作战略三个方面来探讨中俄能源战略合作这一议题,并选择中俄油气合作的案例进行具体的分析。研究思路如图 1 – 11 所示(见下页)。

论文共分为八章。第一章绪论。第二章为文献述评,围绕国家能源合作理论与对策的研究,以及中俄能源合作战略研究的相关文献进行梳理和评述。第三章对中俄能源合作历史进行梳理,并应用内容分析法对中俄政府间合作文件进行文本分析,揭示中俄能源合作战略变迁的过程。通过历史研究来发现决定中俄能源合作的关键要素以及中俄能源合作中存在的问题。第四章运用张力理论构建中俄能源合作的影响因素分析框架。通过该环境分析框架,识别并分析影响能源合作的环境因素,以及这些因素对能源合作产生影响的机理。第五章架构中俄能源平衡合作战略博弈模型。将历史分析中识别的关键要素函数化,借鉴期望效用理论(EUT)的思路和方法,构建能源合作中国家的期望效用函数模型。采用演化博弈的方法演绎能源合作路径,分析合作要素对国家合作意愿变化路径的影响,阐释能源合作行为发生的条件。第六章是中俄能源合作战略模式的分类及选择模型。通过该模型划分能源合作战略的类型,并探讨不同合作意愿情况下,能源合作战略模式的选择及其演化趋势。第七章是案例研究。首先综合应用第五章能源合作条件以及第六章战略模式的选择模式来阐释中俄油气合作意愿和合作战略模式的变迁历史,其次应用第四章的能源合作环境张力分析框架来对 2013 年以来中俄油气合作所面临的国际环境进行分析,形成中俄油气合作的 SWOC 分析结论,最后根据 SWOC 分析的结果提出未来中俄油气合作战略。第八章为研究结论与展望。提出中俄能源合作的战略对策。

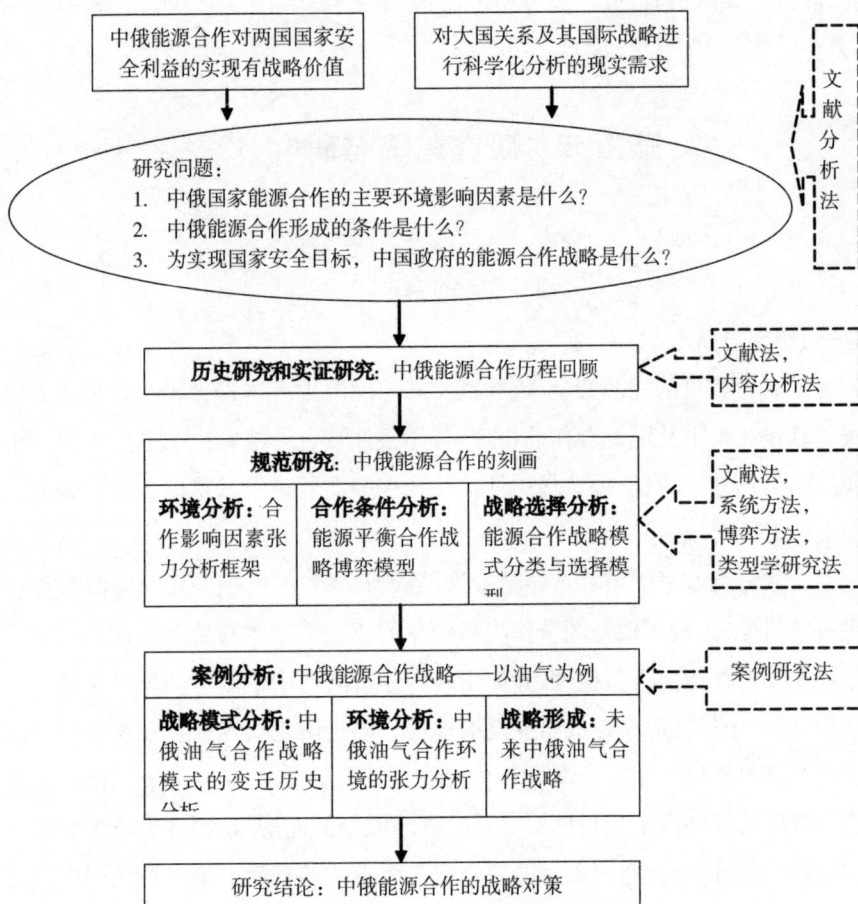

图 1-11　研究思路图

**二、研究方法**

1. 文献分析法。在研究初期,通过对能源合作相关问题的思考和分解,理清能源合作背后的国际合作的基本理论问题。对国内外能源合作相关理论进行系统地梳理,通过对前人研究的借鉴,不断完善论文的研究框架。虽难以穷尽文献,但尽可能地将国家能源合作及其战略问题研究的脉络理清,使研究建立在充实的文献研究的基础之上。

2. 系统方法。结构现实主义的开创者华尔兹认为,国际政治理论的研究方法分为还原主义方法和系统方法两种。前者是关于各个组成部分行为的分析来构建理论的方法,而后者则是通过国际系统层面的分析发现对结果的解释(华尔兹,1979)①。自华尔兹的国际政治理论提出之后,系统方法就成为国际合作理论研究方法的主流。本书仍是从国际系统结构上寻求对国际合作行为的解释,因此是采用系统方法展开研究。

3. 博弈论法。与系统方法一样,国际合作的研究中,多采用博弈论作为核心的分析工具(Milner H. ,1992:466 – 496)。当坚持具有战略理性的国家采取自我利益的行动这一假设时,并准确地将偏好、战略和报偿加以模型化,则采用博弈论可以产生可检验的重要预测(斯奈德尔,1986)②。本书采用博弈论方法,建构用以解释国家行为体之间的互动和合作的模型。

4. 类型学研究法。类属划分是社会研究的基础方法论之一,是对社会科学中的特定概念进行质的分类从而区别研究的常用方法(赵雷,2012)。迈尔斯和斯诺(Miles & Snow,1978:546 – 562)的类型学提供的一个对企业战略分类得到了广泛的接受。纳特和巴可夫(Nutt & Backoff,1991)也应用相同的方法对公共和第三部门的战略进行分类③。本书采用这一方法,对能源合作战略模式的类型进行划分,并探讨各类型的能源合作战略模式的特点和战略选择的路径。

5. 案例研究法。案例研究法在研究中既可以用其进行理论的建构(Katheleen

---

① 参见信强译. [美]肯尼斯·华尔兹. 国际政治理论[M]. 上海:上海人民出版社,2004. 第41页.

② 参见田野,辛平译. [美]邓肯·斯奈德尔. 国际政治的博弈理论[C]. [美]肯尼思·奥耶编. 无政府状态下的合作. 上海:上海人民出版社:2010年,第28页.

③ 参见陈振明等译校. [美]保罗·C·纳特,罗伯特·W·巴可夫著. 公共和第三部门组织的战略管理[M]. 北京:中国人民大学出版社,2001年. 第72 – 79页.

M. Eisenhardt 等,2007)[1],又可以用其来对构建的理论进行检验。本书以中俄油气合作为例,应用构建的环境分析框架和战略选择模型对中俄油气合作战略进行探讨,一方面检验环境分析框架和战略选择模型的适用性,另一方面对中俄油气合作问题进行深入的讨论。

# 第四节　研究创新点

本研究基于中俄能源合作实践的考察,从理论上探讨国家能源合作的环境因素、合作形成的条件及能源合作战略。创新点有两大方面。

## 一、研究选题的前沿性

本选题研究的最终目的是探讨在国家安全目标下,中央政府在推进国家间能源合作时应当如何选择合作的战略。政府战略管理在国内甚至于在国外都是一门新兴的学科,应用政府战略管理的理论和方法,对国际能源合作战略的研究更为稀少。目前,国家对发展战略的制定及实施能力成为中央政府的一项重要能力,战略管理能力强的中央政府对国家在较长一段时间内的发展方式及发展内容进行长期的设计和规划,并通过与他国之间的战略合作,为本国争取更多的发展机会。在能源合作领域,多变的国际环境对中央政府的战略管理能力提出更大的挑战,如何应用战略思维,争取甚至创造国际能源合作的机会,推动国家间能源合作的实现以保障本国能源安全是各国中央政府思考和解决的问题。

## 二、理论的创新

本研究在理论的架构上进行创新,理论创新点有三个方面。

（一）环境因素分析:能源合作环境因素分析框架

论文应用张力理论构建合作环境因素分析框架。张力将对同一事物的不同

---

① 参见李平,曹仰锋主编.《案例研究方法:理论与范例—凯瑟琳·艾森哈特论文集》中的 Kathleen M. Eisenhardt & Melissa E. Graebner.《由案例构建理论:机会与挑战》(北京:北京大学出版社,2012年)第33-44页.

解释看成是各种对立的力量,通过战略管理来实现对各种对立力量的平衡(保罗·纳特和罗伯特·巴可夫,1991)[①]。能源合作的国际战略环境可以视为一个张力场域,不同国家的利益在此形成冲突而又合理的利益诉求。因此,本论文通过张力理论来构建国家合作环境因素分析框架,帮助国家识别影响国家能源合作的环境因素,并分析这些因素对合作产生的影响。

(二)合作条件分析:期望效用和演化博弈模型

期望效用理论是1944年冯·诺伊曼和奥斯卡·摩根斯特恩的博弈论中发展起来的,基本假设是行动者的期望效用是在某些不确定的条件下,根据对其他行动者行动的可能性进行估计后折现而得到的(Ozdamar,2006:36)。本书的期望效用函数中的要素是基于历史分析中识别的合作的关键要素。

应用演化博弈的方法演绎合作路径。米尔纳(1997)对美国和欧洲的国内政治制度与国际政治关系的研究,提出了国内政治影响国际合作的观点。[②] 虽然对中俄两国而言,国内的政治体制的特点仍可以将国家视为一个单一决策行为体,但是国家决策行为的做出,也是国内利益群体相互博弈的结果。本书采用折中的方式,将国内利益相关者的博弈看成是演化选择压力下做出,将合作意愿的改变视为一个动态变化的过程。采用演化博弈方法,分析合作意愿由不合作到合作的变化过程应该满足的条件。

(三)合作战略分析:能源战略模式的分类及选择模型

纳特和巴可夫(Nutt & Backoff,1991)采用类型学研究方法对公共和第三部门的战略进行分类[③]。本书采用这一方法,构建能源战略模式分类及选择模型,运用这一模型,对能源合作战略模式的类型进行划分,阐释各类型的能源合作战略模式的特点和所包含的战略措施,并探讨战略模式选择的变迁路径。

---

① 参见陈振明等译校.[美]保罗·C·纳特,罗伯特·W·巴可夫著.公共和第三部门组织的战略管理[M].北京:中国人民大学出版社,2001年.第108页.
② 参见王正毅校.[美]海伦·米尔纳著.曲博译.利益与信息:国内政治与国际关系[M].上海:上海人民出版社,2010年.
③ 参见陈振明等译校.[美]保罗·C·纳特,罗伯特·W·巴可夫著.公共和第三部门组织的战略管理[M].北京:中国人民大学出版社,2001年,第72-79页.

第二章

# 相关文献评述

　　自 20 世纪 70 年代两次能源危机(the energy crisis)，能源安全、能源政治以及国际能源合作等领域的研究一直是国际关系研究的热点。对国际能源合作的研究大体可以分为两大类，一类是纯理论的研究，这类研究主要是对国际合作为什么会产生这一问题进行抽象的解释。在这些研究中，国际能源合作问题通常作为重要的案例来对辅助说明国际合作产生的机理。这类研究主要着眼于理论的架构，较少提出针对性的对策性建议。第二类属于政策性研究或是合作战略的研究。这类研究着眼于现实中的能源合作问题的分析和解决，分析过程有的是基于历史分析，有的则是基于合作理论架构结合现实的环境因素，提出能源合作的政策建议。

## 第一节　国际能源合作理论性研究的评述

　　能源属于高度政治化的特殊商品，因此国际能源合作是国际政治主导的多维度多层次的合作。国际关系和国际政治合作是认识国家间的能源合作问题的重要视角。国际合作理论围绕国际合作(或冲突)产生的原因以及国际合作发生的条件两个问题进行研究，不同的理论流派从不同角度阐释国际合作的规律。而博弈论则是刻画国际合作规律的重要方法。在这些合作理论的建构中，能源合作是其涉及的重要领域。

**一、国际能源合作动因理论的研究**

国际合作理论的不同理论流派从不同角度阐释国际合作的规律。在这些合作理论的建构中,能源合作是其涉及的重要领域。

1. "共同利益—能源合作—国家权力"的理论范式

在为什么要进行能源合作上,现实主义和新现实主义的学者构建了"能源合作—国家权力"的理论解释。现实主义代表人物汉斯·摩根索分析国际石油合作对国际政治产生影响中指出,当产油国之间开始合作并协调政策的时候(如1973年石油危机),石油成为产油国的政治武器,向消费国施加压力。完全依赖石油进口的国家(如日本和联邦德国)会被迫就范,而部分依赖的国家(如美国)虽然可以通过限制石油进口、节约国内用油、建立储备库等方式来应对产油国联盟的施压,但产油国联盟仍可以逼迫美国的盟国日本和联邦德国的方式打击美国。① 由此得出结论,能源合作是增强国家权力的重要因素,可以使相关国家获得更大话语权。新现实主义代表人物肯尼思·华尔兹(1979)在分析国际结构对合作产生的作用时,分析了在战后在双极国际体系结构内,美国采取从中东进口石油的政策,通过石油合作增加了彼此之间的相互依赖的关系,利用合作产生的有利的经济条件实现国家的政治利益。② 同样也论述了能源合作是国家获得政治利益的重要手段。

现实主义和新现实主义对"能源合作—国家权力"的理论解释,论证了国家能源合作是为了获得更大的经济和政治上的利益,实际上揭示了"共同利益—能源合作"的合作条件。

2. "国际机制—能源合作"的理论范式

新自由制度主义代表人物基欧汉(1984)提出国际机制促进国际合作的理论范式,并应用美国在石油领域的行动对其理论进行实证,论证了国际能源机构的政策协调无论是在霸权条件下,还是在国际机制条件下都对合作起了促进作用,只是在国际机制条件下的作用更大。而国际机制对石油合作产生明显促进作用

---

① 参见徐昕等译. 王缉思校. [美]汉斯·摩根索著. 国家间政治:权力斗争与和平(第七版)[M]. 北京:北京大学出版社,2006年:第130页.

② 参见信强译. [美]肯尼斯·华尔兹. 国际政治理论[M]. 上海:上海人民出版社,2004年. 第169页.

的机制有两个,一是国际机制代表了合作各方的共同利益,二是国际机制降低了各方的交易成本。[①]

在基欧汉之前,梅森·威尔里奇(Mason Willrich)在研究能源危机时,就提出相似的观点。威尔里奇等(1975)通过分析1945年至1975年国际能源的发展及其动力,认为需要建立国际机制来协调和管理国家间的相互依赖关系,但能源危机却对国际机制的建立构成挑战。因此,各国自制的行动有助于推动国际机制的建立,以实现国际能源合作。

米克(Meek J. W. ,1980)在其研究中对能源合作机制的绩效进行了测量。它基于公共物品理论,首先证明了国际能源署(IEA)成员合作中不存在搭便车的行为。进而对国际能源署成立后是否有效实现石油供应安全和降低对石油进口的依赖度的战略目标进行测量和评估,发现随着总体石油消费量的提高,当国家越来越依赖石油进口时,IEA联盟的价值就更高。此研究验证了国际机制对能源合作的价值。

切卡罗瓦(Chakarova V. P. ,2010)用比较研究的方法研究1951年至1970年所出现的能源危机时,能源消费国的合作情况。20年间的不同规模的危机出现了15次,基于危机的规模和对经济产生的影响挑选出三次重大危机,对欧洲消费国的七个能源合作案例进行分析,发现在危机之前、危机之中和危机之后,政府会通过国际组织进行政府间协商。通过对比研究发现,在一个强有力的领导者霸主的主导下,国际机构更有可能推进能源合作的出现。再次验证了"国际机制—能源合作"的理论模式。

3. "国内政治—能源合作"的理论范式

海伦·米尔纳(1997)在讨论国际合作产生机制时,将国内政治纳入理论架构中。并通过英美石油协定和英美国际民用航空协定(1943—1947)的谈判进行对比,检验了两国的政治因素(即重要国内集团的背书和批准过程的变化)极大影响了政府对国际协定的谈判能力以及成功获得批准的能力,以此来阐释了使石油谈判失败,而民用航空达成了合作的国际机制的作用。[②]

---

① 参见苏长和等译.[美]罗伯特·基欧汉著.霸权之后:世界政治经济中的合作与纷争[M].上海:上海人民出版社,2001年.第229-230页.

② 参见王正毅校.[美]海伦·米尔纳著.曲博译.利益与信息:国内政治与国际关系[M].上海:上海人民出版社,2010年.第154页.

这些国际能源合作动因的研究,从国际政治学的角度建立了相应的理论体系,解释国家权力、国际结构、国际制度、国内政治如何影响能源合作的产生,阐释了能源合作的本质。这些研究架构的理论范式,成为之后能源合作问题研究的理论基础。

**二、国际能源合作博弈的研究**

博弈论作为一种研究工具,用博弈模型来刻画能源合作如何产生及合作条件。不同的研究采用不同的博弈方法来阐释能源合作问题,并提出相应的行动战略。

1. 非合作博弈法对"无政府状态下"能源合作的刻画

在国际政治合作理论中,一般应用非合作博弈法来讨论无政府状态下合作产生的条件。邓肯·斯奈德尔(1986)总结了非合作博弈法来架构无政府状态下合作的产生与报偿结构之间的关系的方法①,也阐释了非博弈方法讨论此类问题的一般思路和过程。奥兹达玛(Ozdamar I. O. ,2006)在其博士论文中就应用非合作博弈理论中的期望效用方法来分析西方、俄罗斯与中国三极力量在欧洲大陆上的能源安全博弈,认为未来这一地区的能源安全仅是由于政治上的不稳定引起的,而在里海石油在价格与储量上无法与中东石油相比的情况下,对欧盟与美国未来的对外政策主要是避免这一地区的冲突来保障能源安全。

国内也有通过非合作博弈的方法来研究国际能源合作机理及其战略的研究。伍福佐(2007)在其博士学位论文中对能源消费国家间的能源合作进行了分析,论证了在一定条件下,能源消费国之间在无政府状态的两个情境,即"囚徒困境"以及"猎鹿模型"中是可以形成自主性合作的,前提在于能源消费国中有一个国家愿意承担发起者的角色。而为了实际这一机制安排,需要配合采用"经济人质"、"互惠战略"以及"问题联系"三大战略,以帮助这一机制的实现。

2. 合作博弈法对"国际机制约束下"能源合作的刻画

非合作博弈已经形成了典型的"囚徒困境"和"猎鹿博弈"两个具有一般性理论价值的模型,解释"无政府状态下"的能源合作问题时体现出该方法的一般适用

---

① 参见田野,辛平译. 邓肯·斯奈德尔. 国际政治的博弈理论[C]. [美]肯尼思·奥耶编. 无政府状态下的合作. 上海:上海人民出版社,2010. 第50页.

性。而合作博弈则从"存在有效运行的国际机制"的前提下来揭示能源合作的规律。

乎伯特和艾卡尼卡瓦(Hubert,F. A. & Ikonnikova,S. B,2011:85 – 116)认为合作博弈刻画了欧亚天然气贸易的两个特点,一是行动者数量及贸易价格在长期合同下已经确定,即博弈是在既定的框架下进行。这一方法可以避免任何对行动空间的限制性假设;二是合作博弈法中演算的行动结果不受行动者行动顺序先后的影响。通过合作博弈分析俄罗斯天然气管道投资的权力结构,如果是关注现有管道系统的过境国因素,则白俄与乌克兰有较大影响力。但一旦投资敲定,则主导权会转向俄罗斯。该研究通过上述实证来说明合作博弈方法对欧亚能源问题的适用性。

库伯林(Cobanli O. ,2014:348 – 370)也采用合作博弈的方法来分析在中亚天然气合作中欧亚力量的博弈,论文中建模计算的结论是,里海天然气管线中,土库曼斯坦线路是西行线路的最佳选择;土耳其作为转运国将从欧亚天然气贸易中获得较大收益;而供应欧洲的管道对土库曼斯坦和欧洲都能够产生收益。

国内也有学者利用合作博弈的方法来讨论能源合作问题。尚永庆等(2012:13 – 16)建立了资源国与消费国之间的合作博弈模型,分析纯服务合同、产品分成合同和矿税制合同模式对资源资费国产生不同效用水平的影响。投资国需要根据投资效用的需求来确定合适的合同模式。

3. 演化博弈法对能源合作演化过程的刻画

在 20 世纪 90 年代,经济学家借鉴生物学对博弈论的研究,将演化博弈论运用到经济学中(黄凯南,2009:132 – 145),目前已经成为新制度经济学研究中的研究流派(董志强,2008:151 – 165)。在国际合作的研究中,演化博弈理论和方法并不多见。演化博弈理论可用于说明行动者如何学习以及在重复博弈中战略如何演变(Earnest D. C. ,2009:1 – 28),因此这些少量文献一般都集中于探讨经济或战略模式转型。在国内的一些学者也采用演化博弈的方法讨论能源合作的问题。程胜(2007:7 – 11)用演化博弈方法讨论了两个国家间能源企业层面合作的可能性与条件。孙文娟(2011:133 – 136)则用该方法讨论了中亚地区能源消费国和能源生产国之间合作的条件,并提出在制度、经济、技术和军事等方面来改变合作条件,促进合作的建议。尚永庆等(2012:17 – 20)则用该方法讨论中俄两国之间原油管道的合作问题,在财政、税收及其他政策支持以及约束机制、违约责任及惩罚措施上提出政策建议。

非合作博弈适合于解释"无政府状态"前提下的能源合作的规律;合作博弈则可用于阐释"在有效国际机制"前提下能源合作各方的行动选择;而演化博弈模型适合于刻画因合作条件的变化引起合作模式的变迁上的问题的研究。因此,不同的博弈模型有其适用的范围,可以用于刻画不同条件下的能源合作问题。

### 三、国际能源合作模式的研究

模式介于实践和理论两者之间,并区别于两者的一种方法(查有梁,1994:89-92),是用于刻画现实情况的简化的理论形式(王爱国,2009:23)。叶蓁蓁(2005:108)则将能源合作模式定义为国家为实现能源安全目标,对不同的能源合作问题采取有效的合作方式。

西莱威茨和奥尼尔(Szyliowicz J. S. & O'Neill B. E.,1975)在分析美日及西欧在第一次能源危机前后面临的问题和采取的对策,并在分析了对策失败的原因基础上,提出了国家在能源合作时采取的三种模式:包括横向合作(如能源生产国集团、能源消费国集团的多边合作)、纵向合作(生产国与消费国的双边合作)以及综合合作模式(即上述两者模式兼用)。而这三种模式的提出仅停留在理论探讨上,未进一步对相关实践问题进行深入研究。诺伦(Noreng O.,1978)也在其著作中对石油生产国和消费国的合作模式进一步进行了探讨,认为国家基于共同利益可以达成四种议题联系型的国际协议模式,即贸易协议模式(消费国同意油价有合理波动,生产国则保证供应),能源合作开发模式(消费国参与生产国的能源产业链的建设),金融合作模式(消费国将贸易合作节余的资金向生产国投资,帮助生产国的经济发展),技术贸易合作模式(即生产国用消费国的技术生产的能源产品向消费国供应)。

对国际能源合作模式的研究是近年来中国能源合作问题研究的重要主题。叶蓁蓁(2005)应用国际油价供需方程,分析自1973年以来国际油价四次暴涨的原因以及西方能源消费国的能源合作经验。该研究认为合作必须有共同利益为基础,并通过国际制度来稳定合作。并将国际能源合作模式归纳为共同目标、共享信息、共同行动、国际制度和双边相互依赖等五种模式。李渤(2011)不同于以往能源合作中基于国际关系理论的研究,而是应用战略管理理论,对中印能源关系进行战略模型的分析,并提出中印能源合作的模式。金燕(2011)对比分析了中国与安哥拉,以及中国与委内瑞拉两种双边国际能源合作模式。并在总结中委能源的"主辅式复合型国际合作模式"的基础上,提出中国与拉美地区能源合作的政策建议。陈学绪(2011)对中国与土库曼斯坦的能源合作模式进行分析,认为产品分成模式是目前最佳的中土能源合作模式,并提出了中土油气合作的配套人力资源管理、财务管理及物资供应管理模式及其政策措施。于会录等(2014:2468-2475)在研究丝绸之路经济带的资源合作开发时,将资源合作开发模式归纳为资源合作共赢模式和国际地缘战略合作模式,并分析了各合作模式下的合作形式。

这些能源合作模式的研究从不同的角度将国际能源合作进行归纳与分类,有助于合作行动主体认识不同能源合作战略(政策)的适用性,具有较强的应用指导价值。

# 第二节 国际能源合作政策研究的评述

除了理论研究外,对能源实际问题的政策研究也非常丰富。对现实问题的政策研究主要包括两大类,一是针对现实出现的能源合作问题的现状研究,其中有的研究会进一步提出具体政策措施。二是基于一定的理论架构对能源问题的机理进行分析,进而提出战略(政策)措施的研究。

## 一、基于历史/现状的能源现实问题的政策研究

### (一)国外的研究

从20世纪70年代的石油危机之后,国外在70年代末80年代初出现了对石油问题的研究的小高峰,石油合作问题是其中的重要组成。霍夫曼和约翰逊(Hoffman T. & Johnson B.,1981)回顾了能源危机中西方发达国家、OPEC组织以及发展中国家三方之间的利益和政治的冲突,从环境和发展的国际机制的角度建议对能源合作建立新的制度安排。并期望美国、法国和西德政府通过鼓励太阳能技术的开发和出口加强与发展中国家的关系,来实现能源领域的南北合作战略。该著作试图用议题联系战略切入解决能源问题,但选择以太阳能为合作领域则仍没解决能源领域的核心问题。科尔(Kohl W. L.,1982)等学者研究第二次石油危

机后出现的许多问题做了历史回顾和分析,包括石油危机对西方能源体系的影响以及能源政策的趋势,分析了国际能源机构的运行和演变历程,以及核能、煤炭及其他新能源的现状和前景,来提出美日欧的能源政策。利伯(Liber R. J. ,1983)通过回顾西方工业大国在两次石油危机十年间中受到的影响,以及分析在此期间这些国家的能源合作与冲突,提出能源问题的解决要结合国内和国外政策,运用市场和政治力量,在能源合作领域展开国家间的合作。

在 20 世纪 80 年代之后,能源领域合作的研究转入低谷。直至 21 世纪,国际油价上涨、俄乌油气危机、页岩革命以及欧洲天然气管道建设等能源问题的出现,使能源合作的研究又开始增多。奥蒙布德(Omonbude E. J. ,2007)探讨了在跨境石油和天然气管线中牵涉到一个或更多的转运国时,基本的议价原则的作用。文章的结论是由于租金减少,有可能会引起转运国对阻碍过境油气的输送,因此必须重视并在合作协议中采取相应的风险防范措施。比尔金(Bilgin M. ,2009:4482 -4492)通过分析欧盟 27 国天然气需求上升的趋势,认为这将使欧盟 27 国的天然气供给更依赖俄罗斯与乌克兰之间的关系。而 21 世纪以来俄乌之间的危机增加了欧盟国家天然气的风险。因此,研究提出建议的最佳策略是,欧盟在构建其天然气供给体系时最好至少包括阿塞拜疆、土库曼斯坦、伊朗和伊拉克中的两个国家的供应。克洛帕特切瓦(Kropatcheva E. ,2014:1 - 10)探讨了石油和天然气的页岩"革命"对俄罗斯的能源政策和实力产生的影响。论文同时分析了俄罗斯的政治精英如何看待这样的发展,以及俄罗斯应当如何应对,并得出结论,页岩革命似乎是相对削弱了俄罗斯的实力优势。

这些著作和论文都通过分析某一时期的能源历史进程或是能源问题的现状,来发现能源问题产生的原因,以及探讨能源合作的必要性及合作政策。这些基于历史/现状分析的研究从不同的角度研究了当时能源出现的问题,提出了有针对性的对策。但这类著作对能源合作问题的理论研究不足,因此对合作原因和合作机制等问题的探讨缺乏深度,但其历史/现状分析视角对能源问题的研究必不可少。此外,此类文献的内容分布可以反映某一时期能源合作出现的突出问题。

(二)国内的研究

对中国而言,对国际能源合作的研究起步较晚。由于在 1993 年前中国的能源生产能够满足国内的能源需求,因此在此以前,中国学者对能源合作问题的研究几乎很少涉及。1993 年后能源合作问题才随着能源供应问题的突出而逐渐成为研究的关注点。而在1993年至2000年这段时间里,由于中国的能源问题只是初步显现,因此研究的焦点主要是中国与各地区进行能源合作的前景的预测。张瑞群等(1995:21-26)对东北亚的经济发展状况进行了现状分析,探讨了日中韩三国在此地区进行能源合作的前景,对油气合作项目以能源贸易合作进行了预测并提出一些政策建议。李树清(1996:24-26)对我国通过经贸方式扩大海外油气资源的分享进行了必要性的研究,对海外油气合作开发的目标区域进行了预测。亥新曾(1997:17-18)分析了欧亚合作的必要性,并分析了欧盟在亚洲能源合作战略的方向包括了电力、天然气、洁净煤技术、能效改进及可再生能源等领域。王毅等(1997:54-59)对中美能源的合作环境进行了分析,探讨了中美在核技术和清洁煤技术等领域的能源合作的可能性以及谈判的策略。马秀卿(1997:16-22)分析了中国能源消费的现状和对外合作的必要性,同时分析了中国与阿拉伯国家合作的基础和合作的可能性,指出中阿应在石油贸易、石油开发及建立合资企业等领域进行合作。戚文海(1998:11-14,54)分析了中俄两国能源问题的互补性,以及两国合作的前景,并对中俄在火电、核电、电力和油气领域的合作进行了总结和展望。除了上述这些具体领域中的研究外,中国学者对一些能源合作基本问题也开展了研究。管清友等(2007:45-53)对能源安全进行了界定,并对中国面临的能源安全以及中国参与国际能源合作的现状进行了详细的分析与总结,并在此基础上提出中国能源合作需要采取的战略。

2000年以前国内的研究主要是对能源发展趋势和合作领域做出预测,分析中国对外能源合作的必要性以及各种领域的合作前景,基本不涉及理论性的研究。而研究内容的分布反映出当时中国对能源问题的关注点。如探讨与东北亚(包括俄罗斯)、里海地区、中亚地区,以及阿拉伯地区进行能源贸易及能源合作开发的前景,与美国的合作主要在与环境相关的能源合作上,与欧盟的合作关注能源清洁技术。而这些领域在进入21世纪后随着中国能源安全形势的严峻而显得更加重要,上述这些领域仍然是目前中国能源合作政策研究的热点。

**二、基于理论架构的能源合作战略的研究**

冷战结束后的10年,西方的能源研究进入低谷期。而进入21世纪后,随着国际油价的上涨,能源安全问题才又成为学术界研究的热点。且近十多年能源问题的研究较20世纪80年代的研究,对现实问题的理论性探讨更加深入,并在理论分析的基础上,提出能源合作的战略(政策),使这些研究兼具了理论和实践应用价值。

(一)国外的研究

在 20 世纪 80 年代的能源研究中,有的学者已经探讨在理论研究基础上提出能源合作的战略。如考海(Cowhey P. F. ,1985)探讨了充足能源供应下的能源合作战略问题。研究先回顾了 1914 年至 20 世纪 80 年代初的能源合作历史,分析由政府和公司共同组成的国际联盟对世界能源市场的影响,并总结了各自战略的特点。著作中解释了由于行动体存在冲突的目标,因此具备共同收益并不必然引发合作。而获益的先后顺序影响了合作的实现。而战略是基于经济、政治和技术等因素,行动者在衡量其风险和收益的情况下制定的。通过分析这些因素来制定战略来实现能源的合作。这篇著作所提到的“充足能源生产”的条件在后来的世界能源发展状况下都没有出现过,但其对能源合作和战略问题的分析思路值得借鉴。

卡罗迪斯(Kaloudis S. C. T. ,2009)在研究俄罗斯的能源对外合作政策时,认为普京政府的能源对外政策是由经济利益驱动的,即用经济利益驱动的能源合作对外政策理论来解释普京政府的能源合作战略。并采用俄罗斯与欧盟成员国希腊,以及俄罗斯与非欧盟国家乌克兰的能源合作为案例进行对比研究,验证了互惠关系对俄与他国能源合作的影响。提出两国政府应运用经济刺激措施,以提高与俄罗斯在天然气领域合作的收益,以促成两国间的能源合作。互惠的经济利益可以用于解释俄欧能源合作规律,但对俄罗斯与中亚以及中俄之间的能源合作现象缺乏解释力。

斯伍亚特兹(Svyatets E. ,2013)认为现实主义、自由主义和国内政治等国际政治理论只能为能源合作提供片面的解释,而不能反映这个问题的复杂性。因此,论文的研究提出了一个结构化的框架,包括经济潜力、地缘政治竞争和国内利益集团,三个因素共同影响了能源合作的实现。文章以美俄,美国与阿塞拜疆,以及俄德之间的能源合作进行实证,得出的结论是,如果经济潜力(即地理距离和资源的可用性)非常高,如俄德的情况,国家可以克服地缘政治和历史敌意开展能源合作。但如果经济潜力相对较低(由于地理障碍或是有替代供应商),如美俄,以及美国与阿塞拜疆的例子,那么地缘政治就比较流行。比如当美俄关系紧张时,可以绕开俄罗斯或是减少与美国的合作。而国内利益集团对能源合作产生复杂的影响:如果他们围绕着能源议题联合起来,虽然这些集团的影响常常与国家利益纠缠在一起,但常常会很容易达到他们的能源政策目标。相反,当强大的利益集团分裂或是关注于与能源不相关的议题(如种族),则他们对能源问题的影响力就低得多。

(二)国内的研究

中国学者对国际能源合作的研究主题主要有两大类。除了在本章第一节提及的"国际能源合作模式"研究外,另一类则是对国际热点区域的能源合作问题的探讨以及中国在这些地区的能源战略的研究,这些区域包括东北亚、中亚、里海以及中东地区。这些区域性能源合作问题的探讨在 21 世纪前的研究一般是基于现状分析,理论分析不足(见本节第一部分的国内基于历史与现状的能源问题研究)。进入 21 世纪后,中国的能源问题日益严峻,仅仅基于历史和现状分析的政策性研究已经不能满足能源合作问题研究的需要。同时,随着中国学者对国际关系、经济学和国际战略学等学科的理论研究的成熟,为能源合作问题的深入探讨提供了理论研究的基础。因此近十年来,对此类能源合作问题的研究开始向理论层面拓展,并以此为基础进行能源合作战略(政策)的探讨。

孙霞(2010)在讨论东北亚地区能源安全合作问题时,将现实主义、自由主义和建构主义三大国际关系理论进行整合,提出市场、权力和规范的三维分析框架,并分析这三个因素如何影响东北亚能源安全,并探讨东北亚能源安全合作的路径与模式,在此基础上提出中国在此地区的能源合作战略。该研究在能源合作的理论分析框架上有所创新。王双(2012)从地缘政治经济学的视角来研究东北亚的能源问题,识别了影响东北亚能源合作的地缘政治因素,最后提出该地区的能源合作范式以及建设东北亚共同体的政治、技术和机制基础。李冉(2013)研究了里海—中亚天然气管道中的大国博弈,分析了欧美俄三大政治力量在该地区的竞争态势及其外交博弈。并讨论三方博弈过程中会给中国带来的机遇,及探讨中国的战略对策。

国内基于理论架构的能源合作战略研究,都重视从能源合作现实问题出发,一般基于经济理论或是国际关系理论架构理论框架,为能源合作提供理论性的解释,并以此为基础提出相应的战略对策。但从这些理论框架的适用性来看,建构在国际关系理论之上的能源合作理论,比建构在经济合作理论上的更具现实解释力。

## 第三节 中俄能源合作战略的研究评述

中俄能源合作问题的研究兴起于 20 世纪 90 年代末期,该问题一直是中国在东北亚地区能源合作研究的关注点。两国经贸与政治关系的发展、多变的国际能源形势,以及两国能源安全的需要,使得中俄能源合作具有重要意义。近十年来围绕着中俄能源合作战略的研究非常的丰富,也可以划分为基于历史/现状分析的合作战略研究,以及基于理论探讨的合作战略研究。

### 一、基于历史/现状分析的能源合作战略研究

对中俄能源合作问题研究中,绝大部分的著作是对中俄能源合作历史与现状的剖析。韩国学者白根旭(2013)的《中俄油气合作现状与启示》对中俄两国的油气工业发展历史和现状、中俄的油气合作历史以及中俄油气合作的各个重点项目的历史及合作现状都进行了全面的展示,认为中俄油气合作具有很高的战略价值但实现合作的可能性并不高。这部专著对中俄能源合作的相关问题都有所涉及,资料丰富,内容广泛,对许多问题做出全景式的剖析。

郑羽和庞昌伟(2003)则是从俄罗斯能源外交政策的视角对中俄能源合作的问题进行分析。这部著作对俄能源的外交现状进行详细的展示,但并没有给出对中俄能源合作战略的建议。

季志业(2008)主编的《俄罗斯、中亚"油气政治"与中国》则全面地展示了俄罗斯和中亚各国的能源战略,对俄及中亚的对外能源合作决策机制以及俄及中亚油气公司的运作机制和重要决策人物都进行详细的归纳分析,在此基础上提出中俄及中亚的油气合作战略。这部著作亮点是从各国的能源战略分析作为切入点来研究中俄及中亚之间的合作前景和合作战略。

严伟(2013)《俄罗斯能源战略与中俄能源合作研究》同样以能源战略的视角进行分析。这部著作对中俄能源合作的制约因素以及合作的困难进行了分析。但没有给出对中俄能源合作战略的建议。

除了这些研究专著外,有的研究机构对中俄能源政策、能源战略及能源合作

事件的回顾,分析这些事件的价值和对中俄两国能源合作的影响,用于展望两国能源合作的前景或是提出未来能源合作的政策建议。并形成系列报告。代表性的如中国人民大学国际能源战略研究中心自 2009 年开始,每年出版的《中国能源国际合作报告》中,对中俄能源合作的历史和未来进行回顾和展望,并提出政策建议。①

基于历史或现状分析的研究还集中在一些具体能源合作问题上,如中俄石油管线的合作问题。张晶(2003)对中俄石油改道的原因进行了分析,并提出了应对策略。陆南泉(2005)则从中俄石油管道合作的波折分析中俄能源合作中存在的问题。

这些研究反映出研究中俄能源合作问题的分析视角各有不同,各种研究从不同的角度对中俄能源合作问题进行分析,并据此提出中俄能源的发展战略。这类研究反映了当期中俄能源合作的热点问题,但研究大多缺乏理论深度。

**二、基于理论探讨的能源合作战略的研究**

对中俄能源合作问题基于理论架构进行分析的研究相对于上一类论文数量较少,且集中出现于近十年的研究中。尼恰爱娃(Nechaeva E. ,2013)对当时中俄之间石油天然气的谈判结果的差异性进行研究,基于相对收益模型、达成协议的最佳选择模式和未来影子模型,设置关于中俄油气合作的三个假设。通过对中俄两国能源政策的分析,以及案例研究对油气合作谈判进程的跟踪分析,最终验证"达成谈判协议的最佳选择模型"可以为中俄的能源谈判过程提供解释。这篇论文虽然没有对中俄能源合作战略提出战略(政策)建议,但其在结论中总结中俄两国合作态度的特点,对中俄能源合作战略的制定提供一定的价值的参考,是近年来研究中俄能源合作问题中具有较高理论价值的成果。

徐海燕(2004;101 - 106)基于地缘政治经济学分析中俄能源合作问题,识别政治动因和经济动因是驱动俄的"东向"能源出口战略的主要因素,并采用定量方法预测了俄能源在中国能源的地位,最终提出一些中国能源合作的政策建议。虽然现在看来这篇文献对俄能源在中国能源的影响中预测的过于乐观,但其从地缘

---

① 参见陈岳,许勤华主编,中国能源国际合作报告 2009,2010/2011,2011/2012,2012/2013(北京:时事出版社)的"中国与俄罗斯能源合作"的章节.

政治经济视角下的理论分析能够解释中俄能源合作问题。

冯连勇和郑宇(2004:38－41)采用非合作博弈方法对中俄石油管线展开研究,并提出中俄走出"囚徒困境"的策略。这篇文章亮点在于进一步对俄罗斯能源合作利益主体的多元化利益诉求进行了分析,使理论分析更符合现实状况。同样采用博弈方法的还有徐斌和黄少卿(2010:141－154)用博弈模型构建了国家能源合作机制的分析框架,并用中日俄石油管线博弈进行案例分析,提出促进中俄能源合作既要完善双边机制,又要建设多边合作机制的策略选择。

这类基于理论架构对中俄能源问题展开研究的文献虽然相对前面一类研究而言数量不多,但研究的理论价值相对较高,对问题的研究更为深入。这些研究从经济理论和国际关系理论建立理论框架对中俄能源合作进行分析,从各个角度对两国能源合作产生的条件和影响因素等方面都做了大量的研究。但这些研究从战略管理角度研究的不足,使得对中俄能源合作战略的研究上大多仍停留在政策建议的层面。因此,本研究在希望通过历史和现状分析理解中俄能源合作历史,同时应用国际关系理论和经济学方法架构理论框架解释中俄能源合作规律的基础上,再应用政府战略管理的理论来架构战略选择模型,扩展对中俄能源合作战略的研究。

第三章

# 中俄能源合作历史及现状分析

1991 年底,俄罗斯取代苏联成为独立的国家,并处于严重的经济危机之中,积极寻求国际合作。中国也是俄罗斯寻求合作的重要对象。从 1992 年至今,中俄两国在能源领域展开了多维度多层次的合作。在多层次的会晤机制和谈判机制的推动下,中俄政府签署了多项合作协议,从国家层面上推动中俄能源合作的向前发展。那么中俄两国政府在不同历史时期,对能源各领域达成了什么样的共识?两国政府是如何看待中俄能源各领域的合作行动?这些行动在两国政府战略合作框架下呈现怎样的演化趋势?本章应用内容分析法和历史分析法对中俄能源合作的历史进行回顾,进而阐释两国能源合作的特点和问题,回答上述问题的同时,也为后续章节的研究建立基础。

## 第一节　中俄战略合作重点的嬗变

1992 年 12 月俄总统叶利钦首次访华,1994 年 9 月江泽民主席回访后,此后中俄两国每年都进行国家领导人的会晤。在 1996 年底两国的政府首脑定期会晤机制启动,此后中俄总理每年都举行一次会晤。在每年一次的会晤机制上,中俄两国政府首脑会就关心的问题进行磋商和谈判,然后就磋商的结果签订一些合作协议。由于这些协议中的议题都是中俄两国政府对未来合作领域的协商,不但包含了合作的战略目标,也对战略目标的实现方式达成共识。因此,这些合作协议反映了中俄两国的合作战略。本研究选择这些战略文本进行分析,来阐释两国政府在合作战略上的演变过程。

### 一、中俄合作战略协议文本的选择

中俄合作战略协议的文本的全面性和代表性决定了内容分析结果的科学性。因此,确定战略文本是研究的第一步。本研究以《人民日报》作为主要数据的来源,并以新华网、中国石油集团官方网站、中国石化集团官方网站,以及其他一些权威的研究机构的研究成果为辅助,来收集中俄合作的战略文本。选择这些来源是由于它们对能源合作消息的全面性和权威性。具体几大数据来源如下。

1.《人民日报》全文数据库

该数据库包括了《人民日报》1946 年创刊以来至今的全部数据,是中国最具影响力的官方媒体,对中俄合作新闻报道最具权威性。本研究通过《人民日报》数据库,以“中俄”为关键词,搜索 1992 年 1 月 1 日至 2014 年 12 月 31 日时期段内的新闻报道,并搜集这些新闻报道中提到的合作协议。

2. 新华网和俄罗斯国情网

新华网隶属于新华社,是中国最大的国家重点网站,网站上发布中俄合作的新闻报道也具有权威性。新华网的“新华资料”栏目中开辟了“中俄总理定期会晤机制”专栏①,记录了 1996 年以来中俄总理历次会晤及其主要的会晤成果。

俄罗斯国情网②是由中国社会科学研究院俄罗斯东欧中亚研究所负责建设。该所是我国最大的从事俄罗斯东欧中亚问题研究的研究单位。俄罗斯国情网建设的俄罗斯的国情数据库,成为国内学者研究俄罗斯的重要工具。③ 本研究主要应用网站中“中俄关系”栏目下的“重要文件”及“中俄关系大事记”等,作为《人民日报》数据库及新华网的重要辅助数据搜集工具。

3. 中石油和中石化的官方网站

中俄能源合作的微观实施主体是中国石油天然气集团公司(简称中石油)以及中国石油化工集团公司(简称中石化)。尤其是中石油公司,在 2005 年以前中

---

① 新华网“中俄总理定期会晤机制”网址:http://news. xinhuanet. com/ziliao/2004 – 09/16/content_1990199. htm,2015/2/21。

② 俄罗斯国情网网址:http://euroasia. cass. cn/cate/1001. htm,2015/2/21。

③ 俄罗斯东欧中亚研究所. 建设俄罗斯国情网,促进俄罗斯国情研究[EB/OL]. http://www. doc88. com/p – 146802902198. html,2008/7/4.

俄能源企业间的合作行动主要是由该公司承担。

中石油的官方网站设立了"中国石油俄罗斯分公司"的网页①,记录了自 1995 年至今中石油所有的中俄能源合作项目行动的历程。中石化下属的"中国石化新闻网"的新闻频道②同样记录了 2005 年至今中石化承担的中俄能源合作行动的历程。两公司网站中公布的中俄能源合作行动及其协议签订的新闻,可以对官媒的新闻报道进行补充。

## 二、中俄战略合作领域的变化分析

本研究应用上述几大数据来源,并辅以其他的网络资源来梳理中俄合作进程,并收集相应的战略合作文本。本研究搜集了自 1992 年 1 月 1 日至 2014 年 12 月 31 日期间,中俄两国在元首级会晤中签订合作协议共 513 个(详见附件 1)。将这些战略合作协议按照涉及的内容划分为能源、经贸、政治、安全等 14 个领域。另外中俄两国每年都会签署诸如《中俄联合声明》之类涵盖了所有合作领域的战略合作协议,将这一类划分为综合类文本(见表 3-1)。从这些文本分布的领域的变化,可以初步判断出能源合作在中俄合作中地位的变化(如图 3-1 所示)。

中俄两国在各领域签订协议的数量上看(见表 3-1),排在前六位的合作领域分别是能源(102 个)、经贸(87 个)、文化(53 个)、政治(38 个)、金融(37 个)以及科技(36 个)。

表 3-1 中俄战略合作文本分布

| 年份\类型 | 安全 | 部门合作 | 公民往来 | 环保 | 金融 | 经贸 | 科技 | 能源 | 区域合作 | 人道援助 | 外交 | 卫生 | 文化 | 政治 | 综合 | 小计 |
|---|---|---|---|---|---|---|---|---|---|---|---|---|---|---|---|---|
| 1992 | 1 | 0 | 3 | 0 | 1 | 4 | 3 | 2 | 1 | 0 | 0 | 0 | 3 | 3 | 1 | 22 |
| 1993 | 1 | 0 | 2 | 0 | 0 | 1 | 4 | 0 | 1 | 0 | 0 | 0 | 3 | 1 | 0 | 13 |
| 1994 | 3 | 0 | 0 | 2 | 0 | 7 | 3 | 0 | 0 | 1 | 1 | 3 | 6 | 1 | | 27 |
| 1995 | 1 | 2 | 1 | 2 | 0 | 2 | 1 | 6 | 0 | 0 | 0 | 2 | 1 | 2 | | 22 |
| 1996 | 3 | 1 | 0 | 1 | 2 | 4 | 2 | 3 | 0 | 0 | 0 | 0 | 1 | 4 | 2 | 23 |

① 中国石油俄罗斯分公司网页网址:http://www.crcd.cnpc/Pages/default.aspx,2015/2/22。
注:该网页属于中石油内网,需要在中石油公司的网络环境中方可访问。
② 中国石化新闻网网址:http://www.sinopecnews.com.cn/,2015/2/22。

续表

| 年份 \ 类型 | 安全 | 部门合作 | 公民往来 | 环保 | 金融 | 经贸 | 科技 | 能源 | 区域合作 | 人道援助 | 外交 | 卫生 | 文化 | 政治 | 综合 | 小计 |
|---|---|---|---|---|---|---|---|---|---|---|---|---|---|---|---|---|
| 1997 | 0 | 0 | 0 | 0 | 1 | 3 | 1 | 4 | 1 | 0 | 0 | 0 | 3 | 1 | 2 | 16 |
| 1998 | 0 | 0 | 1 | 0 | 1 | 3 | 0 | 0 | 0 | 0 | 0 | 0 | 0 | 1 | 3 | 9 |
| 1999 | 2 | 0 | 0 | 0 | 0 | 12 | 2 | 5 | 5 | 0 | 0 | 0 | 3 | 5 | 3 | 37 |
| 2000 | 2 | 0 | 3 | 1 | 3 | 5 | 5 | 8 | 0 | 0 | 0 | 0 | 2 | 3 | 7 | 39 |
| 2001 | 2 | 1 | 0 | 1 | 1 | 5 | 4 | 3 | 5 | 0 | 0 | 0 | 0 | 1 | 4 | 27 |
| 2002 | 0 | 0 | 0 | 0 | 2 | 0 | 0 | 0 | 0 | 0 | 1 | 0 | 1 | 0 | 3 | 7 |
| 2003 | 3 | 1 | 0 | 0 | 3 | 1 | 2 | 3 | 0 | 0 | 1 | 0 | 2 | 1 | 3 | 20 |
| 2004 | 0 | 1 | 0 | 0 | 2 | 2 | 0 | 2 | 3 | 0 | 1 | 0 | 5 | 4 | 3 | 23 |
| 2005 | 0 | 1 | 0 | 0 | 4 | 2 | 0 | 2 | 0 | 1 | 0 | 0 | 4 | 2 | 3 | 19 |
| 2006 | 0 | 0 | 0 | 0 | 4 | 3 | 0 | 7 | 0 | 0 | 0 | 0 | 3 | 2 | 3 | 22 |
| 2007 | 0 | 0 | 0 | 1 | 1 | 3 | 1 | 4 | 0 | 0 | 0 | 0 | 3 | 0 | 0 | 13 |
| 2008 | 0 | 0 | 0 | 0 | 2 | 2 | 1 | 2 | 0 | 0 | 0 | 0 | 3 | 1 | 4 | 15 |
| 2009 | 2 | 1 | 1 | 0 | 1 | 4 | 1 | 13 | 1 | 0 | 0 | 0 | 3 | 0 | 5 | 32 |
| 2010 | 0 | 3 | 0 | 0 | 0 | 1 | 5 | 10 | 0 | 0 | 0 | 0 | 1 | 0 | 4 | 24 |
| 2011 | 0 | 0 | 0 | 0 | 3 | 3 | 3 | 2 | 0 | 0 | 0 | 0 | 2 | 0 | 4 | 17 |
| 2012 | 0 | 0 | 0 | 1 | 1 | 0 | 0 | 7 | 1 | 1 | 0 | 0 | 2 | 0 | 4 | 17 |
| 2013 | 0 | 1 | 1 | 0 | 3 | 7 | 1 | 15 | 0 | 0 | 0 | 0 | 4 | 1 | 4 | 38 |
| 2014 | 1 | 1 | 0 | 0 | 1 | 9 | 1 | 9 | 0 | 0 | 0 | 0 | 3 | 0 | 6 | 31 |
| 小计 | 21 | 13 | 12 | 9 | 37 | 87 | 36 | 102 | 25 | 2 | 4 | 1 | 53 | 38 | 73 | 513 |

资料来源：作者根据1992年至2014年《人民日报》新闻中所提及的中俄元首级战略合作协议文本的统计得出。

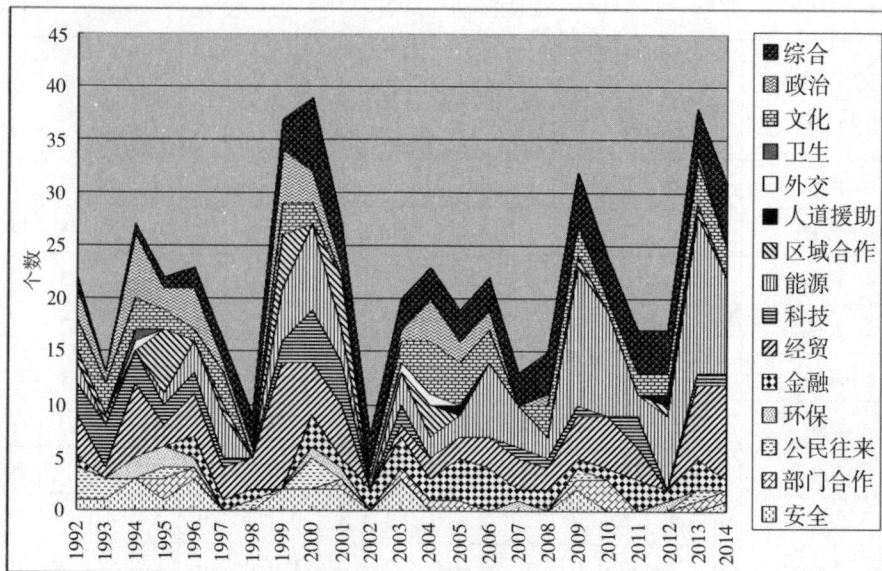

**图 3 - 1  中俄战略合作领域的战略合作文本分布（1992—2014）**

资料来源：作者根据1992年至2014年《人民日报》新闻中所提及的中俄元首级战略合作协议文本的统计得出。

图 3 - 1 合作领域的战略文本分布图来看，中俄两国的合作有以下特点。

首先，中俄两国在不同阶段的合作领域重点有所变化。从图 3 - 1 合作领域的分布显示，从1992年至今，文化和经贸领域的合作一直是中俄合作的重点；政治类的合作协议中最多的是关于两国国界协商的协议，随着2004年黑瞎子岛主权的划分，中俄最后一段有争议的领土的国界确定，政治类的合作协议也相应减少；科技曾是两国合作的热点领域，主要集中在军事科技、航空、航天领域，2002年以后的科技合作协议明显减少；进入21世纪后，中俄两国金融领域的合作协议开始增多。

第二，在危机的情况下中俄合作更紧密。从战略合作文本的年度分布上看，1998年至2000年，2009至2010年，2013年至今是合作协议签订比较密集的年份，而这些年份相对应的事件是1998年亚洲金融危机引发的世界经济动荡，2000年为普京与叶利钦政权交替的年份；2008年起于美国的次贷金融危机引发的全球经济衰退；2013年克里米亚公投事件引发美国和欧洲一些国家对俄罗斯采取经济制裁。可以看出，在危急环境下，中国对俄罗斯而言更具合作价值。

第三,能源领域的谈判在进入 21 世纪后成为中俄两国磋商的最重要议题。从文件的总量看,能源领域是签订合作协议最多的领域。但从能源合作协议各年分布情况看,在 2000 年虽然也属于两国合作的重点领域之一,地位并不凸出,这是由于 2000 年以前,中国的能源问题并不十分凸出,中国对能源合作的需求并不迫切,而同时中俄两国各自希望合作的领域有所差别(中国希望是石油合作,而俄罗斯则重点关注天然气),因此两国能源领域的合作与经贸和文化领域合作的地位相当。但进入 21 世纪后,随着中国能源问题的日益严峻,中国对中俄能源合作的愿望更加强烈,中俄能源合作的战略价值日益重要,在 2006 年之后的则成为两国元首级会晤谈判的首要议题。

## 第二节　中俄能源领域合作情况分析及历史回顾

1992 年俄罗斯独立时,俄罗斯经济衰退,油气工业发展缺乏资金,石油产量连年下滑。此时俄罗斯积极寻求国际合作,引进投资恢复油气产业的发展。中国成为俄罗斯寻求合作的对象之一。1992 年底中俄的能源企业开始接触,进行企业间的合作探讨,此后两国的能源企业一直是两国能源合作行动的具体实施主体。

1995 年在李鹏总理访俄时,俄叶利钦总统提出中俄两国共同开发西伯利天然气问题,能源领域的合作进入两国政府战略合作的议题之中。1996 年 4 月俄总统叶利钦访华,两国签署《关于共同开展能源领域合作协定》,这是中俄两国之间签署的第一份政府间的能源合作协议。同年 12 月底,李鹏总理访俄,两国决定建立中俄总理定期会晤机制,中俄总理每年举行一次会晤。会晤委员会下常设能源合作分委会,开启了能源领域政府间磋商的机制。2008 年 7 月,为了更好地推进两国之间的能源合作进程,中俄两国在北京启动了副总理级的中俄能源谈判机制。

在二十多年的历程中,中俄两国从政府层面和企业层面都保持着接触与互动的关系[1],不断努力以期望推进两国之间的合作。在政府层面,两国政府在各自的

---

[1]　中俄两国在政府和企业层面合作的历史进程梳理详见附件 2。

国家战略下对能源领域的合作进行协商和谈判;在企业层面,两国的能源企业作为能源合作的实施主体,合作行为受到各自企业国际化发展战略的推动,而能源又是国家的战略资源,企业进行跨国合作时同时受本国国家战略的约束。中俄在政府层面和企业层面上共同推动合作行动,使中俄的能源合作的历程呈现出复杂性和曲折性。

　　本节对两国政府间的能源合作战略协议以及进入中俄总理定期会晤机制的企业签订的能源合作协议进行内容分析,结合能源领域的合作历史,来阐释中俄能源合作行动的特点。

**一、能源合作战略协议的内容分析框架**

　　依照内容分析的步骤①,首先选择中俄两国的国家级能源战略合作协议文本作为内容分析的对象,再根据国际谈判过程模型建立内容分析框架,然后将战略协议文本中的涉及能源合作的内容进行编码,随后将这些编码的协议内容放入相应的分析框架中进行频数统计,最后通过量化分析展示两国政府对能源领域合作行动的演化趋势。

　　(一)中俄能源合作战略协议文本的选择

　　中俄两国在元首级会晤中签订513个合作协议中,能源类协议102个,综合类中涉及能源领域的协议73个。其中,能源类协议中有27个能源合作分委会的《会议纪要》。由于能源合作分委会会议是为首脑会晤确定议题的机制,因此这些会议纪要的内容与《定期会晤联合公报》的内容会有重复,因此《会议纪要》文件不纳入内容分析的文本。而综合类的文本中,有14个文本中不涉及能源合作领域,也不纳入分析之列。经过筛选,挑选出涉及能源合作的战略合作协议共134个,包括了各次首脑定制会晤后发布的联合公报、两国的联合声明、两国政府间的合作协议,以及各种能源领域的合同协议。

　　(二)"合作阶段—合作领域"内容分析框架

　　为了发现各能源合作领域的战略合作进程是如何演化的,本研究对战略合作文本用"合作阶段—合作领域"的二维框架进行划分。

---

① 内容分析步骤可参看:李钢,蓝石等编著的《公共政策内容分析方法》(重庆:重庆大学出版社,2007年)第7页。

1. 基于国际谈判过程模型的战略合作协议级别的划分

国际双赢式的谈判模式可以分为两种,一种是现代理性谈判模式,一种是PRAM(Plan - relationship - agreement - maintenance)模式。现代理性谈判模式的步骤包括认定自身需要—探寻对方需要—寻找解决途径—达成协议。而PRAM谈判模式步骤包括制定谈判计划—建立双方关系—达成谈判协议—协议最终履行。后者因更有利于实现双赢目标,是目前国际谈判的主要模式(张曦凤,2009:70 - 71)。

在PRAM谈判模式中,制定谈判计划阶段需要明确双方的谈判目标,找出利益的共同点;在建立双方关系阶段要有意识地建立互信关系,并初步确定可以进入谈判的议题领域;在达成谈判协议阶段,就确定的议题进行实质性谈判,以寻求对问题的一致看法,最终达成协议;在协议最终履行阶段,需要推动协议进入执行进程。

在能源合作谈判的过程中,各种战略合作文本的表述体现了双方谈判的议题处于哪个进程中。根据PRAM谈判模式不同阶段实现的目标,本研究将能源领域的战略合作协议的级别划分为宣言级、意向级、谈判级与执行级,并将此作为分析框架的维度。

宣言级。宣言级的战略合作协议处于谈判计划建立阶段。双方提出各自期望合作的领域,经过磋商后,就具有共同利益的领域达成共识,并共同宣称这一领域合作的战略合作价值。

意向级。意向级战略合作协议处于建立双方关系阶段。此阶段会就前一阶段达成共识的领域进行议题分解,选定今后一段历史时期适合开展合作的议题,并表明合作的态度。

谈判级。谈判级战略合作协议处于谈判阶段。此阶段双方会就细化的合作议题的实现条件进行谈判,重点在于合作利益的分割方式,争取己方在合作中获得尽可能多的相对利益。此时谈判会提出配套措施以支持谈判的达成,而有的则以议题领域签订框架协议的形式体现。

执行级。执行级战略合作协议处于协议履行阶段。这类协议的表现形式是各种具有法律效力的执行合同。因为在前一谈判阶段签订的框架协议只是明确在某些前提条件具备的情况可以实现合作,因此在协议履行阶段,签订的执行合同才表示该合作项目符合执行条件,可以进入实施阶段。

国际谈判过程与形成战略合作协议的级别的关系如图 3 - 2 所示。

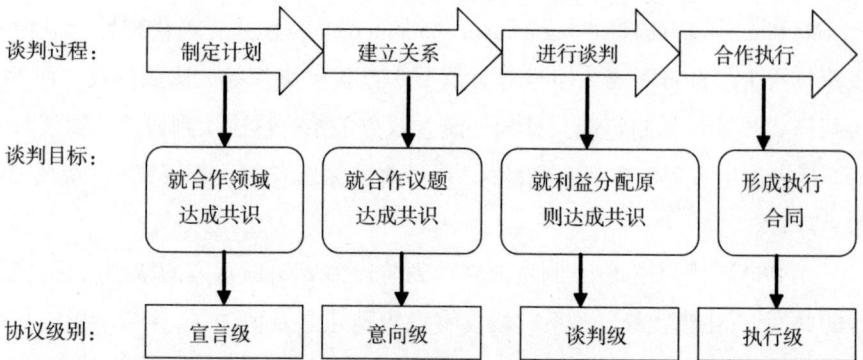

图 3 - 2　国际谈判过程与形成战略合作协议的级别的关系

2. 中俄能源合作领域的划分

通过对各战略合作协议文本的通读,对文本中涉及的能源合作领域进行识别。中俄能源合作领域主要包括了石油、天然气、核能、电力,以及煤炭五个主要领域。

石油领域。战略协议里对石油领域合作涉及到油田的勘探、开采及石油产品的加工;原油管道的建设和运营;以及原油贸易。

天然气领域。对天然气领域的合作涉及气田勘探、开采及天然气产品的加工;天然气管线的建设和运营;天然气贸易;以及共同建立合资企业。

核能领域。对核能领域的合作涉及核电站的建设和运营;核能利用的技术合作。

电力领域。电力领域的合作涉及电站建设及电力生产;电网合作;电力贸易。

煤炭领域。该领域的合作涉及煤炭的开采和加工;煤炭运输;以及煤炭贸易。

由于战略文本协议对某些能源合作领域的表述比较综合,难以具体划分入各个领域。因此,为了保证对文本内容分析的完整性,合作领域的维度加上"能源综合"、"核能综合"、"煤炭综合"、"石油综合"、"天然气综合"、"电力综合"。

根据"合作阶段—合作领域"的划分标准,建立文本分析的二维分析框架。如图 3 - 3 所示。

Y轴

| 能源 | 能源综合 | | | | |
|---|---|---|---|---|---|
| 核能 | 核能综合 | | | | |
| | 核电站建设及运营 | | | | |
| | 核能技术合作 | | | | |
| 石油 | 石油综合 | | | | |
| | 油田勘探开采及加工 | | | | |
| | 原油管道建设及运营 | | | | |
| | 原油贸易 | | | | |
| 电力 | 电力综合 | | | | |
| | 电站建设及电力生产 | | | | |
| | 电网合作 | | | | |
| | 电力贸易 | | | | |
| 天然气 | 天然气综合 | | | | |
| | 天然气勘探开发加工 | | | | |
| | 天然气管线建设和运营 | | | | |
| | 天然气贸易 | | | | |
| | 建立合资企业 | | | | |
| 煤炭 | 煤炭综合 | | | | |
| | 煤炭开发加工 | | | | |
| | 煤炭运输 | | | | |
| | 煤炭贸易 | | | | |

X轴

宣言级　意向级　谈判级　执行级

**图 3 - 3　文本二维分析框架**

(三)战略协议文本内容分析单元编码

文本分类的维度为宣言级、意向级、谈判级和执行级四类,而分析单元则是各公报和联合声明等战略合作协议的有关条款,以及能源合作领域的各种合同协议本身。

各年定期会晤的公报、两国的联合声明,以及政府间的合作协议的内容涉及所有中俄两国政府共同认为有战略合作价值的领域,能源是其中重要的部分。本研究采用内容分析方法,通过一定的转换范式,将非结构化文本中的信息转换成可用于定量分析的结构化信息(李钢等,2007:1)。因此涉及能源的内容按照"文本号—段落号"进行编码。而对具体能源合作领域的各种合同协议,因协议本身作为一个整体就反映了该能源领域的合作阶段,因此就以"文本号"进行编码。具体示例如表3-2所示。

表3-2 文本分析单元编码示例

| 文本号 | 协议名称 | 内容分析单元 | 编码 |
|---|---|---|---|
| 1 | 中俄相互关系基础的联合声明 | 第21段双方将促进彼此在经济和金融领域的合作,大力加强双方的经济关系,上述合作将包括下列对两国有重要意义的领域,即:农业;生物技术;能源;和平利用核能;包括核能安全;交通,基础设施;通讯;和平利用宇宙空间;军转民;零售贸易等。 | 1-21 |
| …… | …… | …… | …… |
| 8 | 萨哈林-中国天然气管线研究协议 | — | 8 |
| …… | …… | …… | …… |

二、能源领域合作战略的演变和实施情况

对文本分析单元进行编码后,根据"合作阶段—合作领域"二维文本分析框架,将各文本分析单元进行归类和统计,其文本分布特点一定程度上反映了中俄能源各领域合作的演变过程。

图3-4反映的是能源各领域合作的总体情况。涉及核能、电力、石油、天然气、煤炭五大合作领域的战略合作文本的数量分别是43个、28个、63个、70个及

14个。从数量上看,油气资源合作是中俄两国能源合作的主体。不同领域各阶段合作文本的分布情况显示,核能合作的执行级比例最高,达到37%;煤炭领域的合作从2009年才开始成为两国国家元首级磋商的议题,尚处于起步阶段,目前处于意向级合作阶段;电力领域合作在稳步推进进程中;石油领域的合作经过多年的磋商谈判,从2009年开始合作项目陆续进入执行阶段,目前执行级的合作协议占石油战略协议的27%,仅次于核能的执行比例;天然气领域签订的协议最多,有70个,但处于执行级的仅占11%,大部分的合作项目仍处在意向上达成共识和不断谈判的阶段。

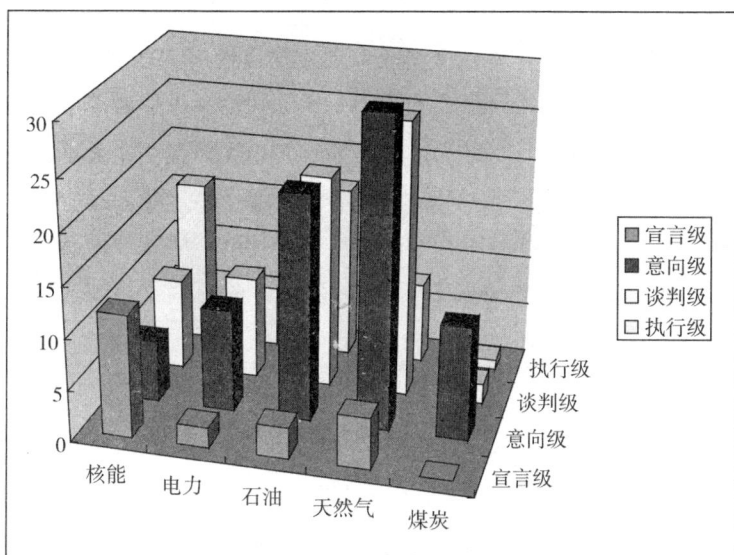

图3-4　能源各领域合作总体情况

资料来源:作者根据1992年至2014年《人民日报》新闻中所提及的中俄元首级涉及能源的战略合作协议文本统计得出。

中俄在能源各领域的合作发展情况并不均衡,合作的进程上各具特点。

(一)天然气领域合作艰难推进

中俄天然气合作是两国能源合作中最久拖不决的项目。从1994年12月23日国家计委批准中国石油天然气总公司从俄东西伯利亚进口天然气,中俄油气合作项目正式立项,1995年11月初中石油与俄能源部签订合作备忘录,中国从能源企业层面开始启动能源合作行动。自1996年4月两国政府签订能源领域合作协议之后,两国政府和能源企业不断地尝试推动天然气领域的合作。

中俄天然气合作从合作的领域来看,天然气合作的议题涵盖了天然气勘探、开采和加工,天然气的管线运营、天然气贸易以及建立合资企业四大领域。从天然气领域合作协议的分布情况看,2004年以前中俄两国的能源合作协议多为意向级协议,2004年后有的合作议题开始进入谈判阶段。并有少量项目进入了执行阶段(如图3-5所示)。

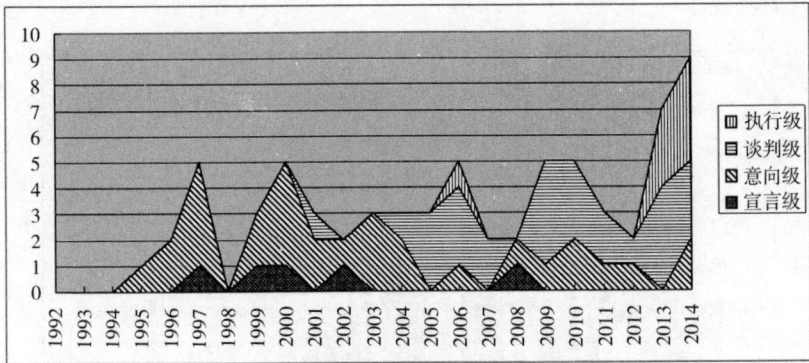

图3-5 天然气合作协议的分布情况

资料来源:作者根据1992年至2014年《人民日报》新闻中所提及的中俄元首级涉及能源的战略合作协议文本统计得出。

1. 天然气领域的大多数合作停留在意向级进程上

表3-3列出了中俄在天然气各领域合作协议的级别和年份分布,可以看出天然气勘探、开采和加工领域,以及天然气管线建设领域意向级的协议较多。而图3-5所示,2004年以前,天然气领域的合作几乎停留在合作意向的沟通上,没有更进一步实质性进展。2004年之后至2014年,天然气勘探、开采和加工领域仍有许多项目处在意向性的磋商阶段。

表3-3 天然气合作协议的分布情况

| 级别<br>领域 | 宣言级 | 意向级 | 谈判级 | 执行级 |
|---|---|---|---|---|
| 天然气勘探开发加工 | 1999,2000 | 1996,1997,1997,1997,<br>1999,2000,2000,2000,<br>2001,2003,2004,2006,<br>2009,2010,2010,2012 | 2005,2006,2013 | 2013,<br>2013 |
| 天然气管线建设和运营 | 1999,2000 | 1996,1997,1997,1997,<br>1999,1999,2000,2000,<br>2000,2001,2002,2003,<br>2003,2003,2009 | 2005,2006,2007,<br>2010 | 2014 |
| 天然气贸易 | | 1996,2000,2004,2008,<br>2009,2014 | 2004,2005,2006,<br>2006,2009,2009,<br>2010,2012,2013,<br>2013,2014,2014,<br>2014 | 2013,<br>2014,<br>2014 |
| 建立合资企业 | | 2008,2009,2011 | 2005 | 2006 |

资料来源:作者根据1992年至2014年《人民日报》新闻中所提及的中俄元首级涉及能源的战略合作协议文本统计得出。

这些领域的合作停留在意向级是由许多原因导致综合导致的,比如合作方式的分歧。20世纪90年代时中国希望采用"产品分成协议"来对俄东西伯利亚的油气资源进行合作开发,但俄认为这种方式不符合俄的国家利益[1],合作方式的分歧使合作行动无法进一步深入。再如各方利益的分歧,中俄天然气贸易将以管道天然气为主,俄罗斯在设计管线方案时,会综合考虑天然气销售市场多元化问题,引起多方力量的博弈。

中俄天然气的管道方案分为东线和西线方案。东线管道由科维克金气田,通过黑龙江进入中国;西线管道由西西伯利亚经阿尔泰共和国至中国新疆,最终和中国的"西气东输"管道相连。

东线项目早在1995年1月,中石油、俄西丹科公司及俄燃料能源部就制定了通过辅设从伊尔库茨克向中国东北的天然气管道向中国输送天然气的经济技术评价计划。而日本对该项目也表现出了积极的态度,1997年7月28日日本政府

---

[1] 资料来源:姚强. 俄罗斯输送中韩"气"难顺——科维克金项目又起波折[N]. 经济日报,2004年2月6日第12版.

通过了关于开发俄罗斯伊尔库茨克天然气田和铺设天然气管道的决定,俄日两国在两国政府级经济委员会上进行了讨论,但最终因俄日的领土争端的困扰,而日本坚持"政经不可分论",两国的合作未能继续。对中俄在该项目的合作,俄罗斯政府层面显示出更高的积极性,在两国元首的会晤中推动天然气领域的合作。1999 年 2 月底,在中俄总理第四次定期会晤时,中国石油天然气总公司与露西亚石油股份公司签署了开发科维克金气田及管道修建的可行性研究总协议。俄罗斯希望东线能够兼顾韩国市场。2000 年 7 月中下旬,俄总统普京访华期间,中俄双方同意韩国政府指定的公司参加科维克金气田管道供气项目可行性研究工作。并于 11 月初,在中俄总理第五次定期会晤期间,中俄双方正式签署了同意韩方参与天然气管道和气田开发的协议。2003 年 11 月底,中国石油、俄罗斯露西亚石油股份公司与韩国天然气公社三方共同完成该项目第一阶段的可行性研究报告。但是在 2004 年 1 月 29 日,俄天然气工业公司的总裁米勒却对外宣布,科维克金项目不符合俄罗斯国家战略利益。由于俄天然气工业公司是由俄罗斯国家控股的能源垄断企业,负责俄罗斯西伯利亚和远东地区天然气管道建设,并垄断天然气出口的统一销售网。没有俄天然气工业公司的支持,科维克金项目无法进行。

而作为东线方案的气源之一俄远地区的萨哈林地区的气田的合作也在同时期开展。在 1996 年 11 月底,中国石油天然气总公司与埃索中国石油有限公司(后被埃克森石油公司收购)签署《萨哈林—中国天然气管线研究协议》。2004 年 11 月,中国石油与萨哈林 – 1 投资集团的谈判代表签署谅解备忘录,开始进行萨哈林 – 1 供气项目购销天然气框架协议和边境气价公式谈判。2006 年 10 月底,萨哈林—1 投资集团和中国石油天然气集团公司签署天然气的购销框架协议,但此后也未正式签署正式的购销协议。

东线项目在经过长期艰难的谈判后,在 2014 年 5 月签订东线天然气购销协议后,9 月签订了东线天然气管道的建设和运营协议,管线的俄罗斯境内段开工建设。

中俄也在西线项目上推进。在 1997 年 8 月初,中国石油天然气总公司就与俄罗斯天然气工业股份公司签署《关于在天然气工业领域合作的协议》,落实从俄罗斯经中国西部边境向中国东南部输送天然气管道项目。但在 2005 年 4 月时,俄工业和能源部发表声明认为东线方案最佳,显示出其对东线方案的重视。在 2009 年 10 月中,中俄总理第十四定期会晤期间,签署的《关于俄罗斯向中国出口天然气的框架协议》以及《落实 2009 年 6 月 24 日签署的〈关于天然气领域合作的谅解备忘录〉路线图》中,又决定东西两线同步启动。在2012年12月的中俄能源谈判代表第九次会晤中,签署的《开展能源市场态势评估合作的谅解备忘录》指出优先推进东线管道合作,积极研究西线一体化合作。2014年11月,两国签订了西线管道合作的备忘录以及通过西线管道供应天然气的框架协议。

2. 谈判级的合作协议大多关于天然气贸易的价格谈判

2004年之后,谈判级的协议增多,这些谈判级的协议主要集中在天然气贸易领域,主要的分歧在于天然气供应价格。天然气价格的谈判最艰难也最关键。

1999年俄天然气集团和中石油曾达成意向性的天然气出口协议,俄方开价180美元/千立方,中方出价165美元/千立方,后因国际能源市场价格飙升,双方最终未能签署合同。2008年7月底,中俄副总理级能源谈判机制启动,对天然气交易价格进行谈判,俄方开价300美元/千立方,中方出价200美元/千立方,谈判未达成。2011年10月中,在中俄总理第十六次会晤和中俄能源谈判代表工作会晤中,两国就天然气价格谈判,未达成一致,谈判接近破裂。价格谈判不能达成一致,中俄两国政府和能源企业签订的各种合作协议最终无法进入实施阶段。直至2014年5月21日,两国政府签署《中俄东线天然气合作项目备忘录》,中石油和俄罗斯天然气工业股份公司签署了《中俄东线供气购销合同》,中俄两国就天然气供应价格达成了一致,也使得天然气管线建设项目终于进入实施阶段。

3. 少量天然气合作项目进入执行级的合作层面

天然气领域的合作艰难推进,但也取得少量的合作成果,一些合作项目进入了执行级的层面。

在建立合资公司方面,2006年中石油集团与俄罗斯石油公司合资的"东方能源公司"成立,在俄罗斯境内勘探、开采石油天然气资源。

在天然气开发项目方面,2013年6月底,中石油与俄罗斯第二大天然气生产商诺瓦泰克公司签署收购亚马尔液化天然气(LNG)项目20%股份的框架协议。9月份在习近平主席访俄期间,中石油同俄罗斯诺瓦泰克公司液化天然气正式签署了股权合作协议。该项目于2014年1月签署合作协议。这是中俄迄今为止最大的能源合作项目,双方共同投资,对俄罗斯亚马尔半岛上的凝析气田进行勘探、开采、加工和油气产品销售。

在天然气管线合作方面,2014年10月,中石油与俄天然气工业股份公司签署中俄天然气管道建设协议,管道建设开始进入执行阶段。在天然气贸易方面,

2014年5月中俄签订了天然气购销协议,长达20年的天然气贸易谈判有了突破性的成果。

而这些进入执行级的项目仍旧需要双方能源企业后续的实施才能实现这些项目的顺利推进。

(二)石油领域合作虽有波折但处于不断推进进程中

石油领域的合作是中国期望的重点合作领域。1992年底中石油的研究人员应邀访问莫斯科,探讨中俄能源企业在石油开采领域合作的前景。1994年11月中石油与俄罗斯西丹科公司签署油气合作备忘录,其中首次提出修建中俄石油管道(安加尔斯克至大庆,即安大线)的意向。自1996年4月两国政府签订能源领域合作协议之后,此后石油合作成为两国战略合作的重要领域。

中俄石油领域的议题包括了油田的勘探开采及加工、原油管道建设以及原油贸易三大领域。从战略合作协议的分布情况看(如图3-6和表3-4所示),在2000年以前,中俄石油合作处于起步阶段。当时对中国而言,能源问题并不十分突出;对俄罗斯而言,更关注天然气领域的合作。因此,2000年以前,中俄能源合作停留在意向级阶段。2000年后,随着中国石油安全问题日益严峻,对天然气合作的注意力转移到石油进口上。这一时期中国能源企业非常积极地寻求石油领域的合作。因此,这一时期许多项目进入谈判级的合作进程。经过长期谈判,2009年后,中俄石油管线的建设及相关的原油贸易开始进入执行阶段。

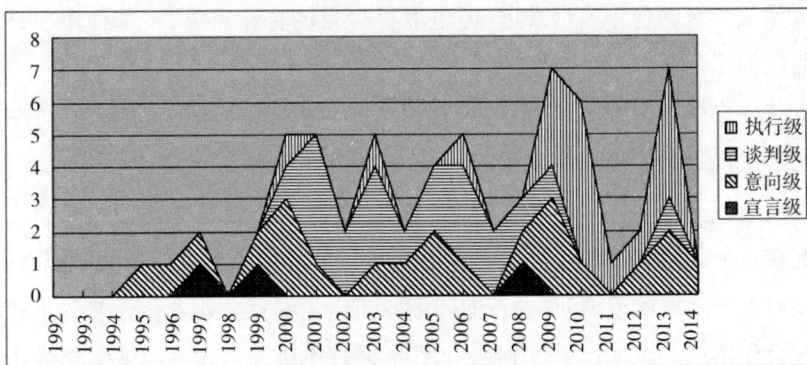

图3-6 石油领域合作协议的分布情况

资料来源:作者根据1992年至2014年《人民日报》新闻中所提及的中俄元首级涉及能源的战略合作协议文本统计得出。

表3-4 石油合作协议的分布情况

| 领域＼级别 | 宣言级 | 意向级 | 谈判级 | 执行级 |
|---|---|---|---|---|
| 油田勘探开发加工 | 1999 | 2000, 2001, 2003, 2005, 2006, 2009, 2010,2012 | 2003,2004,2005, 2006 | 2006, 2010,2013 |
| 原油管线建设和运营 | 1999 | 1999,2000,2005, 2009 | 2000,2001,2001, 2001,2002,2002, 2003,2003,2004, 2005,2006,2006, 2007,2008 | 2009,2010, 2010,2010, 2011,2012, 2013 |
| 原油贸易 | | 1996,2001,2004, 2008 | 2003, 2003, 2005, 2006,2013 | 2000,2003, 2009,2009, 2010,2013, 2013,2013 |

资料来源:作者根据1992年至2014年《人民日报》新闻中所提及的中俄元首级涉及能源的战略合作协议文本统计得出。

1. 油田勘探开发及油品加工领域的合作以建立合资公司的形式开展

与天然气勘探开发及加工领域有所不同的是,石油在这一领域的合作签订的企业级别的协议并不多。天然气在勘探开发及加工领域以及建立合资公司领域共签订了17个企业间的协议,占到该领域协议总数的65%。而石油合作这一领域企业间的协议仅有4个,占协议总数的25%。可以看出,中国能源企业介入俄罗斯石油上游领域还是存在一定困难的。进入21世纪以来,中俄能源企业之间在能源产业链上的尝试多种形式的合作。两国企业间签订战略合作协议,寻求共同发展。如2004年10月中,俄罗斯天然气工业股份公司和中石油在北京签订战略合作协议。2005年初,中石化也与俄罗斯石油公司签署开展广泛合作的谅解备忘录。2005年7月初,中俄两国元首会晤,中石油与俄罗斯石油公司签署《长期合作协议》。2010年9月底,中石油与俄罗斯卢克石油公司签署《扩大战略合作协议》。目前看来,中俄能源企业建立合资公司是中国介入该领域的唯一方式。

2005年7月初,中石化也与俄石油公司签署了有关建立合资企业共同参与俄罗斯远东萨哈林-3油气田开发的协议。2006年3月底,中石油与俄罗斯石油公司签署了在中国、俄罗斯成立合资企业深化石油合作的基本原则协议。之后,中国企业不断以合资公司的形式进入俄能源的开采和加工领域的尝试。

2006 年 6 月初,中石化与俄石油公司从俄罗斯"秋明—英国(TNK - BP)"石油公司手中收购了俄罗斯乌德穆尔特石油公司(UDM),中石化持有合资公司 49% 的股权。这是中国公司首次进入石油开采领域。此后,乌德穆尔特石油公司原油产量逐年增长,2011 年 9 月底,中石化向乌德穆尔特共和国表达了其投资建设炼油厂的意愿,乌德穆尔特共和国主席也表示了欢迎。

2006 年 10 月中,中石油与俄罗斯石油公司合资成立东方能源公司,拥有 49% 的权益。签署《东方能源有限责任公司创建协议》。公司主要负责俄罗斯石油天然气的勘探与开发。2007 年 7 月,东方能源中标俄伊尔库茨克州上伊恰尔和西乔两个勘探区块。同年 10 月 8 日获得俄罗斯自然资源部颁发的勘探开发许可证。后因该项目由于受到俄罗斯税收制度的影响会面临亏损,没有继续进展。2010 年 5 月,中俄准备通过"东方能源"公司开发马加丹地区鄂霍次海大陆架项目和东西伯利亚的一些中小型油田,但是由于中石油和俄罗斯石油公司发生定价纠纷,俄罗斯最终取消了和中石油合作这一项目。该项目最后由俄罗斯石油公司引进日本财团建立合资公司合作开发。

2007 年 3 月,中石化与俄罗斯石油公司签署合资协议,共同创立维宁石油股份公司(Veninneft),负责萨哈林 - 3 项目 Venin 大陆架的勘探和开发作业。中国石化拥有该公司 25.1% 的股权。但是到了 2010 年 9 月,中石化并未在萨哈林—3 项目开发中勘探出石油。

2007 年 10 月底,中石油与俄罗斯石油公司合资,在中国注册成立东方石化有限责任公司。在 2010 年 9 月底,中俄能源谈判代表第六次会晤期间,中俄东方石化(天津)有限公司 1300 万吨/年炼油项目奠基。虽然在 2013 年 10 月底,中国石油天然气集团公司与俄罗斯国家石油公司再次签订了《关于天津炼厂投产进度及向天津炼厂供油的主要条款》,但该项目终因炼油的油源问题,到目前无进展。

虽然中国能源企业对进入俄罗斯油田勘探、开采及加工领域不断地寻求合作,但目前看来,效果并不佳,投资的油田由于达不到经济产量处于停滞状态;而合资的炼油企业又因原油供应问题没有解决而无法正常启动。

2. 中俄原油管道项目历经波折最终完成

中俄原油管道项目的合作经历了长期曲折的过程,两国合作的争论集中在输油管线的方案确定上。中俄原油管道项目提出于 1994 年 11 月,中石油与俄西丹科公司探讨从俄东西伯利亚安加尔斯克至中国大庆(即安大线)的铺设问题。1999 年 2 月中俄总理第四次定期会晤时,中石油与俄尤科斯石油公司和俄管道运输公司签署安大线项目的预可行性研究工作的协议。在 2001 年 7 月江泽民主席访俄时,和 9 月中俄总理第六次定期会晤时,分别签署了该项目的可行性研究原则协议和可行性研究工作的总协议。

2002 年 12 月,俄罗斯国家杜马通过专门决议禁止中石油参与俄斯拉夫石油公司的收购。该公司拥有东西伯利亚石油的开采权,如果中石油收购斯拉夫公司成功,会更有利于促进安大线的推进。2003 年 1 月日本首相小泉纯一郎与普京探讨了日俄合作问题,并提出参与东西伯利亚油田开采以及修建至远东港口的输油管道项目。3 月份俄总理卡西亚诺夫正式宣布,俄政府决定铺设安加尔斯克至纳霍德卡(即安纳线)的石油主管道,同时修建至中国大庆的分管道,安纳线的修建方案取代了中俄一直探讨的安大线方案。但在同一年,俄国土资源部以生态环境的原因否决了安纳线及安大线的方案。2004 年 6 月,俄政府正式将管线方案确定为俄东西伯利亚—太平洋原油管道(即泰纳线),这条管道由俄国家石油管道运输公司(Transneft)负责建设和经营,从俄伊尔库茨克州的泰舍特至纳霍德卡的远东港口科济米诺湾。同年 9 月,韩国也表示愿意参与到该管道的建设中。俄罗斯可通过泰纳线面向中日韩三国出口石油,实现了俄罗斯在亚洲市场的出口利益的最大化。

此后,中俄开始推进泰纳线的方案下的中俄支线建设项目的合作。2006 年 3 月,中石油和俄管道运输公司对泰纳线的中俄支线斯科沃罗季诺到中国边境段的原油管道建设进行研究。4 月泰纳线一期工程泰舍特至斯科沃罗季诺的输油管道开工。2008 年 10 月在中俄总理第十三期定期会晤期间,中石油与俄罗斯管道运输公司进一步签署了《关于斯科沃罗基诺至中俄边境原油管道建设与运营的原则协议》。2009 年 2 月正式签署该项目的建设与运营合同。该年 4 月和 5 月中俄原油管道先后在俄斯克沃罗季诺市和中国漠河县开工。12 月泰纳线主线完工,科济米诺灌装码头正式投入使用,而首批出口的石油运往中国香港。2010 年 9 月底中俄原油管线全线竣工。当年的 11 月 1 日,中俄石油管道进入试运营阶段。2011 年 1 月 1 日中俄石油管道正式投入运营,目前为止该管线运行平稳。

俄方最后选择的输油管线方案,可面向中日韩三国市场供应原油,线路选择上从市场多元化和地缘政治利益上都实现了俄方利益的最大化。而对中国而言,中俄原油管道的开通使中国油气进口四大战略通道格局形成,可以降低海运对中国能源安全带来的风险。

3. 中俄石油贸易实施中仍纠纷不断

中俄石油贸易总体合作顺利。在输油管道开通之前主要是靠铁路运输进行,铁路的运输能力有限。自从 2011 年 1 月 1 日中俄原油管道正式投入运营后,中俄石油贸易量大幅增加,从 2011 年通油起至 2013 年 12 月 31 日三年间累计供油4584.3169 万吨,年均输送约 1528 万吨。

中俄石油贸易中虽然合同中约定了价格的计算方式,但俄方仍可以以贸易政策的变动来变相增加其贸易收入。如 2009 年 2 月中,中俄副总理的中俄能源谈判代表的第三次会晤期间,中石油与俄石油公司和俄管道运输公司分别签署了长期原油贸易的协议。并采用石油换贷款的模式,由中国向两公司提供总计 250 亿美元的长期贷款,俄以供油偿还贷款。根据合同,石油价格按月修订,价格在太平洋科济米诺港出口的泰纳线管道混合原油的离岸价格的每月均价上有所折扣,中石油也按月向俄罗斯石油公司支付购油款。但在订立合同之后的 2009 年底,俄石油公司运输公司突然宣布对管网征收关税,且通过泰纳线的石油无论距离长短必须交纳,这项关税政策使中石油因此要多付油款。这次纠纷直到 2012 年 2 月,中俄双方企业才就此纠纷达成一致。

在石油贸易中,中俄从宏观层面呈现长期合作的趋势,但是仍无法避免由于俄罗斯市场政策变化而产生一些合作纠纷而影响双方的合作收益。

(三)核能领域的合作顺利

核能领域是中俄最早开展实质性合作的能源领域,包括了核电站的建设和核技术合作两大领域的合作。从图 3 - 7 所示的各级别战略合作协议的分布看,核能领域项目从谈判到执行的周期并不长,如田湾核电站 1996 年签订谈判级的框架合同协议,1999 年开工建设。从表 3 - 5 所示的执行级战略协议的比例看,中俄核能的合作较少停留在政府共识层面,而更多地形成了实质性的合作成果。对比中俄在油气合作领域的"政府层面对战略意义达成共识—具体领域形成意向—具体项目展开艰难谈判—曲折中推进实施"的历程,中俄在核能合作显得顺利。

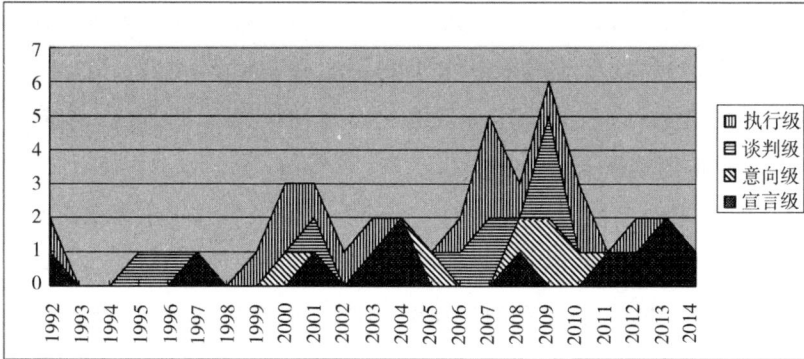

**图 3 - 7 核能领域合作协议的分布情况**

资料来源:作者根据 1992 年至 2014 年《人民日报》新闻中所提及的中俄元首级涉及能源的战略合作协议文本统计得出。

**表 3 - 5 核能合作协议的分布情况**

| 领域 \ 级别 | 宣言级 | 意向级 | 谈判级 | 执行级 |
|---|---|---|---|---|
| 核电站建设和运营 | 2004 | 2005,2008 | 1995,1996,2007,2009,2009,2009 | 1992, 1999, 2000, 2001, 2002, 2003, 2007, 2008, 2010, 2010,2012 |
| 核技术合作 | 2004,2004 | 2005,2008,2009 | 2007,2009 | 2000, 2001, 2002, 2003, 2007, 2007, 2007,2009 |

资料来源:作者根据 1992 年至 2014 年《人民日报》新闻中所提及的中俄元首级涉及能源的战略合作协议文本统计得出。

## 1. 核电站顺利实施且具备后续合作空间

早在 1992 年底,中俄两国政府层面对合作建设核电站达成共识,并签订了俄罗斯向中国提供主权贷款以支持核电站建设的协议,并于 1996 年签订了田湾核电站建设的框架协议。该核电站一期工程在 1999 年开工建设,2007 年 1 号和 2 号发电机组先后投入商业运行,2010 年年发电能力达到 150 亿千瓦小时[1],2014

---

① 数据来源:中核集团田湾核电站年发电量达到 150 亿千瓦时[EB/OL]. 中国能源局网站, http://www.nea.gov.cn/2010 - 12/27/c_131067976.htm,2010/12/27.

年达到了 165.67 亿千瓦时①,主要用于满足江苏省的电力需求。2008 年江苏省的年电力消费为 3118.32 亿千瓦小时②,2013 年达到 4956.62 亿千瓦小时③。而田湾核电站规划建设 8 台核电机组,年发电量可超过 600 亿千瓦小时④,将有效缓解江苏省电力供应的紧张。

2007 年 11 月,在一期工程投入商业运营后,中俄又签订了田湾核电站二期建设的原则协议,2008 年进一步签订核电站扩建项目的协议后,至 2009 年 10 月田湾二期工程开工,预计二期工程的 3 号和 4 号机组将在 2018 年投入商业运营。

2. 核技术合作稳定持久

俄罗斯具有全球领先的铀同位素分离技术,铀浓缩技术的合作是中俄核技术合作的重要领域。1992 年 12 月两国就签订了合作建设离心浓缩铀工厂的协定。2012 年,中国利用俄罗斯的技术建成了四条铀分离生产线。⑤

另一项重要的技术合作是快中子反应堆合作。中国实验快堆工程在 1995 年底批准立项,1998 年开始动工,2000 年 7 月签署两国政府在快中子实验堆的合作协议,此时快堆技术合作上升到国家战略的高度。⑥ 2009 年两国进一步签订了示范快堆预先设计研究合同,加强两国在该领域的合作。2011 年 7 月,该反应堆首次实现并网发电。

(四)电力领域的合作量较小

中俄电力合作 1992 年已经开始。从图 3－8 战略协议的分布上看,2005 年后,中俄电力领域的合作日趋密切。战略协议中电力合作领域涵盖了电站建设及电力生产、电网合作以及电力贸易上。表 3－6 的电力合作协议的分布情况显示,

---

① 数据来源:田湾核电站提前完成 2014 年度发电任务[EB/OL]. 中国核工业集团公司官网,http://www.cnnc.com.cn/tabid/283/InfoID/87571/frtid/446/Default.aspx,2014/12/29.

② 数据来源:中国统计年鉴 2010—分地区电力消费量[DB/OL]. 国家统计局网站,http://www.stats.gov.cn/tjsj/ndsj/2010/indexch.htm,2015/2/23.

③ 数据来源:中国统计年鉴 2014—分地区电力消费量[DB/OL]. 国家统计局网站,http://www.stats.gov.cn/tjsj/ndsj/2014/indexch.htm,2015/2/23.

④ 数据来源:中核集团田湾核电站二期工程 4 号机组开工建设[EB/OL]. 中国江苏网,http://jsnews.jschina.com.cn/system/2013/09/28/018756239.shtml,2013/9/28.

⑤ 资料来源:弗拉基米尔·普京. 俄罗斯与中国:合作新天地[N]. 人民日报,2012 年 6 月 5 日第 3 版.

⑥ 数据来源:王岐山与俄罗斯副总理谢钦参观中国实验快堆[N]. 人民日报,2011 年 10 月 12 日第 3 版.

电力合作领域的重点还是在电网合作和电力贸易上。

俄罗斯早在1992年7月已经开始向中国输电,到2014年10月底,俄罗斯向中国供电超过136.39亿千瓦小时,通过110千伏布拉戈维申斯克—黑河线、220千伏布拉戈维申斯克—爱辉线和500千伏阿穆尔—黑河线,这三条输电线路向中国供电。2010年两国政府签订了电网合作发展的备忘录,2012年1月中国最大的境外购电的输变电工程——黑河直流联网输电项目建成,进一步扩大了中俄电力贸易,2014年俄向中国出口电力36亿千瓦小时。[①] 总体而言,中俄电力贸易的合作量还是比较小的。

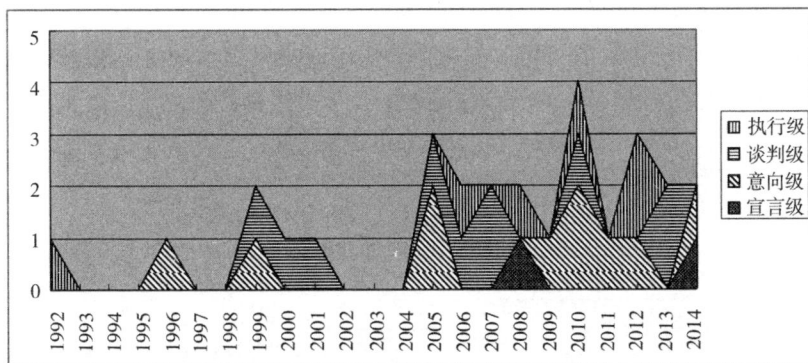

**图3-8　电力领域合作协议的分布情况**

资料来源:作者根据1992年至2014年《人民日报》新闻中所提及的中俄元首级涉及能源的战略合作协议文本统计得出。

**表3-6　电力合作协议的分布情况**

| 领域 \ 级别 | 宣言级 | 意向级 | 谈判级 | 执行级 |
|---|---|---|---|---|
| 电站建设及电力生产 | | 2012,2014 | | 1992,2010 |
| 电网合作 | | 2005,2009,2010,2010 | 2010 | |
| 电力贸易 | | 2010,2011 | 1999,2005,2006 | 2006,2008,2012,2012 |

资料来源:作者根据1992年至2014年《人民日报》新闻中所提及的中俄元首级涉及能源的战略合作协议文本统计得出。

---

① 数据来源:桑学勇,智略. 黑龙江电力22年累计进口俄电136亿[N]. 中国电力报,2014年11月8日第2版.

### (五)煤炭领域合作具有潜力

中俄煤炭领域的合作进入国家战略层面的时间较晚(如图3-9所示),2009年中俄签订煤炭合作谅解备忘录,以及2010年签订煤炭合作谅解备忘录的议定书和合作路线图后,该领域成为国家级合作领域。因此,除了煤炭贸易外,其他的合作领域目前仍处于意向级阶段(如表3-7所示)。在2008年,中国向俄进口的煤炭只有100万吨,但2009年超过1200万吨,在澳大利亚、印度尼西亚和越南之后,成为中国煤炭进口的第四大供应国。① 随着中国传统煤炭进口来源国印尼和越南的进口潜力下降,中国未来煤炭进口格局的改变②,俄罗斯远东地区煤炭进口价格较澳大利亚经济③,且俄不断加快对远东地区铁路运力的开发,使俄罗斯煤炭成本更具竞争力。2013年俄向中国出口煤炭2728万吨,比上年增加35.08%④,中俄煤炭合作显示出更大的潜力。

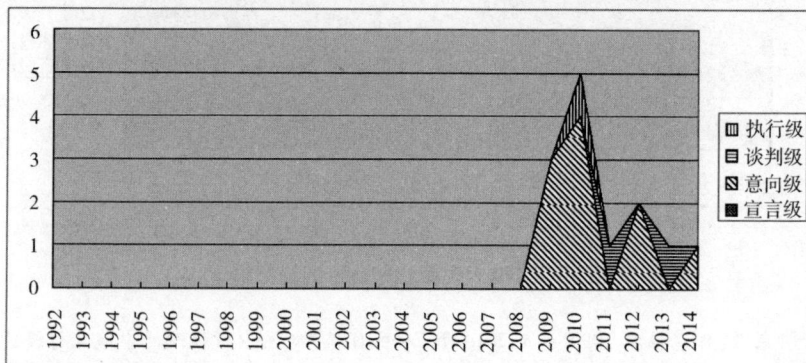

**图3-9 煤炭领域合作协议的分布情况**

资料来源:作者根据1992年至2014年《人民日报》新闻中所提及的中俄元首级涉及能源的战略合作协议文本统计得出。

---

① 数据来源:亚洲证券有限公司统计,转引自:中国将增加从俄罗斯的煤炭资源的进口量[EB/OL]. 中国焦炭期货网, http://www. jiaotanqihuo. com/html/201009/16/20100916094446. htm, 2010/9/16.

② 数据来源:未来十年中国将重构煤炭进口格局[EB/OL]. 新浪财经:http://finance. sina. com. cn/money/future/fmnews/20140711/100219676372. shtml,2014/7/11.

③ 数据来源:亚洲证券有限公司统计,转引自:中国将增加从俄罗斯的煤炭资源的进口量[EB/OL]中国焦炭期货网:http://www. jiaotanqihuo. com/html/201009/16/20100916094446. htm,2010/9/16.

④ 数据来源:俄罗斯望成为中国第二大煤炭进口来源国[EB/OL]. 中商情报网:http://www. askci. com/news/201404/24/241012117867. shtml,2014/4/24.

表 3 - 7  煤炭合作协议的分布情况

| 领域　　　　级别 | 宣言级 | 意向级 | 谈判级 | 执行级 |
|---|---|---|---|---|
| 煤炭开采和加工 | | 2009,2010,2012,2014 | | |
| 煤炭运输 | | 2010 | | |
| 煤炭贸易 | | | | 2010 |

资料来源:作者根据 1992 年至 2014 年《人民日报》新闻中所提及的中俄元首级涉及能源的战略合作协议文本统计得出。

# 第三节　中俄能源合作存在的问题

中俄两国的能源合作具有很强的互补性,具有共同经济利益基础,且具有地缘优势。冷战过后,美国成为世界超级大国,中国与俄罗斯是世界多极化发展的主要力量,也具有共同的国际政治利益。但长期以来,两国之间的能源合作并不紧密,两国首脑之间频繁地磋商,以及大量战略协议的签订,对推动两国能源深入合作的作用非常有限。虽然 2014 年克里米亚公投事件引发国际社会对俄罗斯的经济制裁,又恰逢世界经济衰退,俄罗斯主要能源市场欧洲市场的量价齐跌,俄罗斯为保持其经济的稳定,加大了对中国市场的重视,使长达 20 年的天然气谈判有了阶段性的成果。但阻碍两国之间合作的因素仍在,一旦俄罗斯面临的国际环境有所改善,中俄两国的能源合作项目依然存在无法推进的风险。制约中俄能源合作深入开展的原因主要有三个方面。

## 一、经济效益差距使两国能源企业不愿深入开展合作

虽然中俄两国的能源市场具有互补性,但都不是各自最具经济价值的市场。在天然气领域,俄气在欧洲市场的天然气价格是各市场中最高的,虽然亚太市场的日本也以同样价格购买俄气,但欧洲巨大的市场容量带来更高的盈利能力对俄罗斯而言更具吸引力。2013 年,欧洲天然气出口占到俄罗斯天然气出口总量的76%。而中国与俄罗斯的天然气谈判的焦点也集中在价格上,两国各自可以接受

的价格差距始终在 100 美元/千立方米左右[①]。

在石油领域类似,中国最重要的石油进口来源是中东地区,2013 年来源于中东的石油占中国石油总进口量的 45%。目前从中东进口石油的成本比从俄罗斯进口管道原油低。俄罗斯的油气资源价格对中国能源企业来言不具竞争力。

电力领域,俄罗斯向中国出口的电力自于俄远东地区,该地区电力生产能力有限。2014 年俄罗斯向中国黑龙江地区供电约 36 亿千瓦小时,而 2013 年该地区的用电总量为 845.2 亿千瓦小时[②],相对于需求而言,供给量较小。

煤炭领域,虽然中俄在煤炭领域具有很大的潜力,但由于中国是年产超过 37 亿吨世界煤炭生产大国,中俄煤炭合作对中国而言战略价值并不明显。

在核能领域,俄罗斯的核技术虽然先进,但自成体系。中国的核电站正转向国际化的技术标准,在众多的核电站中应用了美国、法国、加拿大以及自主的核技术进行建设。俄系核技术目前只在田湾核电站中应用,规划的 8 台核电机组目前已建成 2 台,2 台在建。若俄在后续的项目中报价过高,中国也可能弃之不用。[③]事实上,俄罗斯在浙江台山等几个核电站的竞标中最终被淘汰出局。

因此,总体而言,中俄能源合作在目前的合作环境中,经济性上难以达到各自的标准,能源企业合作的动力不足,影响两国能源领域的深度合作。

## 二、双方在对方能源战略地位中的不匹配制约了两国的能源战略合作

俄罗斯在其 2009 年通过的《2030 年前能源战略》中对俄西部和东部能源对外政策做了规划。对西部(即欧洲市场)通过北溪项目、南溪项目和什托克曼项目的推进,进一步增加俄对欧洲市场的天然气出口,计划从 2009 年的 120bcm,扩大至 2030 年的 200bcm。而对东部亚太市场,通过对东部天然气加工项目、萨哈林液化天然气项目及其该地区的开发,来保障俄对亚太市场的能源供应,计划将俄在亚太市场的天然气销售的占比由 2009 年的不足 4% 提高至 2030 年的 19%。在此规

---

① 资料来源:中俄油气大单将震慑亚洲 LNG 市场[EB/OL]. 南方能源观察,http://chuan-songme. com/n/597982,2014/08/13.

② 数据来源:中国统计年鉴 2014—分地区电力消费量[DB/OL]. 国家统计局网站,http://www. stats. gov. cn/tjsj/ndsj/2014/indexch. htm,2015/2/23.

③ 资料来源:王晓夏. 中俄核电暗战[EB/OL]. 新浪财经,http://finance. sina. com. cn/roll/20110905/121610433707. shtml,2011/9/5.

划中,还特别提到了加强向中国的能源出口。[①]

中国的能源战略中没有如俄罗斯这样长期的战略规划,且在中短期的发展规划,如《天然气发展十二五规划》中没有涉及中国天然气的对外合作战略。虽然中国没有在确切的能源中长期发展战略规划中明确提及与俄罗斯能源合作的战略意义,但中俄能源谈判中,中方的强烈合作意愿凸显出与俄罗斯能源合作战略价值的认同。

虽然双方在各自明确的或是隐含的能源战略中都对两国的能源合作赋予了极高的地位,但事实上,从俄《2030年前能源战略》看,欧洲市场在俄能源出口的地位依旧,亚太市场仍处于次要地位,俄罗斯在欧洲正常的能源需求情况下,能否对亚太市场做出妥协是有疑问的(白根旭,2013:381)。中国方面也是同样的情况,与中东石油合作在相当长时间内对中国具有更重要战略价值。

### 三、中俄双方各自的国家安全观的差异将阻碍两国能源合作的深入开展

中国新国家安全观下,能源安全是"原生安全"领域的基础。因此,战略石油储备对中国的国家安全利益而言非常重要。中国的战略石油储备建设落后,从2010年开始中国加快这一领域的建设。2014年11月21日中国首次披露,战略石油储备一期工程即镇海、舟山、黄岛、大连四个储油基地共储备原油1243万吨,二期和三期的储备规模没有公布[②]。披露的石油储备量只相当于中国9天的石油消费量,远低于IEA规定的90天标准。中国计划到2020年完成这一标准,约储备7000万吨原油。[③] 目前中国正利用油价下跌的时机充实战略储备。

在普京2000年1月份重新颁布的《俄罗斯联盟国家安全构想》中,指出俄罗斯对能源出口的依赖威胁了俄联邦的国家安全;而国家安全面临的外部威胁中包括邻国对俄经济、人口和宗教文化领域的扩张,会加剧边境地区的动荡局势;在国

---

[①] 数据来源:Gromov A.. Key points of Russian energy strategy up to 2030 – between Europe and Asia [EB/OL]. http://wenku. baidu. com/link? url = rTV9RxXYyYF8jhYNySNyeVb3zKrXJH7KWZ9DvK6 – 4F5eOFfhGTAHisFTGM9DmlyX9NnY80avVA7MXPxWhvPPPKb – o7HxC5u4z6FNMCQDqce,2010/09/30.

[②] 数据来源:国家统计局. 国家石油储备一期工程建成投用[EB/OL]. 国家统计局网站,http://www. stats. gov. cn/tjsj/zxfb/201411/t20141119_640606. html,2014/11/20.

[③] 数据来源:严伟. 俄罗斯能源战略与中俄能源合作研究[M]. 沈阳:东北大学出版社,2013:117.

家安全保障措施中提出限制外国公司投资具有战略意义的自然资源；在边境安全上防止其他国家对俄进行经济、人口、文化和宗教方面的入侵。[①] 由此看到，在俄罗斯的安全观下，在与中国接壤的东西伯利亚地区是俄罗斯经济比较落后且人口较少的区域，人口众多而经济发展强劲的中国是一个潜在的威胁。

中国国家安全观下的石油战略储备扩张，以及俄罗斯国家安全观下防止邻国经济、人口和文化等领域的扩张，两国的国家安全观上产生了冲突，必然对安全观下的国家行为产生影响。

因此，在中俄能源合作中，两国的能源企业是合作行动的微观实施主体。只有在合作短期或长期的经济利益足以吸引两国能源企业开展合作行动，而这些合作行动又符合当时本国的国家安全利益——至少不会对本国的国家安全利益形成威胁或是潜在的威胁时，才有可能形成两国能源的实质性合作。

---

① 俄罗斯联邦国家安全构想［EB/OL］. 光明网，http://www. gmw. cn/content/2006 – 03/24/content_393819. htm，2015/2/24.

# 第四章

# 中俄能源合作影响因素分析框架

战略环境分析是战略管理过程的重要环节。在明茨伯格划分的十个战略管理学派中,设计学派(代表人物塞兹尼克、钱德勒和安德鲁斯等)和计划学派(代表人物安索夫)都认为战略形成应该建立在战略环境分析基础之上。① 公共战略学的战略规划学派,代表人物有波齐曼和斯特劳斯曼(Bozeman B.,Straussman J. D.,1990:54),纳特和巴可夫(1991:181)②,布赖森(1988:29)③,都将环境评估作为战略制定前的重要环节。

对于中俄能源合作战略,哪些环境因素会对其产生影响? 这些环境因素对能源合作战略的影响机理是什么? 在能源合作战略制定之前,如何识别这些环境因素产生的影响,并发现由于这些环境因素改变而产生的机会和挑战? 这些都是在中俄能源合作战略形成前的战略分析阶段需要关注的问题。本章在借鉴传统战略环境分析方法的基础上,利用公共战略学中的张力理论,构建中俄能源合作环境因素张力分析框架,识别影响能源合作的环境因素,并探讨这些环境因素对能源合作产生的影响。

---

① 参见魏江译.[美]明茨伯格等著. 战略历程:穿越战略管理旷野的指南(原书第 2 版)[M]. 北京:机械工业出版社,2012 年第 18,37 页.

② 参见陈振明译.[美]保罗·纳特,纳特·巴可夫著. 公共和第三部门的战略管理:领导手册[M]. 北京:中国人民大学出版社,2001 年第 181 页.

③ 参见孙春霞译.[美]约翰·布赖森著. 公共与非营利组织战略规划[M]. 北京:北京大学出版社,2010 年第 29 页.

# 第一节　中俄能源合作影响因素的分类

　　现有的研究针对特定的研究对象从不同的角度识别和分析了影响能源合作的各种因素。如 Bilgin M.(2009:4482－4492)在对欧盟与能源供给国的合作的研究中,讨论供给国之间的地缘政治关系(如俄罗斯与里海地区国家的关系)以及供给国的能源供给能力(如储量和对能源部门的投资)对合作的激励和障碍。Cobanli O.(2014:348－370)在研究欧洲与中亚天然气管线合作时,对中亚的生产能力,西方和中国的战略互动(国家间的政治互动),中国与中亚的管线合作(国家间的经济互动),各管线线路的经济性对比等因素进行了分析。Stulberg A. N.(2012:808－836)在研究欧亚大陆的能源转运的可信承诺时中,分析了利益相关方初期关注国家间合作的政治利益,合作中关注经济利益,以及国家管理机构透明度等因素对管线合作的影响。而中国学者在分析中国与他国能源合作时,主要考虑经济基础、政治利益(郝宇彪和田春生,2014:71－82)、国家发展战略导向(方婷婷,2011:88－91)等因素对能源合作政策的影响。

　　国内外对影响能源合作的因素进行研究时,根据研究的需要对影响因素进行识别和分析。本书研究中,将这些影响因素通过"影响的方式"和"审视的视角"两个维度进行因素类型的划分。

　　首先,影响因素对能源合作的影响方式。影响因素都会通过市场和政府两种方式对两国的能源合作产生影响。这是因为,能源首先是一种商品,合作各方最终需要通过市场机制来实现各方的合作;其次能源是国家的战略资源,承载着国家利益和国家安全的战略价值,因此能源市场上各个国家政府的干预力量也非常显著。对于其他欧美大国而言,国家的干预力量可以通过国际金融市场等途径发挥作用。中俄两个国家通过市场手段维护各自能源安全的能力相比发达国家而言较弱。尤其是俄罗斯,当市场手段无法实现其能源战略目标时,中央政府对能源市场的干预作用非常显著。

　　其次,审视能源合作影响因素的视角。在战略管理的研究中,许多学者认为,战略管理者从内部和外部两个不同的视角来审视环境会得出不同的结论,因此在战略管理中,将影响因素从内部和外部进行审视视角的划分是一种重要的分类方法(Nutt & Backoff,1991)①。国家在制定能源合作战略时,考虑各种能源合作影响因素时会从国内和国外两个视角进行审视。

通过影响方式与审视视角的划分,可以将影响中俄能源合作的环境因素划分为四个类型,即国内市场因素、国际市场因素、国家安全因素及国际关系因素(如图4-1)。

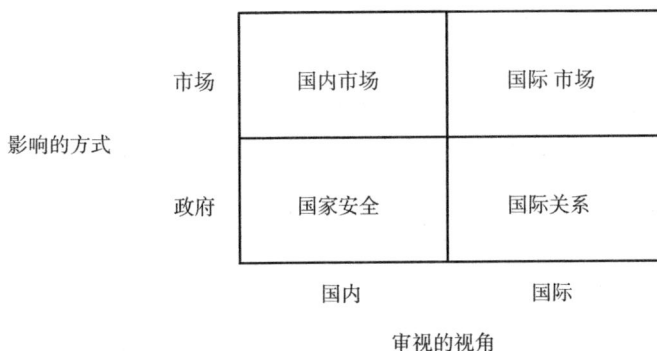

| | 国内市场 | 国际市场 |
| --- | --- | --- |
| 市场 | | |
| 政府 | 国家安全 | 国际关系 |

影响的方式（左侧纵轴标注）

审视的视角（底部横轴标注：国内　国际）

**图4-1　能源合作影响因素分类图**

**一、国内市场因素**

影响中俄能源合作国内市场因素包括了国内市场供需状况、能源企业发展要求及国内能源技术的水平。从国内的视角看,这些因素通过市场机制对两国能源企业的合作产生影响。

1. 国内市场供需状况

国内市场供需状况这一因素是针对能源消费依赖于进口的国家而言的。国内能源供需紧张,通过国家能源合作的获得可接受价格下的相对稳定的能源供给,来缓解供需矛盾。国内面临供需情况越紧张,能源消费国努力寻求国际合作来保障其能源供给的压力就越大,能源的合作行动对该国而言具有高的预期收益。亚太市场中不仅中国经济增长带来能源市场供需紧张,日本能源结构的变化也同样引起供需状况的变化。东京燃气执行副总裁村木茂预计,由于福岛事件核

---

① 参见陈振明等译校. [美]保罗·C·纳特,罗伯特·W·巴可夫著. 公共和第三部门组织的战略管理:领导手册[M]. 北京:中国人民大学出版社,2001年,第109页.

能利用的减少,已经使日本的能源格局发生改变,减少的核能发电量由天然气发电量替代,会导致天然气发电量增大的需求,使日本对天然气的需求进一步增大,从而使日本参与俄罗斯天然气管道项目的经济可行性提高。①

2. 能源市场的盈利情况

能源市场的盈利情况将影响国家能源合作战略的实施。这是因为两国能源合作战略实施的微观主体是能源企业,能源市场的盈利性将直接影响能源企业的行动。虽然企业为了长期的发展目标有可能暂时放弃短期利益,但企业的持续生存最终仍需要通过追求利润目标来实现。因此,国家间能源合作的条件是否符合能源企业发展的利润目标,这会影响国家能源合作的微观动力。一方面当企业预期长期利润目标不能满足时,企业无法支持国家能源合作行动的实施。如中俄天然价格谈判中,俄罗斯天然气工业股份公司的重要市场一直是欧洲,俄气公司主张中俄天然气价格以欧洲边境价格为基准,中石油则认为即使是中亚天然气进口的进口价格已经使其天然气部门出现亏损。在2014年5月《中俄东线供气购销合同》签订之前,两个能源企业主张的价格在近十年始终保持100美元/千立方米的差距,谈判无法推进。另一方面在国家能源合作行动实施过程中,企业利益诉求得不到满足时,即使国家政府层面达成了能源合作协议,合作战略中具体领域的实施仍会有终止的可能。例如,2014年8月14日,中石化炼化工程公司宣布与哈萨克斯坦2013年签署的一份价值114亿元的合同,因哈方无法满足一些关键的商务条件,使得合同生效的条件未完全具备而终止②。

3. 国内能源技术水平

国内能源技术水平能够影响能源合作中的权力对比,并影响国家在能源合作中的地位。当国内拥有相类似的能源技术时,意味着国家希望通过国际合作实现更经济的应用,或是在合理的价格上,获得高于国内水平的技术。因此,国内在相关能源合作领域拥有的技术水平越高,在能源合作中越具议价能力。如中俄的田湾核电站一期工程投资成本不到1600美元/千瓦小时,二期的技术只是一期技术的改进版,成本却高出一期一倍。而中国拥有自主产权的同级别的技术更具经济

---

① 资料来源:余钢,冯洁. 东京燃气副总裁如何看待亚洲LNG市场[EB/OL]. 南方能源观察网,http://chuansongme. com/n/850433,2014/11/1.

② 资料来源:中石化炼化终止中亚114亿合同[EB/OL]. 南方能源观察,http://chuansong-me. com/n/602072,2014/8/15.

性。经过谈判后,俄方对二期工程的要价从 35 亿美元,最后成交于 13 亿美元。①

### 二、国家安全因素

从一国国内的视角审视,政府对能源合作实施的影响反映了国家对战略资源安全的要求。能源早已成为现代工业化社会发展的基本物资资源,是关系到国家发展和社会稳定的战略资源。目前化石能源的稀缺性和不可再生性,以及分布的不均衡性,使各国政府从国家安全和国家利益的战略层面来认识、开发/获取和管理自身拥有的能源资源。能源的跨国合作项目中,当国家评估认为存在国家安全和国家利益损害的风险时,国家政府将会采取干预行动来进行维护。

国家政府可以通过直接或间接干预的方式,对能源合作行动和项目进行干预,维护能源资源的安全的目标。直接干预的方式具体表现为政府直接的行政干预,如俄罗斯政府在权衡了"安大线"与"安纳线"对俄的战略价值后,于 2003 年 3 月确定"安纳线"的修建方案,但同年,俄自然资源部又以生态等原因否决了该修建方案。间接干预的方式如通过制定相关政策对市场进行干预,如中石油与俄罗斯石油公司的合资成立的东方能源公司,中国石油公司希望借此合资公司进入俄罗斯石油市场。2007 年 7 月中标俄伊尔库茨克州的两个勘探区块,但两个油田由于俄罗斯的税收制度的影响而亏损,东方能源公司只有停止对该项目的勘探工作。

### 三、国际市场因素

从国际视角出发,且通过市场来影响能源合作的因素为国际市场竞争因素,包括了国际能源价格、国际能源市场合作模式的创新和变革、能源技术的创新等。这些因素的变化会改变国家能源合作的条件,对国家的能源合作行为产生影响。

1. 国际能源价格

国际能源价格反映了国际能源市场的供需状况。能源生产国会根据国际能源价格进行产量的调整,并影响其与能源消费国合作行动的实施。如 1999 年俄天然气集团和中石油曾达成意向性的天然气出口协议,俄方开价 180 美元/千立

---

① 数据来源:王晓夏. 中俄核电暗战[EB/OL]. 新浪财经,http://finance. sina. com. cn/roll/20110905/121610433707. shtml,2011/9/5.

方,中方出价 165 美元/千立方,后因国际能源市场价格飙升,双方最终未能签署合同。再如 2014 年 10 月,委内瑞拉宣布由于产量不足无法及时偿还中国贷款。预测可能是由于国际油价下跌,委内瑞拉欲等待石油价格回升,可以以高价格的石油结算中国的巨额贷款。同时,委内瑞拉作为石油输出国组织(欧佩克)成员国之一,在油价下跌的形势下,执行欧佩克消减石油产量以拉升油价也是理性的选择。

2. 能源市场合作模式的创新和变革

能源市场合作模式的创新和变革能够影响国家能源合作行动。通过企业合作模式和金融等市场合作方式的创新,可以创造更多能源合作的机会。如 2009 年之后,中国先后与俄罗斯、巴西、委内瑞后、安哥拉、厄瓜多尔、哈萨克斯坦等新兴国家通过"贷款换石油模式"来进行国家之间的能源合作。对中国而言,除了购买贸易油和海外直接投资开采或并购之外,拓展了第三条获得海外石油的途径;对合作国而言,这种模式也使其获得了发展过程中的海外资金(高建等,2009:19 – 23)。

3. 能源技术的创新

能源技术的创新和变革会对现有的源于能源的世界权力格局产生影响,进而影响国家的能源合作行为。在传统的化石能源技术条件下,中东地区、俄罗斯和非洲地区是世界油气的主要出产地区,能源生产国在国际能源合作中拥有着资源优势。但在能源新技术的创新下,国家能源合作的优势方可能从能源资源占有方,向能源技术拥有方转变。如源于美国的"页岩革命"(包括页岩气和页岩油),促进了各国对页岩气/油的勘探与开发,将引发世界能源权力格局的变化,削弱传统能源生产国的资源优势。

**四、国际关系因素**

从国际视角出发,通过政府的作用来影响能源合作的因素为国际关系因素,包括相关的国家/地区之间的冲突以及政府间合作机制的影响。国家/地区之间的冲突如 2014 年 3 月的克里米亚公投后,美国及欧盟各国对俄罗斯实施经济制裁,导致俄罗斯能源企业融资困难而面临债务危机,更重要的是导致了俄罗斯政府在国际政治上的孤立。此时,俄罗斯一方面对中国资金投资需求变得迫切,另一方面也需要与中国进行合作,缓解其国际政治孤立的困境,因此俄罗斯有意愿促进两国天然气合作协议的达成。政府间的合作机制如金砖五国、上海经济合作组织、跨太平洋战略经济伙伴关系协定(TPP)等,这类国际关系因素会引发国际局势的变动,改变国家间能源合作的环境,影响到国家及其能源企业的合作行为。

## 第二节　能源合作影响因素间的张力分析

在现有对能源合作因素的影响分析的研究中,学者们基于不同的学科的理论和方法来构建能源合作的影响分析框架。有的学者采用企业战略管理理论,如李渤(2011:119-164)采用 PEST 模型、波特五力模型以及 SWOT 分析法构建国家间能源合作影响因素分析框架,并以此来分析中印国家间的能源合作关系。有的学者基于国际关系理论,如孙霞(2010:41-197)为东北亚能源安全问题研究构建了"市场因素—地缘政治—地区认同"的能源合作影响因素分析框架,在分析三类因素的相互作用的基础上,确定东北亚能源安全合作的路径与模式。这些战略环境分析方法偏向于静态分析,着重思考环境对组织产生的影响,但忽略了环境因素之间的也会相互影响,而环境因素之间相互作用有可能产生战略机遇(或挑战),为战略形成提供依据。

张力理论改进了环境分析方法。这一理论由纳特和巴可夫(Nutt P. C. & Backoff R. W. )在研究公共组织战略议题管理时提出。战略议题的构建是战略形成的首要步骤(Nutt P. C. & Backoff R. W. ,1996:313-337),在这一阶段中,战略议题被视为同时对组织形成推拉作用的两个因素之间形成的张力,组织若只关注和回应其中一个因素而忽视另一个,会使组织错失机会或是面临威胁(Nutt P. C. & Backoff R. W. ,1993a:28-42)。他们同时还指出公共组织不同于私人组织,其战略往往不是机会推动型的,而是威胁拉动型的。张力分析框架更有助于公共管理者发现威胁中的机会(Nutt P. C. & Backoff R. W. ,1993b:299-347)。本研究将借鉴这一思路,构建适于国家能源合作战略环境分析的框架。

在国家能源合作中,当环境因素发生改变时,除了影响因素本身的变化可能会直接引发国家对能源合作预期收益进行调整之外,影响因素的变化还可能改变环境中原有的平衡状态,引发影响因素之间形成张力场,而张力场会给国家合作行动带来的压力,进而影响对能源合作效用的预期。

在图4-2所呈现的能源合作影响因素分析框架图中,四类影响因素之间可能会形成六组张力,分别是国内市场—国际市场张力、国内市场—国家安全张力、国内市场—国际关系张力、国家安全—国际市场张力、国家安全—国际关系张力、国际市场—国际关系张力。两个因素之间产生张力时,诱因有可能是由其中一个因素的改变引发的,也有可能是两个因素产生矛盾性的改变而引发的。当两类因素之间产生张力时,另外两类因素形成调节器,其调节力可能会加剧也可能可以缓解张力。

两因素间出现张力,对不同国家的意义各不相同,对有的国家而言可能成为改善合作的机会,对有的国家而言可能对现有合作所获的既得利益形成挑战。当出现机会或挑战时,会引发国家对能源合作预期效用函数的调整。因此,对能源合作影响因素之间的张力分析,有助于认识国家间能源合作环境发生的改变,为国家能源合作战略的制定和调整提供依据。

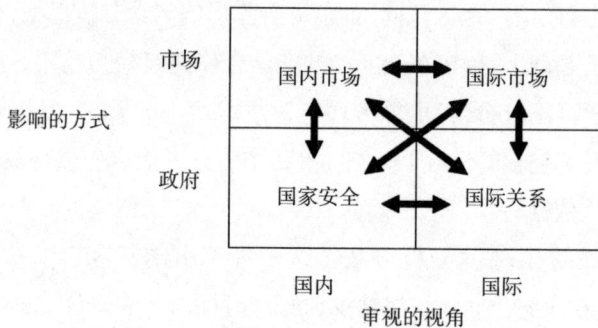

图4-2 能源合作影响因素张力分析框架

**一、国内市场—国际市场张力**

当国内外市场有因素产生变动时,形成国内市场和国际市场之间的张力。因素间张力的产生为国家间的能源合作提供了新的机会或是引发新的挑战,国内外政府的行为会作为调节器,缓解或是加剧国内外市场因素之间形成的张力。

例如能源技术发生改变(国际市场因素为诱因),通过市场机制对能源合作产生影响,就可能会对两国能源企业对其发展战略以及利润目标(国内市场因素)产生张力。如页岩革命改变了世界油气储量格局,随着页岩气/油技术的发展和成熟,将会影响拥有传统油气资源优势的企业的发展环境。BP 石油公司在《2035 世界能源展望》预计了美国页岩气的出口会改变对世界天然气的贸易格局,而中国的页岩气的开发将缓解国内能源供需不均衡的压力①。市场会根据新的供需格局调整价格,影响能源企业的利润或是成本。

同样,当企业经营诉求(国内市场因素)成为张力的诱因时,也可能与现有的技术或利益分配模式形成张力,短期可能对利益分配模式(国际市场因素)提出新的要求,长期来看技术进步引起的产业变革会促使企业对其发展战略进行调整。例如中石油与俄天然气在天然气合作的价格谈判体现了两个能源企业对利润的诉求,两能源企业各自可接受的价格差异在一般的市场交易模式下无法弥合。采用贷款换石油模式或称预付款模式,通过设置贷款结构和贷款的附加条件,可以缩小定价上的差距。

当两类因素产生张力时,政府的力量可以从国家安全和国际关系因素对张力产生影响。例如,中俄两国天然气价格差异一直存在,2014 年由于俄乌冲突引发的连锁反应,俄罗斯中央政府急需借助中国缓解困境,两国合作关系趋于紧密(国际关系)。两国能源企业的利润目标需要服从国家的战略利益,有时需要牺牲企业的短期利润以帮助国家实现安全利益。此时,政府的力量缓解了国内外市场产生的张力,促进合作的实现。

### 二、国家安全—国际关系张力

当国内外的政府行为发生变动时,引发国家安全和国际关系因素之间的张力。此时,国内外的市场因素会作为调节器,缓解或是加剧国家安全和国际关系因素之间出现的张力。

例如,油气资源的开采需要资本和技术密集型的投入。俄罗斯建国初期在油气工业发展过程中受资金缺乏的限制,因而在 20 世纪 90 年代发展时积极引进外资。日本公司具备雄厚的资金实力,一直是俄罗斯开发油气资源时利用的重要外资。同时,日本是一个能源缺乏的国家,也是一个具有雄厚支付实力的市场。因此,对俄罗斯而言,日本既是重要的资金来源市场,也是优质的能源销售市场。但

---

① 资料来源:BP. BP2035 世界能源展望[R]. BP 中国网,http://www. bp. com/zh_cn/china/reports – and – publications/bp2035. html,2015/1/9.

"北方四岛"的领土争端从战后至今仍是俄日两国国家安全利益争夺的冲突点,在俄日两国的能源合作的问题上,长期存在能源合作需求(国家安全因素)与领土争端(国际关系)的张力。

国内外市场会成为国家安全—国际关系因素张力的调节器。例如,在日俄能源合作中,日本提出"政经不可分"的原则,即先解决领土争端再谈经济合作,而俄罗斯的主张则恰恰相反。目前看来,通过经济交流缓解政治矛盾,谋求两国其他方面的共同利益更具有可行性。

### 三、国内市场—国家安全张力

国内市场与国家安全因素之间的张力,反映了国家安全利益与市场利益之间的矛盾。国际市场与国际关系作为调节器,可缓解或加剧两类因素之间的张力。

例如中国对原油的进口实行的是国营贸易管理和非国营贸易双重制度。原油国营贸易的进口数量无上限限制且没有关税,非国营贸易需要向商务部申请进口配额和进口资质,且需要有中石油或中石化同意购买非国营进口配额油的安排生产的书面文件(即排产计划),海关和铁路才会办理通关和安排运力运输。随着民营企业在海外进行油气开发和地方炼厂的发展,国家对进口原油的管理(国家安全因素)与能源企业的发展(国内市场因素)产生矛盾,限制了非国营能源企业的发展。

在加入世贸组织之前,中国石油进口只有国营贸易这一途径。非国营进口贸易是始于中国的加入世贸组织的承诺,即中国政府保留对原油进出口实行国营贸易管理的权利,由政府指定的公司专营。同时,参照实际进口的情况,允许一定比例的原油、成品油由非国营贸易公司经营。① 可以看出,WTO 规则(国际关系因素)对国家进口原油的管理(国家安全因素)和非国营能源企业的发展需求(国内市场因素)之间的矛盾形成的张力存在着缓解作用。

### 四、国际市场—国际关系张力

国际市场和国际关系之间的张力,反映了国家之间的关系与能源企业的跨国

---

① 资料来源:黄燕华. 原油进口格局"死水微澜"[EB/OL]. 南方能源观察网,http://chuansongme.com/n/802127,2014/10/17.

合作时产生的矛盾。此时,国内市场和国家安全因素充当调节器,对国际市场—国际关系张力产生影响。

例如自 2004 年乌克兰橙色革命之后,尤先科总统上任推行亲西方的外交基调,俄乌两国之间的政治关系不断出现问题(国际关系因素)。此后,俄罗斯与乌克兰之间经常就俄罗斯向乌克兰供应天然气价格、俄罗斯经乌克兰天然气管道向欧洲输气的天然气过境费用,以及供气的债务问题产生纠纷(国际市场因素)。在俄乌天然气合作中,出现国际市场与国际关系的张力。2014 年 3 月 16 日乌克兰克里米亚共和国举行公民投票,克里米亚共和国加入俄罗斯联邦,乌克兰的主权危机(国家安全因素)更加剧了俄乌两国之间的矛盾。俄罗斯在 4 月之后,更宣布对乌克兰的供气价格提至 485 美元/立方米,为全欧洲最高。此时,乌克兰维护国家安全的措施更加剧了俄乌两国能源合作领域的国际市场—国际关系之间的张力。

### 五、国内市场—国际关系张力

国内市场与国际关系的张力,反映了国家间的政治关系与国内市场因素之间的相互影响。当这两类因素之间发生张力时,国际市场与国家安全因素发挥调节器的作用。

例如,2014 年 3 月克里米亚公投加入俄罗斯后,俄罗斯与欧洲和美国的关系趋于紧张,美国和欧盟相继宣布了对俄罗斯的制裁措施,如禁止欧美财团向俄罗斯石油公司(Rosneft)贷款以及禁止欧盟公司向俄出售前沿油气开发技术(如海上开发平台和非常规石油开发技术),使俄罗斯石油公司遭遇到资金上和技术上的困难。为了缓解国际关系紧张给俄罗斯石油公司经营带来的负面影响,Rosneft 开始寻找替代方案。2014 年 8 月份,Rosneft 准备在挪威与该国的石油公司合作打油井。Rosneft 购买了挪威钻井公司 NADL30% 的股权(国际市场因素作为调节器)。NADL 将为其提供北极海上开采的钻井平台,Rosneft 还将从这一合作中获取现金支持。

### 六、国际市场—国家安全张力

国际市场因素与国家安全因素之间的张力,反映了国际市场竞争状况与国家安全需求之间的矛盾。此时,国内市场与国际关系作为此张力的调节器。

　　例如,在目前的页岩气革命(国际市场因素)作为诱因,正引发一些国家的国际市场—国家安全的张力。根据 BP 公司的统计,美国凭借页岩气从 2009 年开始超越俄罗斯,重新成为世界第一大天然气生产国①。根据美国 EIA2013 年的评估数据,中国的页岩气储量居世界首位②。因而研究学者预计,页岩气产业的发展,可能会对俄罗斯及中东在国际能源市场的地位造成冲击(华迎,2013:67 - 68)。而另一方面传统的能源生产地区中东地区、俄罗斯和非洲地区占世界能源产量的一半以上,凭借他们的资源优势,通过保障自身的能源安全来维护国家安全利益。但这些能源生产国的经济结构单一,根据 EIA 的公布的一些能源生产国的国别分析报告显示,这些能源收入是这些国家 GDP、出口收入和财政预算收入的主要来源③,国家安全容易受到国际能源价格变动的影响。页岩气革命对国际能源权力格局产生影响,国际能源市场供需力量会发生变化,传统能源生产国在能源合作中的地位面临挑战,使其保障能源安全及国家安全的压力增大,传统能源生产国面临国际市场—国家安全的张力。

　　页岩气革命引发世界油气中心的西移,也促使俄罗斯更加重视开发亚太市场。《俄罗斯 2030 年前能源战略》提出,天然气中亚太市场的比例 2009 年在 3% -5% ,到了 2030 年应该占到总出口的 19% -20% 。为了适应这一出口结构,俄罗斯在能源发展战略中加大了对东西伯利亚和远东地区油气工业的开发④,通过调整国内的生产布局(国内市场因素)来适应国际市场—国家安全的张力带来

---

① 数据来源:《BP Statistical Review of World Energy 2014》,第 22 页.

② 数据来源:EIA. Technically Recoverable Shale Oil and Shale Gas Resources:An Assessment of 137 Shale Formations in 41 Countries Outside the United States [ EB/OL ]. http://www. eia. gov/analysis/studies/worldshalegas/ ,2013/06/13.

③ 2012 年沙特的能源出口占总出口收入的 90% ;科威特的能源出口收入占了 GDP 的一半,并占总出口收入的 70% ;阿联酋的能源分别贡献政府收入的 80% 并占国家产品出口的一半;俄罗斯能源贸易收入占联邦预算收入的 52% ,占总出口超过 70% ;利比亚能源贸易收入占政府收入的 96% 和出口收入的 98% ;尼日利亚占总出口收入的 98% ;阿尔及利亚占 GDP30% ,占出口收入的 95% ,占预算收入的 60% ;埃及控制着苏伊士运河和 SUMED 石油管线,这两项收入是埃及政府收入的主要来源;安哥拉的占政府收入的 80% (资源来源:http://www. eia. gov/countries/的国别分析,2014/9/3).

④ 数据来源:Gromov A.. Key points of Russian energy strategy up to 2030 - between Europe and Asia [EB/OL]. http://wenku. baidu. com/link? url = rTV9RxXYyYF8jhYNySNyeVb3zKrXJH7KWZ9DvK6 -4F5eOFfhGTAHisFTGM9DmlyX9NnY80avVA7MXPxWhvPPPKb - o7HxC5u4z6FNMCQDqce ,2010/09/30.

的环境变化。

　　能源合作影响因素分析框架基于张力理论,对能源合作的影响因素进行分类,以及分析影响因素之间形成的张力关系。通过分析框架,识别国际环境出现新情况是否引发了影响因素的改变,并进一步分析作为诱因的新情况引发的各种张力关系。因素之间产生的张力关系及调节关系形成新的合作环境,中俄两国将面临新的合作环境带来的机会和挑战。中俄两国将根据新的格局,对合作的效用进行再评估,并调整自身的能源合作战略。

# 第五章

# 中俄能源平衡合作战略博弈模型

能源合作战略制定不但要建立在环境分析的基础之上,也需要理解能源合作为什么能够产生,以及在什么条件下能够实现。中俄两国之间的能源合作折射了大国在国家安全框架下通过对战略资源的合作实现国家利益的过程。两个实力均等的大国的能源合作的形成过程是怎样的? 能源合作实现的条件是什么? 本章利用演化博弈的方法,构建能源平衡合作战略的博弈模型,来刻画两国能源合作的规律。

本书讨论的中俄能源合作有以下三个特点:一是博弈是在无政府状态下进行的。本书的基本假设之一是参与博弈的国家实力大致均等(见本章第一节假设五),意味着双方无法以强迫的方式逼迫对方达成合作。而同时,没有一个超国家机构能够监督双方来遵守承诺(肯尼思·奥耶,1986)①,即没有有效的制度对合作双方的行为进行约束。因此,博弈属于非合作博弈类型而不属于合作博弈类型。这条假设反映了中俄两国之间的权力对比的特点。二是虽然在无政府状态下,但是仍可以在一定条件下形成合作。有些共同利益需要国家之间通过合作才能实现(基欧汉,1984)②,此时,虽然没有有效制度约束,双方仍存在着形成合作的可能性。三是即使存在着共同利益,国家也不一定能达成合作。正如中俄能源合作的历程所显示的,虽然中俄之间进行能源合作对各自国家而言具有重要的战略价值,但合作状态的达成依然艰难。这意味着双方在存在共同利益的基础上,

---

① 参见田野,辛平译.[美]肯尼思·奥耶编.无政府状态下的合作[M].上海:上海人民出版社,2010年第1页.

② 参见苏长和等译.[美]罗伯特·基欧汉著.霸权之后:世界政治经济中的合作与纷争[M].上海:上海人民出版社,2001年第5页.

仍需要达到一定的条件才能够实现合作。

本章基于上述国家能源合作的三个特点,采用非合作博弈模型,讨论中俄之间能源合作能够实现的条件。

## 第一节　模型的基本假设

能源已经成为当前影响世界上大多数国家安全的关键因素。能源国际合作表面上是经济领域开发的合作,实质上是国家间政治利益和经济利益共同博弈的结果。国家在寻求自身能源安全的决策会受他国行动的影响,且决策的结果也同样会影响到其他国家的行动。在无政府状态下,没有一个行为体能够独自决定决策所带来的国际后果。因此,在无政府状态下,国家行为体在选择自己的战略行动时,都必须考虑其他行为体的战略选择(Morrow,1994:1)。为了刻画中俄国家之间能源战略互动关系,本节提出以下五个前提假设:

### 一、国家是由许多利益集团组成的决策行为体

合作行为体(agency)的议题是近十年来国际合作理论研究的关注点之一。在传统的国际合作理论中,国家中心主义是合作行为体的基本假设,即认为国家是参与国际合作的行为体,而且是作为单一行动者(unitary actor)与他国进行合作。这个假设在摩根索(1948)的现实主义理论中成为国际合作的基本假设。[①]华尔兹(1979)也以国家中心主义的假设为起点提出了结构现实主义(新现实主义的开端)理论。[②] 而由于结构现实理论的其高度的概括性和严谨的逻辑性,使该理论中的这一基本假设目前仍是探讨许多国际合作理论的起点(无论是继承还是批判)。基欧汉(1984)的也完全继承了这一理论假设,在此基础上构建新自由制度主义理论。

然而,国家中心主义的假设也一直是国际合作理论中一个重要的争论焦点。

---

① 参见徐昕等译.[美]汉斯·摩根索著. 国家间政治[M]. 北京:北京大学,2006.

② 参见信强译.[美]肯尼斯·华尔兹. 国际政治理论[M]. 上海:上海人民出版社,2004 年.

随着对国家中心范式的批判,非国家行动者(Nonstate actor,NSA)作为合作行为体的研究日益受到关注(O'Neill,2004:149–175)。研究中认为非国家行动者不但可以从国内层面而且还可以从国际层面影响国际合作。在国内层面,非国家行动者参与国际合作协议的制订和执行。摩根索(Morgenthau H J.,1952:961–988)曾论述,国家通过其各级机构和组织,最终负责解释和执行符合国家利益的各项政策。米尔纳(Milner H.,1992:466–496)指出国际的合作协议必须是先通过了国内行动者的同意才能进入到合作执行的阶段。在国际层面,非国家行动者可以影响和塑造国际合作机制的形成。阿尔格(Alger,2002:93–117)论述了非政府组织作为行动体如何在联合国、世界银行、世界贸易组织等合作机制中发挥作用,并对全球治理产生了影响。波斯纳(Posner,2009:665–699)指出在欧盟各国在建立欧洲股票市场过程中,各国的风险资本家在实际市场建立时起着必要和决定性的作用。

在本书的研究中,国家不是一个"黑箱式"的单一行为体,国家是由不同的组成部分构成的,这些部分在彼此的互动中结合在一起(华尔兹,1979:153)。① 国家利益也不是经抽象化、科学化以后的一种理想概念,而是国内不断政治竞争的产物,是相互冲突的各种政治利益的妥协物(Morgenthau H J.,1952:961–988)。同时假设,虽然决策过程是由不同偏好的各利益团体不断博弈的结果,但是合作决策仍体现为由一个行为体(中央政府)控制。

在中俄能源合作中,存在着不同类型的合作主体,可以按合作主体的不同将中俄能源合作分为三个层面的合作,即中央政府间的合作、政府与企业间的合作(包括中央政府与能源企业,地方政府与企业间的合作),以及两国能源企业间的合作。各行动主体的合作目标各不相同,中央政府以国家安全为最终目标,地方政府则以地区经济的发展为目标,而企业则以利润和企业的发展为目标。可以看出,中央政府希望通过能源合作实现国家的安全利益,地方政府和企业则希望实现经济利益。不同的战略目标,使能源合作行为呈现出复杂性。一方面,能源合作行为最终的实施者是两国的能源企业,合作是否与企业的战略及经济利益相符,影响了能源合作战略的最终落实。另一方面,能源合作行动是国家战略的一

---

① 参见信强译.[美]肯尼斯·华尔兹.国际政治理论[M].上海:上海人民出版社,2004年第153页.

部分,因此能源企业之间,能源企业与地方政府之间的合作行为会受到中央政府的监督,中央政府会不断地对合作行为是否符合国家安全目标进行评估。当经济利益驱动下的合作行为不符合国家安全利益时,中央政府将会对其行为加以干预。尤其对中俄两个大国而言,中央政府对其他非国家行为体的干预能力相对于其他一些弱政府国家而言较强,当其评估认为能源企业或地方政府开展的能源合作行动会对国家安全利益产生负面影响时,两国的中央政府有能力对合作行为进行干预。因此,政府追求的国家利益与企业的利润诉求交织在一起,使国家在进行能源合作决策时,国家合作意愿呈现出波动性。

**二、国家的战略理性是基于决策行为体的认知**

国家是理性行动者的假设是现实主义理论的基石。理性行为指的是行为体对行动进行排序时,当备选决策 s 不如 t 时,那么 s 相对于 t 被选中的可能性是无穷小(Battigalli,1996:178 – 200),此时该行为体的行动被视为是理性的。也就是说,当行为体满足:追求效用最大化、效用是偏好的函数以及偏好具有完备性和传递性三个条件(陈宏,2007:98 – 104),则行为体可以被视为是理性的。在现实主义理论中,国家的根本目标是追求权力,并且在对自身绝对收益的追求中不考虑其他国家的利益,最终会因利益相抵触而引发冲突。因此,在现实主义理论中对国际合作是持悲观态度的。

邓肯·斯奈德尔(Snidal D.,1985:39 – 41)认为对实际的国际问题而言,理性假设并没有反映国家利益的特点,因为没有国家可以在不顾其他国家选择的情况下找到自己的最优战略,或者获得自己的最优结果。由此引出了"战略理性"。战略理性指国家要实现自我利益,必须考虑一国的选择和其他国家选择之间的相互作用。其中包含的含义是,即使国家决策者试图在冲突互动下保护自己,也需要寻求合作互动的机会。也就是说,在战略理性下,行为体基于自身的偏好,同时预期对方的行动(而不是在不考虑对方利益的情况下)来决定自己的行动战略。理性假设和战略理性假设都提出可以为了长远利益而暂时放弃短期优势,但战略理性认为国家为了实现合作而暂时放弃自己的最优行为,以达到共同的偏好。

战略理性提出国家进行战略互动时,必须要预期对方的行动,而决策者对对方行动的理解对一个国家的国际行为产生重要影响。杰维斯(Jervis,1976)在国际关系研究中加入心理要素,从决策者的心理认识这一微观层次上,解释国家的重大决定和政策如何形成。① 从认识知的角度来分析国家行动,可以解释为什么在有共同利益基础且双方都有合作意愿的情况下,双方仍然会拒绝合作。当国家决策者的知觉和现实之间存在差异,尤其是在理解对方意图及预测对方实力后果时出现认知偏差的时候,即使双方实际上都有共同合作的意愿,也会基于国家安全的考虑拒绝合作。

具体到中俄两国进行能源合作行动决策时,两国会因为共同利益的需要,暂时放弃自己的最优选择,如各自对天然气价格诉求进行让步以求达成合作。对俄罗斯而言,由于能源贸易对其国家安全的影响更为直接,担心中国通过能源合作获得更大的相对权力,因此会出于国家安全的考虑谨慎地推进能源合作行动。

因此,本书假设国家的战略理性是建立在国家行为决策者的认知基础之上,作为国家行为体的中央政府会就各种决策情况对对方政府的行动进行判断,并对行动产生的后果进行预测,以此来选择最优的行动战略。

### 三、国家对能源的偏好是相对稳定的

国家的偏好会影响对国家的战略选择。对国家偏好存在两种截然不同的假设:一种是假设偏好是相对稳定的,合理稳定的偏好使国家在行动时前后一致。国家行动出现的变化不是由于偏好变动引起的,而是因为形势和行为体所获得的信息变化引发的(Morrow,1994:19)。另一种假设则认为偏好是随着时间或因国家所处的国际环境而变化的(Snidal D.,1985:43),这是因为国家的偏好并非总是关注某个议题领域,当关注的议题领域随着时间和制度环境而变化时,偏好就会发生改变。

上述的假设是对不同情境下的国家偏好的解释。具体到能源领域,国际能源署(International Energy Agency)预计在 2035 年,化石能源在一段时间内将仍是世界能源组合中最重要的种类。② 这意味着化石能源尤其是油气资源的国际地位在很长一段时间内会越来越重要,国家对该议题领域的关注程度短期内不会消减。国家对油气资源的偏好可以视为相对稳定的。

---

① 参见秦亚青译.[美]罗伯特·杰维斯.国际政治中的知觉与错误知觉[M].北京:世界知识出版社 2003 年第 18 页.

② 资料来源:Energy Information Administration. World Energy Outlook (2012) [R]. www. Eia. gov. 2014/04/21:51

再将视角放宽,无论是过去的煤炭,还是油气,或是未来可以替代油气的资源类型,这些都是能源在某一历史阶段的现实体现。虽然种类会随着生产方式的变化而改变,但是能源作为社会生产方式的基本动力来源,其对人类生产生活的重要程度是持续的。同时,全球化的发展必然带来社会生产方式的趋同,能源的供需关系将会持续紧张,能源的战略资源的地位也呈现长久性。因此,国家对能源领域的偏好也显示为相对稳定性。

在博弈论中要求报偿函数最好是稳定偏好的反映,因为这样可以推出前后协调一致的行为。若偏好的变化过于频繁,报偿函数只能解释为事后偏好显示行为,模型解释力将会降低(Snidal D.,1985:43)。因此,在能源领域国家偏好的相对稳定会增强博弈模型的适用性和解释能力。

国家在能源领域的相对稳定偏好的本质是,通过能源合作追求国家利益的最大化。通过第三章中俄能源合作历程的回顾,两国通过合作追求的利益具体体现在两个方面:一是经济利益。对于能源消费国中国而言,能源是基本生产方式的动力来源,而经济平稳运行需要控制能源成本和稳定能源供给。因此,中国通过能源合作来控制甚至降低经济的运行成本。而对于能源生产国俄罗斯而言,其经济来源主要依靠能源的出口贸易[①],通过能源出口的获得经济收益。二是安全利益。安全利益包括了:1)能源安全。对中国而言是有充足而稳定的能源供给,对俄罗斯而言是有稳定的能源市场需求;2)经济安全。能源供需双方都希望通过保障能源安全来实现经济的平稳运行;3)政治安全。政治安全是国家维护其政治利益免受威胁的能力和状态(姜海南,2007:I)。能源已经成为一种重要的外交武器,中俄合作双方希望通过能源合作为本国在国际上争取更多的发展机会和空间,维护自身的国家利益。国家在能源领域的相对稳定性的偏好将决定期望效用函数的内涵。

### 四、两个国家参与的双边博弈

国际合作的许多学者就参与者的数量对合作产生的影响进行研究。有的研究认为参与者数量的增多会降低合作的前景(奥耶,1986)[②],因为随着参与者的

---

① 根据 EIA 的公布的一些能源生产国的国别分析报告,俄罗斯能源贸易收入占联邦预算收入的52%,占总出口超过70%。资源来源:http://www.eia.gov/countries/的国别分析,2014/9/3。

② 参见田野,辛平译.[美]肯尼思·奥耶编. 无政府状态下的合作[M].上海:上海人民出版社,2010 年第16 页.

增加,交易和信息成本会上升,因辨别与控制力的下降会增加自动背叛的可能性,同时对背叛进行制裁的可能性也会降低。但是有的学者则认为参与者的增多会增加合作的可能,因为在弱势国家与强势国家的合作中,弱势合作者希望更多的弱势国家参与来提升相对优势,抵消强势国的优势(Grieco,1990:228),行动者可以通过联盟来提高保护自身的可能性(Snidal,1991:701-726)。所以行动者数量与合作之间的关系是复杂的(Milner H.,1992:466-496)。

本书的博弈模型针对中俄两国之间的双边合作,探讨两国能源双边合作时的战略博弈,讨论双边博弈的情况下,如何促进合作条件的达成的问题。

### 五、参与博弈的国家实力均等

本书中假设参与博弈的国家实力是大致均等的。因为在实力不均等的情况下,合作也是可以在强迫中达成的。这种强迫达成的合作分为两种情况,一是博弈关系中较为强势的一方可以强迫另一方去选择他们的策略。霸权稳定性理论就反映了这样的关系,强势的国家有能力为其他国家提供利益,因而有可能劝导弱势国家进行合作。强势国家甚至有能力提高弱势国家不参与合作的成本迫使后者参与合作。戈瓦(Gowa,1986:167-186)就指出,霸权在国际政治中发挥的功能可等价于公认的权威力量,并因此促进合作。而许多学者认为一个相对实力超强的单极国家则有能力帮助或是伤害其他的国家,以此来实现他们想达到的目标(Ikenberry,2009:1-27)克拉斯纳(Krasner,2011:21302-21307)更是论述了强大国家可以塑造弱国的制度来改变国家的决策和行动。另一种观点则相反,认为弱者通过"搭便车"的行为可获取更多的利益。纳什均衡中的"智猪博弈"模型反映的正是这种合作情形。格里科(Grieco,1990)分析了关贸总协定东京回合谈判,欧盟对于美国来说处于弱势,但欧盟在谈判中似乎获得的利益更大。而奥尔森(Olson,1965)在《集体行动的逻辑》中也论述了小国通过搭便车的形式来分享大国提供的公共产品的现象。① 因此,实力不对称的博弈各方使公平分配利益的可能性较小,但是可能形成合作状态。但是,针对不对称实力下的博弈的刻画则是另外的一种模型的形式。

---

① 参见陈郁等译.[美]曼瑟尔·奥尔森著.集体行动的逻辑[M].上海:上海人民出版社,2011年第30页.

中俄两国之间的实力是基本对称的,双方都无法强迫另一方实施合作行动。在本书构造的能源博弈模型,探讨在中俄双方博弈双方实力基本对称的前提下,构造符合这一假设的报偿函数,并讨论双方实力均衡条件下合作的演化过程及合作形成的条件。

# 第二节 模型的架构

中俄能源平衡合作战略博弈模型,可以刻画国际无政府状态下国家能源合作的一些基本问题,解释在国际政治影响和国家安全的利益约束下的国家间能源合作规律。

## 一、期望效用函数的构造

能源是能够改变一个国家所处的国际政治局势的战略资源,能源早已成为能源生产国的有力外交武器。在各国之间的能源合作中,经济利益是各国实现能源合作的浅层原因,而通过能源贸易来维系或者改变国际政治格局,为国家争取更适宜的国际发展环境和发展机会,则是能源贸易双方开展合作的更深层的动机。因此,本书在构造博弈模型中的期望效用函数中,不但包含了双方对经济利益的追求,还包括了合作双方的国家安全利益诉求。

1. 合作的经济利益

能源合作的经济利益用合作的收益和合作的成本来表示。合作的收益划分为基本收益(UE)和剩余收益(E)。基本收益(UE)指的是能源合作双方不合作也能获得的收益。在两个国家的双边博弈及实力均衡的前提下,双方各自拥有各自的市场。如中国最主要的石油供应商为中东,而俄罗斯的主要天然气销售市场为欧盟市场,双方即使不合作,俄罗斯依然有其足够的销售市场,而中国也有充足的能源进口来源,双方各自保有基本的收益。这也是供需双方能够平等合作的前提。合作收益除去基本收益之外,因双方的合作行动而产生的收益即是剩余收益(E)。

合作成本(C)指的为了寻求两国的合作而付出的成本。以油气的管道合作为例,不同的管线线路会为双方产生不同的成本。如俄罗斯很长一段时间都主张从西西伯利亚到中国边境的阿尔泰输气管线。该合作方案对俄罗斯而言,可以最大限度地利用现有的向欧洲的输气管道,降低合作成本;但对中国而言,天然气进入中国境内后,还要通过长距离的"西气东输"线路才能将天然气供应到中国东部,合作的成本太高。而中国主张的从俄远东地区到中国东部的输气管线,对俄罗斯而言,需要修建一条全新的输气管线,合作成本会上升。因此,合作成本反映了合作双方为能源合作的达成所愿意付出的代价。

2. 国家安全利益

本书在对能源合作政治利益的函数化中,引入"遏制影响系数($\lambda$)",将安全利益通过经济利益体现出来。杰维斯(Jervis,1978:167 – 214)就剖析了对国家安全的担忧会阻碍国际合作的实现,他把这种现象称为"安全困境",即国家因对对方未来意图和行动怀有不确定性,导致了行动者对国家安全的担忧,进而阻碍国际合作的形成。杰维斯在阐述安全困境的同时,也提出了通过调整博弈矩阵的支付结构,加大合作收益和增加对方背叛合作的成本来提高各方对合作的预期。华尔兹(Waltz,1979)也指出只要在合作中双方担心对方会因合作增强实力而影响到自身,那么即使合作使双方获得丰厚的绝对收益,他们也偏向于不合作。[①] 而在国家间的能源合作中,"安全困境"的担忧非常明显,合作双方会预计对方所获得的战略利益。由于能源的重要性,当国家预计合作对象得到的收益过于巨大,极大提升了该国的实力,可能会使本国在国际竞争格局中的相对竞争实力削弱时,会倾向于不合作。因此,在合作的过程中,国家会不断地衡量合作带给他国的利益是否会对本国产生不利的影响,而及时调整合作政策。

本书构造的博弈模型将这一影响通过"遏制影响系数"来体现,含义是他国所获的合作收益会对本国产生遏制影响的大小。当遏制影响系数取值范围在[0,1]之间,取值越接近1,则说明该国越担心对方国家通过合作获得的收益,会对本国面临的国际格局产生负面影响。在这样的情况下,该国对合作倾向于采取更加谨慎的态度;取值越接近0,则表现了该国认为对方国因合作产生的收益不会对本国产生负面影响,因此,倾向于更为积极的态度。这也体现了在国际政治中的"平衡战略"思想。本书也因此将这一模型称为"能源平衡合作战略博弈"模型。

① 参见信强译. [美]肯尼斯·华尔兹. 国际政治理论[M]. 上海:上海人民出版社,2004 年第 111 页.

### 3. 期望效用函数

在本书构造的博弈模型中,为了演算时表述方便,将参与博弈的中国用 A 国来表示,俄罗斯用 B 国表示。国家行为体 A 和 B 采用行为决策向量组分别为 X 和 Y,不同的决策行为决定了不同的收益值。因而,双方国家各自的收益和成本函数值随着两国采取不同的行动集合(X,Y)而各异。

此时,演化博弈模型中双方进行合作状态下期望效用函数为:

$u_i^c(X,Y) = E_i(X,Y) + UE_i(X,Y) - C_i(X,Y) - \lambda_i E_j(X,Y)$,其中 $i \neq j$

不合作状态下行动方的期望效用函数为:

$u_i^l(X,Y) = UE_i(X,Y)$

其中,$u(X,Y)$ 代表行为体的期望效用函数;

$E(X,Y)$ 代表行为体因合作而获得的剩余收益;

$UE(X,Y)$ 代表行为体选择不合作时也可以获得的收益;

$C(X,Y)$ 代表行为体因寻求合作而付出的成本。

$\lambda_i$ 指的是($i$ 国认为)$j$ 国因合作所获剩余收益对 $i$ 国的遏制影响系数。

期望效用函数表达式中的 $E_i(X,Y) - C_i(X,Y) - \lambda_i E_j(X,Y) > 0$。这是因为,如果 $E_i(X,Y) - C_i(X,Y) - \lambda_i E_j(X,Y) \leq 0$,则说明双方的合作行为非但不能带来更大的收益,反而可能使不合作时拥有的固定收益 $UE_i(X,Y)$ 受损。因此,在这种情况下,理性的行为者会放弃合作。

根据上述的构建,博弈模型的支付矩阵如下图 5-1 所示。

行动国 B

| | 行动 | 不行动 |
|---|---|---|
| 行动 行动国 A | $E_A(X,Y) + UE_A(X,Y) - C_A(X,Y) - \lambda_A E_B(X,Y)$, $E_B(X,Y) + UE_B(X,Y) - C_B(X,Y) - \lambda_B E_A(X,Y)$ | $UE_A(X,Y) - C_A(X,Y)$ , $UE_B(X,Y)$ |
| 不行动 | $UE_A(X,Y)$, $UE_B(X,Y) - C_B(X,Y)$ | $UE_A(X,Y)$, $UE_B(X,Y)$ |

图 5-1 能源合作演化博弈支付矩阵

### 二、能源合作的演化博弈模型计算

在本书中的假设中已经假定了国家是否与他国进行能源合作的决策是由国内多个群体的不断博弈的结果。如2003年11月,俄罗斯露西亚公司、中国石油天然气公司和韩国天然气公社审议并通过了联合开发位于俄罗斯伊尔库茨克州的科维克金气田的可行性研究报告。正当项目准备进一步推进时,在2004年1月29日,俄天然气工业公司却宣布,科维克金项目不符合俄罗斯国家战略利益。由于俄天然气工业公司是由俄罗斯国家控股的能源垄断企业,负责俄西伯利亚和远东地区的天然气管道建设,并垄断天然气出口的统一销售网,使该项目无法进入执行阶段,但中俄两国的天然气合作仍在继续其谈判历程。因此,国家对合作这一行为的态度并不能简单地归结为"合作"或是"不合作",而往往体现为一种趋势。这样的刻画更符合实际的情况。

本书国家对合作的态度用"合作意愿"来表示,指国家各利益集团对合作决策的博弈过程体现出来的趋势。合作意愿的取值范围在$[0,1]$的区间内,取值越接近1,则表示该国更趋向于开展合作行动;取值越接近0,则表示该国趋向于不合作的行动。

设$\alpha$为A国合作意愿,$\beta$表示B国的合作意愿,$0 \leqslant \alpha \leqslant 1, 0 \leqslant \beta \leqslant 1$。

A国选择合作的期望收益为:

$$EU_A^C = \beta[E_A(X,Y) + UE_A(X,Y) - C_A(X,Y) - \lambda_A E_B(X,Y)] + (1-\beta)[UE_A(X,Y) - C_A(X,Y)]$$

$$= \beta E_A(X,Y) + UE_A(X,Y) - \lambda_A \beta E_B(X,Y) - C_A(X,Y)$$ A国选择不合作的期望收益为:

$$EU_A^I = \beta UE_A(X,Y) + (1-\beta)UE_A(X,Y) = UE_A(X,Y)$$

A国的平均期望收益为:

$$\overline{EU}_A = \alpha[\beta E_A(X,Y) + UE_A(X,Y) - \lambda_A \beta E_B(X,Y) - C_A(X,Y)] + (1-\alpha)UE_A(X,Y) = \alpha\beta E_A(X,Y) - \alpha\beta\lambda_A E_B(X,Y) - \alpha C_A(X,Y) + UE_A(X,Y)$$

A国的合作意愿的复制动态方程[1]为:

---

① 计算过程参考:http://wenku.baidu.com/link? url = YiCz3Czr – Hx3lYD5AJHPsPLXQU7cv_ – uvN-wkmyK1MxZQWA8 – EDlTHkswQ_HxWmCzXluXYSbp – vjX8OGK7QQd9TXCRhOCcPHoogvNq9biFS_, 2014/3/8

$$\dot{\alpha} = \alpha(EU_A^C - \overline{EU_A}) = \alpha(1-\alpha)[\beta E_A(X,Y) - \lambda_A \beta E_B(X,Y) - C_A(X,Y)] \quad (1)$$

令 $F_1(\alpha) = \dot{\alpha}$，当 $F_1(\alpha)$ 时，即 $\alpha^* = 0$，或 $\alpha^* = 1$，或 $\beta^*$，$=$

$\dfrac{C_A(X,Y)}{E_A(X,Y) - \lambda_A E_B(X,Y)}$ 复制动态方程达到稳定状态。

同理，$B$ 国的合作意愿的复制动态方程为：

$$\dot{\beta} = \beta(EU_B^C - \overline{EU_B}) = \beta(1-\beta)[\alpha E_B(X,Y) - \lambda_B \alpha E_A(X,Y) - C_B(X,Y)] \quad (2)$$

令 $F_2(\beta) = \dot{\beta}$，当 $F_2(\beta) = 0$ 时，即 $\beta^* = 0$，或 $\beta^* = 1$，或 $\alpha^* =$

$\dfrac{C_B(X,Y)}{E_B(X,Y) - \lambda_B E_A(X,Y)}$，复制动态方程达到稳定状态。

微分方程 (1)(2) 刻画了 A 国和 B 国合作意愿的演化动态。通过两个微分方程得出的雅可比 (Jacobian) 矩阵的局部稳定性分析来推导 $(\alpha,\beta)$ 的演化均衡点的稳定性 (Friedman D. ,1991:637 - 666)。微分方程 (1)(2) 的雅可比 (Jacobian) 矩阵行列式为：

$$\det J = |F_{\alpha,\beta}{}'| = \begin{vmatrix} \dfrac{\partial F_1}{\partial \alpha} & \dfrac{\partial F_1}{\partial \beta} \\[2mm] \dfrac{\partial F_2}{\partial \alpha} & \dfrac{\partial F_2}{\partial \beta} \end{vmatrix}$$

$$= \begin{vmatrix} (1-2\alpha)[\beta E_A(X,Y) - \lambda_A \beta E_B(X,Y) - C_A(X,Y)] & \alpha(1-\alpha)[E_A(X,Y) - \lambda_A E_B(X,Y)] \\ \beta(1-\beta)[E_B(X,Y) - \lambda_B E_A(X,Y)] & (1-2\beta)[\alpha E_B(X,Y) - \lambda_B \beta E_A(X,Y) - C_B(X,Y)] \end{vmatrix}$$

$$= (1-2\alpha)(1-2\beta)[\beta E_A(X,Y) - \lambda_A \beta E_B(X,Y) - C_A(X,Y)][\alpha E_B(X,Y) -$$
$$\lambda_B \beta E_A(X,Y) - C_B(X,Y)] - \beta(1-\beta)[E_B(X,Y) - \lambda_B E_A(X,Y)]\alpha(1-\alpha)[E_A(X,$$
$$Y) - \lambda_A E_B(X,Y)]$$

此时，雅可比 (Jacobian) 矩阵的迹为：

$$trj = (1-2\alpha)[\beta E_A(X,Y) - \lambda_A \beta E_B(X,Y) - C_A(X,Y)] + (1-2\beta)[\alpha E_B(X,Y)$$
$$- \lambda_B \alpha E_A(X,Y) - C_B(X,Y)]$$

根据雅可比 (Jacobian) 矩阵行列式与雅可比 (Jacobian) 矩阵的迹对 $(\alpha,\beta)$ 的稳定点进行分析，分析结果如下表[①]所示。

---

① 由于版面原因，分析表中将函数 CA(X,Y) 等简写为 CA，其它函数表示以此类推。

表 5 - 1　局部均衡点分析

| 均衡点 | detJ | | trJ | | 结果 |
|---|---|---|---|---|---|
| | 值 | 符号 | 值 | 符号 | |
| $\alpha = 0, \beta = 0$ | $C_A C_B$ | + | $-(C_A + C_B)$ | — | ESS |
| $\alpha = 0, \beta = 1$ | $C_B(E_A - C_A - \lambda_A E_B)$ | + | $C_B + (E_A - C_A - \lambda_A E_B)$ | + | 不稳定 |
| $\alpha = 1, \beta = 0$ | $C_A(E_B - C_B - \lambda_B E_A)$ | + | $C_A + (E_B - C_B - \lambda_B E_A)$ | + | 不稳定 |
| $\alpha = 1, \beta = 1$ | $[E_A - C_A - \lambda_A E_B - U E_A]$ $[E_B - C_B - \lambda_B E_A]$ | + | $-[(E_A - C_A - \lambda_A E_B) + (E_B - C_B - \lambda_B E_A)]$ | — | ESS |
| $\alpha = \dfrac{C_B}{E_B - \lambda_B E_A}$, $\beta = \dfrac{C_A}{E_A - \lambda_A E_B}$ | $-\dfrac{C_A C_B[E_A - C_A - \lambda_A E_B][E_B - C_B - \lambda_B E_A]}{[E_A - \lambda_A E_B][E_B - \lambda_B E_A]}$ | — | 0 | | 鞍点 |

### 三、能源合作的演化路径分析

在演化博弈模型的稳定点中,存在着演化稳定策略(Evolutionary Stable Strategy,ESS)。演化稳定策略是演化博弈论中的关键概念,指的是使用当前策略的人没有激励来改变他们的策略,因为他们比尝试新策略的人景况更好,而且尝试新策略的人会重新回到原有的策略,因此在严格演化选择的压力下该策略仍是稳健的。[①] 演化稳定策略是对纳什均衡的精炼一种有效的方法。

在表 5 - 1 中列出的 5 个局部均衡点中,出现三种情况。

情况一:非稳定状态平衡点。出现两个状态非稳定状态平衡点,即 A 国合作而 B 国不合作状态($\alpha = 1, \beta = 0$),与 A 国不合作而 B 国合作状态($\alpha = 0$,$\beta = 1$)。

情况二:演化稳定策略(ESS)。出现两个演化稳定战略(ESS)即两国不合作状态($\alpha = 0, \beta = 0$),和两国合作状态($\alpha = 1, \beta = 1$)。

---

① [瑞典]乔根·W·威布尔著.王永钦译.演化博弈论[M].上海:三联书店,2006 年 3 月:40 - 41.

情况三：鞍点。出现一个鞍点，即当合作意愿为（$\alpha = \dfrac{C_B}{E_B - \lambda_B E_A}$，$\beta = \dfrac{C_A}{E_A - \lambda_A E_B}$）的平衡点。

（一）相位图路径推导

上述局部均衡点如下图所示：

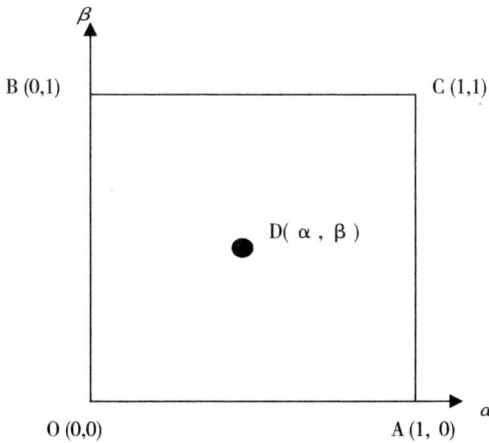

图 5-2　局部均衡点的分布

对微分方程（1），当 $\dot{\alpha} = 0$ 时，$\alpha^* = 0$ 或 $\alpha^* = 1$，或 $\beta^* = \dfrac{C_A}{E_A - \lambda_A E_B}$。前两种为边界状态，相位图讨论中无实际意义。当 $\beta^* = \dfrac{C_A}{E_A - \lambda_A E_B}$ 时，在 $\alpha_0$ 处讨论，设三点 $X(\alpha_0, \beta_1)$，$Z(\alpha_0, \beta^*)$，$Y(\alpha_0, \beta_2)$，$\beta_1 > \beta^* > \beta_2$，函数 $\dot{\alpha}$ 是 $\beta$ 的增函数，因此，在 $\dot{\alpha} = 0$ 的上方，有 $\dot{\alpha} > 0$，$X$ 点有向右演化的倾向。同时，在 $\dot{\alpha} = 0$ 的下方，有 $\dot{\alpha} < 0$，$Y$ 点有向左演化的倾向。

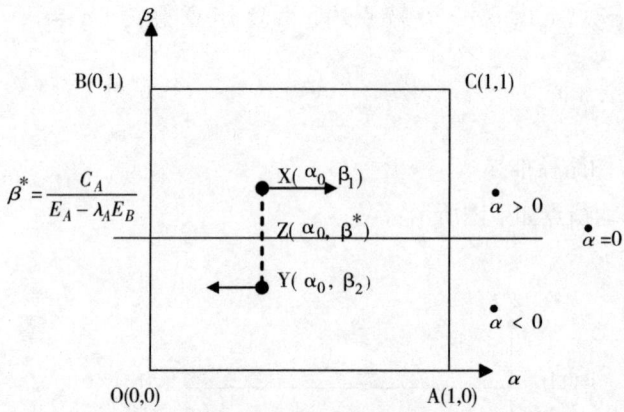

**图 5-3　相位图推导(1)**

同理,对微分方程(2),推导出的相位图如下图所示。

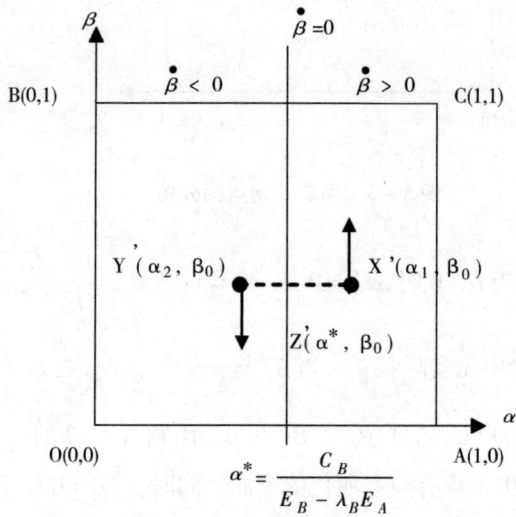

**图 5-4　相位图推导(2)**

综合上述两个相位图,双方的博弈策略的演化路径如下图所示。

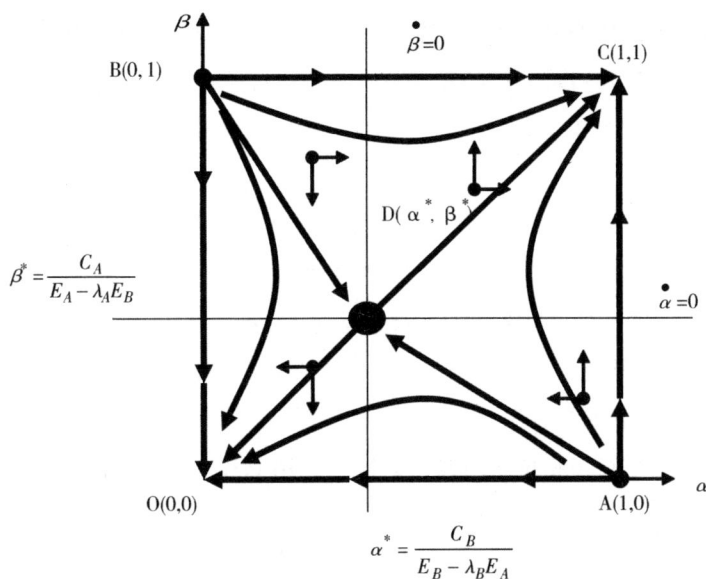

**图 5-5　博弈策略的演化路径图**

(二)演化路径分析

$\alpha$ 和 $\beta(0 \leqslant \alpha \leqslant 1, 0 \leqslant \beta \leqslant 1)$ 分别表 A 国与 B 国中决策群体展现出的对两国能源合作的意愿。$\alpha^* \beta^*$ 和分别为中国和俄罗斯合作意愿的临界点,箭头方向为两国博弈策略的演化方向。

1. 边界状态的分析

相位图中有五个边界状态点,即 $A(1,0)$、$B(0,1)$、$C(1,1)$、$D(\alpha^*, \beta^*)$ 和 $O(0,0)$。五个边界状态呈现出三种演化路径,即非稳定点向稳定点演化、非稳定点向鞍点演化以及鞍点向稳定点演化。

非稳定点向稳定点演化。A 点与 B 点是两个非稳定点,代表了能源合作双方有一方不愿意合作的状态。这两个点是非稳定点的情况与现实状况相符合,说明当两国之间有一国不合作的状态不会持久,或者合作的一方放弃合作的努力,状态向双方不合作(O 点)演化,最后呈现不合作状态;或者不合作一方认识到合作也能给自身带来收益,向合作方向努力,最后达到合作(C 点)的状态。

非稳定点向鞍点演化。即 A 点或 B 点向合作意愿的临界点 D 点演化。这种情况代表原来愿意合作的一方合作意愿在下降,而原来不愿合作的一方的合作意愿在上升,双方的状态向鞍点 D 点演化。D 代表了双方合作谈判的临界点,在 D 点上具备双方进行合作协议谈判的条件,各方均希望通过谈判能为自己带来更多的合作利益。因此,在该点上可能存在一定时间的稳定状态,或者称为谈判的胶着状态。

鞍点向稳定点演化。鞍点状态并不是合作双方期望的最终状态,双方会就合作条件进行谈判。当双方均能接受对方的合作条件时,则双方会向合作状态(C点)演化;当双方不能就合作达成一致意见时,如果谈判破裂,则双方的状态向不合作状态(O 点)演化。

2. 一般状态的分析

为了便于分析,将相位图的四个区域分别用 I、II、III、IV 象限来区分(如图所示)。第 I 象限为 $a^* < \dfrac{C_B}{E_B - \lambda_B E_A}$,$\beta^* < \dfrac{C_A}{E_A - \lambda_A E_B}$,第 II 象限为 $\alpha^* < \dfrac{C_B}{E_B - \lambda_B E_A}$,$\beta^* > \dfrac{C_A}{E_A - \lambda_A E_B}$,第 III 象限为 $\alpha^* > \dfrac{C_B}{E_B - \lambda_B E_A}$,$\beta^* > \dfrac{C_A}{E_A - \lambda_A E_B}$,第 IV 象限为 $\alpha^* > \dfrac{C_B}{E_B - \lambda_B E_A}$,$\beta^* < \dfrac{C_A}{E_A - \lambda_A E_B}$。

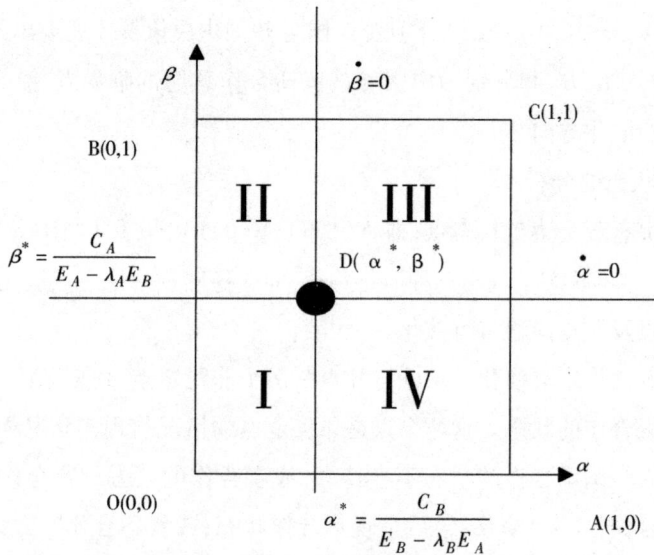

图 5 - 6 相位图象限划分

第 I 象限：当 $\alpha^* < \dfrac{C_B}{E_B - \lambda_B E_A}, \beta^* < \dfrac{C_A}{E_A - \lambda_A E_B}$ 时，也就是两国的合作意愿都小于临界点时，未达到进行合作谈判的条件，其博弈的结果将收敛于 O 点，即双方会采取不合作策略。

第 III 象限：当 $\alpha^* > \dfrac{C_B}{E_B - \lambda_B E_A}, \beta^* > \dfrac{C_A}{E_A - \lambda_A E_B}$ 时，两国的合作意愿大于临界点，代表双方提出的合作条件是对方可以接受的，其博弈结果将收敛于 C 点，双方将达成合作。

第 II 象限：当 $\alpha^* < \dfrac{C_B}{E_B - \lambda_B E_A}, \beta^* > \dfrac{C_A}{E_A - \lambda_A E_B}$ 时，即 B 国倾向于合作，但 A 国的合作意愿不足时，两国之间的能源博弈收敛呈现非线性的特点。有可能收敛于 O 点，也可能收敛于 C 点。这将取决于初始合作意愿的状态位置，以及两国合作意愿的增长速度。当点偏向于左边界，即 A 国合作意愿较低，或 B 国合作意愿增速大于 A 国合作意愿增速时，合作会向 O 点收敛。当点偏向于上边界，或 A 国合作意愿增加更快时，合作会向 C 点收敛。

第 IV 象限：当 $\alpha^* > \dfrac{C_B}{E_B - \lambda_B E_A}, \beta^* < \dfrac{C_A}{E_A - \lambda_A E_B}$ 时，即 A 倾向于合作，但 B 的合作意愿不足时，情况与第 II 象限相似，即双方的状态可能收敛于 O 点，也可能收敛于 C 点。

综上所述，随着国际政治局势、国际能源市场等因素的变化，双方的合作意愿均会发生改变。不稳定的状态既有可能向不合作（O 点）或向合作（C 点）方向演进。也可能双方均达到合作意愿临界点，进行促进合作的协商和谈判活动（D 点）。合作协商的结果，既有可能达成合作协议（向 C 点演进），也有可能谈判破裂，仍不能实现双边的合作（向 O 点演进）。

# 第三节　合作条件的分析

中俄能源平衡合作战略博弈模型属于对称性的两方博弈型，且假设双方因合作产生的收益为正——因为在国际能源合作中，实力均等的双方各自有市场，当合作不能产生正的收益时,合作进程不会进行下去。在演化博弈模型的分类中,这种模型属于协调博弈①,这类博弈模型的特点是 $\alpha^*\beta^*$ 与的位置不会影响该点 (D 点)所分割的各四分之一象限内向量点的运动状态。因此,上节的演化路径显示,参与博弈的双方是否能达到合作状态,与博弈双方的合作意愿的初始状态,即初始合作意愿相对于期望合作收益所决定的 D 点的相对位置有关。

合作意愿的初始状态影响了合作形成的路径。上一节的演化路径图分析显示,在第 I 象限,双方的合作意愿未达到临界点(即没有达到进行合作谈判的程度),双方的态度向不合作演化;在第 III 象限,双方的合作意愿都超过了临界点,代表双方对合作协议已经达到各自的预期,因此向合作的状态演化;而对于第 II 和第 IV 象限,如果初始状态靠近左边界或下边界,则代表合作的利益尚未达到一方的期望,因而该方合作意愿不高,使双方博弈状态向不合作演化。相反,初始状态靠近上边界和右边界,则代表合作意愿低的一方对合作的兴趣迅速增加,使双方博弈状态向合作演化。

根据能源平衡合作战略博弈模型的计算,得到双方合作意愿的函数。双方的意愿函数形式相同,以下的分析以 A 国为例,B 国可同理分析。

A 国的合作意愿函数为 $\alpha = \dfrac{C_B(X,Y)}{E_B(X,Y) - \lambda_B E_A(X,Y)}$,该式成立的条件为,A 国的期望效用函数 $E_A(X,Y) + UE_A(X,Y) - C_A(X,Y) - \lambda_A E_B(X,Y) > UE_A(X,Y)$　(3)

也就是说,在 $E_A(X,Y) > C_A(X,Y) + \lambda_A E_B(X,Y)$ 情况下,合作意愿的函数才成立。这是因为,如果不满足(3)式的要求,说明合作所得到的期望收益还没有不合作状态下的高,在这种情况下,行动者会选择不合作,合作意愿为 0。

因此合作意愿的函数及其条件为:

$$\alpha = \frac{C_B(X,Y)}{E_B(X,Y) - \lambda_B E_A(X,Y)},且 E_A(X,Y) > C_A(X,Y) + \lambda_A E_B(X,Y) \quad (4)$$

上式中存在一个边界状态,即 $E_A(X,Y) = C_A(X,Y) + \lambda_A E_B(X,Y)$ 的情况。虽然这个状态不会发生,但对这个边界点的分析,可以提供更多的信息来帮助我们进一步认识合作意愿达成的条件。

---

① 参见王永钦译.〔瑞典〕乔根·W·威布尔著. 演化博弈论[M]. 上海:三联书店,2006 年 3 月:225.

当 $E_A(X,Y) = C_A(X,Y) + \lambda_A E_B(X,Y)$ 时,

$$\alpha' = \frac{C_B(X,Y)}{E_B(X,Y) - \lambda_B\left[C_A(X,Y) + \lambda_A E_B(X,Y)\right]}$$

$$= \frac{C_B(X,Y)}{E_B(X,Y)(1 - \lambda_A\lambda_B) - \lambda_B C_A(X,Y)} \qquad (5)$$

又因为 $E_A(X,Y) > C_A(X,Y) + \lambda_A E_B(X,Y)$,所以 $\alpha > \alpha'$,即 $\alpha'$ 是 $\alpha$ 的下边界。通过合作意愿的函数形式,可以对各要素对合作意愿的影响进行分析。

**一、各要素作用机制分析**

以下从 A 国的角度对合作意愿的影响因素进行解释。由于模型设计为对称性模型,因此,B 国的分析亦然。

1. 因合作所获的剩余收益。当 A 国在合作中获得较高剩余利益时,其合作意愿增大。从(4)式的合作意愿函数显示,$\alpha$ 是 $E_A(X,Y)$ 的单调增函数(一阶导数为正),即 $\alpha$ 随着 $E_A(X,Y)$ 的增加而增强。说明随着本国所获战略利益的增加,本国的合作意愿呈上升的趋势。

2. 因寻求合作所付出的成本。当 A 国寻求合作时所付出的成本越高,其合作意愿增大。从(5)式可知,$\alpha'$ 是 $C_A(X,Y)$ 的单调增函数(一阶导数为正),即 $\alpha'$ 随着 $C_A(X,Y)$ 的增加而增加,而 $\alpha > \alpha'$,结合两个条件,说明随着 A 国寻求合作时付出的成本越高,其合作意愿呈上升的趋势。这是由于 A 国因寻求合作成本付出了高成本,如果合作失败,则前期的付出就会转变为沉没成本。因此,当一国为合作付出高代价时,该国越希望双方的合作能够达成。

3. 对手国在合作中所获的剩余收益。在 A 国预期 B 国获得的剩余战略利益较高时,A 国的合作意愿下降。由(4)式可知,A 国合作意愿函数 $\alpha$ 是 $E_B(X,Y)$ 的减函数(一阶导数为负),当 $E_B(X,Y)$ 增大时,$\alpha$ 会随之减小。从现实意义看,有两种可能的情况:一是当对手国因合作获得的剩余战略利益增大,会使本国从合作中获得收益比例下降时,该国的合作意愿会降低;二是当一国在国际发展形势的判断中,认为合作为对手国带来的利益会使对手国的国际地位增强,甚至影响到本国在国际局势的影响力和控制力时,即使合作比不合作能为本国带来更多的利益,该国处于遏制对手国战略利益的目的,也会倾向于采取不合作的策略。

4. 对手国为合作所付出的成本。对手国 B 国为寻求合作付出的成本较高时,

A 国的合作意愿增大。由(4)式可知,$\alpha$ 是 $C_B(X,Y)$ 的增函数(一阶导数为正),当 $C_B(X,Y)$ 增大时,$\alpha$ 会随之增大。从现实意义看,这种关系解释为,当对手国为增进两国合作付出较多努力时,不但使本国感到合作的诚意,并更相信合作后将获得更大的收益,促使本国的合作意愿增大。

5. 本国对对手国产生的遏制影响。在预计 A 国所获得的战略利益对 B 国产生遏制影响时,会使 A 国的合作意愿增强。从 A 国的角度,遏制影响系数 $\lambda_B$ 指的是 A 国所获战略利益对 B 国的负面影响。由(4)式得出,合作意愿函数 $\alpha$ 是 $\lambda_B$ 的单调增函数(一阶导数为正)。即当预计本国所获得的战略利益对博弈对手国产生较大遏制影响时,表明合作不但能达到本国的战略目的,也能达到遏制对手国的效果,使本国的合作意愿更强。

6. 对手国对本国产生的遏制影响。从 A 国的角度,$\lambda_A$ 指的是 B 国所获战略利益对 A 国的负面影响系数。$\lambda_B$ 对 $\alpha$ 的影响不能确定。从期望效用的 $u_A(X,Y)$ $= E_A(X,Y) + UE_A(X,Y) - C_A(X,Y) - \lambda_A E_B(X,Y)$ 这一表示式来看,$\lambda_A$ 越大则 $u_A$ $(X,Y)$ 越小,期望效用越小,则合作意愿会降低。而从(5)式的表达式看,$\lambda_A$ 越大,$\alpha'$ 越大(一阶导数为正),而 $\alpha > \alpha'$,说明当 $\lambda_A$ 越大时,$\alpha$ 也越大。两个条件推出来的结论相互矛盾。因此,他国对本国产生遏制影响,对合作意愿产生的影响是不一定的。这也符合现实的情况,因为一国在与他国合作之前,会对对手所获的合作收益对本国的影响进行评估,当发现对手所获收益会提高他国的国际竞争力时,既可能愿意继续合作,也有可能中止合作,这与当时国家对局势的判断及阶段性的战略目标相关。

## 二、要素综合影响机制分析

上述合作意愿的构成要素中,本国因合作所获的剩余收益($E_A$)、本国因寻求合作所付出的成本($C_A$)、对手国为合作所付出的成本($C_B$)属于本国的经济收益;而对手国在合作中所获的剩余收益($E_B$)、本国对对手国产生的遏制影响($\lambda_B$)以及对手国对本国产生的遏制影响($\lambda_A$)属于本国的安全收益。两国经济收益与安全收益的综合作用有以下三种情况。

1. 两国的经济利益与安全利益一致。两国各自对所获得的经济利益与安全利益进行评估。当两国在本国因合作所获的剩余收益($E_A$)、本国因寻求合作所付出的成本($C_A$)、对手国为合作所付出的成本($C_B$)有增大的趋势,且对手国在合作中所获的剩余收益($E_B$)以及对手国对本国产生的遏制影响($\lambda_A$)在可控范围内，而本国能对对手国产生的遏制影响($\lambda_B$)时，经济利益与安全利益是一致的。此时，两国合作意愿的初始状态高于临界状态（D 点），状态会向合作点（C 点）演化。

2. 经济利益与安全利益不一致。与上述情况正好相反，当两国认为合作既达不到预期的经济收益，又不能实现各自的安全目标时，两国合作意愿的初始状态低于临界状态（D 点），则状态会向不合作点（O 点）演化，即趋向于不合作。

3. 经济利益与安全利益部分一致。上述两种情形是经济收益与安全收益同时对合作意愿产生同向作用力的情况。当经济利益对合作意愿产生正向影响，而安全利益对合作意愿是负面影响时，或者经济利益影响为负，安全利益影响为正时，将体现为两国在鞍点（D 点）的停留的状态。此时，两国将会对经济利益和安全利益进一步进行协调和谈判，当协商和谈判行动能实现经济利益与安全利益一致时，两国的状态会由鞍点向合作状态演化；当谈判破裂时，状态会由鞍点向不合作状态演化；也有可能两国状态长期在鞍点处停滞，体现出两国对合作达成期待以及对合作相对利益争取之间博弈。

# 第六章

# 中俄能源合作战略模式分类及选择

在前一章的讨论中,通过能源平衡合作战略博弈模型分析了中俄能源合作的演化路径。那么,此博弈模型中所包含的能源合作战略模式类型,以及演化路径所代表战略选择是怎样的? 在本章中,本书将从政府战略管理理论的角度,对中俄能源平衡合作战略博弈模型中所包含的国家层面(中央政府主导制定并实施)的能源合作战略模式及其选择进行分析。

在能源合作形成的条件的讨论中,合作意愿反映了一个国家对国内外环境和合作利益进行评估后,开展能源合作行动的倾向。本部分将进一步探讨两国合作意愿的相互作用形成不同的决策情境,并研究在不同决策情境下,能源合作战略模式的分类及选择。

## 第一节　能源合作战略决策的情境

### 一、能源合作战略决策情境分类

组织战略是随着环境而改变的,有时特定环境的改变会引起组织战略相似性的变化(Snow C. C. & Hambrick D. C. ,1980:527 – 538)。明茨伯格将这一观点的研究称为环境学派,认为环境是战略形成过程的中心力量之一。环境在战略形成的地位,不同学派的观点各有不同。在明茨伯格划分的战略形成的十大学派中①,无论环境对战略形成是核心力量抑或是影响因素,战略环境在战略形成过程中的

---

① 参见魏江译. 亨利·明茨伯格等著. 战略历程:穿越战略管理旷野的指南[M]. 北京:机械工业出版社,2012 年第 219 页.

作用总是存在的。迈尔斯和斯诺(Miles & Snow,1978:527 - 538)将战略视为组织对环境变动和组织内部管理的动态适应过程。[1] 纳特和巴可夫(Nutt & Backoff,1991)同样将公共部门的战略看作是公共组织对自身和环境相适应的过程。[2]

在中俄两国的能源合作中,双方合作形成是一个互动的过程。在前两章的讨论中,合作双方会就国际环境的影响及自身对合作所获战略收益的迫切性进行评估,对开展能源合作行动的倾向反映为"合作意愿"。因此,合作意愿包含了合作双方对自身内部条件和外部国际环境的综合判断和评价。

双方的合作意愿的相互作用会形成一个合作情境。国家为了促成合作,所采取的合作战略会因合作情境的不同而各异。国家对自身采取合作行动的压力和对方对合作的回应程度构成四种不同的情境(如图6 - 1),国家根据不同的情境,调整自身的合作战略,以促成能源合作状态。

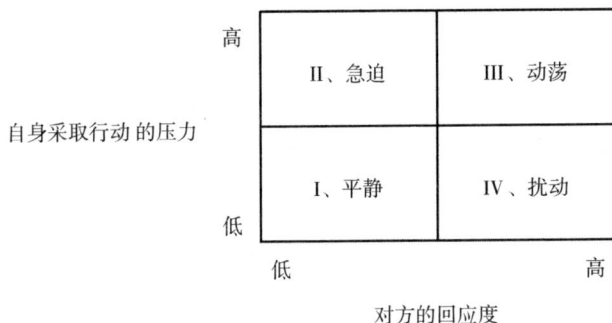

**图6 - 1 国家所处的决策情境**

第 I 象限是平静状态。在此情境下,双方的共同利益基础较为薄弱,合作带来的共同收益无法引起双方国家的兴趣,双方采取沟通行动不积极不频繁,双方的合作意愿都较低,整个互动的情境显示为平静的状态。

第 II 象限是急迫状态。在此情境下,双方的合作对本国而言具有巨大的战略价值,而对对方国而言,对其国家利益的增益程度并不足以引起对方国家的兴趣。互动情境表现为本国急切地希望开展合作,而对方却反应平平的状态。

---

① 参见方洁译.[美]雷蒙德·E·迈尔斯,查尔斯·C·斯诺著. 组织的战略、结构和过程[M]. 北京:东方出版社,2006 年第 3 页.
② 参见陈振明等译校.[美]保罗·C·纳特,罗伯特·W·巴可夫著. 公共和第三部门组织的战略管理[M]. 北京:中国人民大学出版社,2001 年第 3 页.

第 III 象限是动荡状态。在此情境下，双方都意识到合作对各自国家的国家利益产生重要影响，为合作利益的划分（即合作条件）不断地进行沟通和谈判。在谈判过程中，一方面不断地争取实现本国国家利益的最大化，另一方面考虑对方的接受程度不断地对自己的利益诉求进行调整，以期促成双方间的合作。因此，该互动情境表现为充满变化的动荡状态。

第 IV 象限是扰动状态。在此情境下，本国经过评估，认为合作对自身国家利益的增益并未达到必要的程度；而对方因合作会对其产生重大的战略价值而迫切希望与该国开展合作。对本国而言，由于对方国家的不断抛出的合作议题，会进行评估和采取适当的回应。因此，该互动情境表现为扰动状态。

### 二、低合作回应度的影响因素

当本国采取行动的压力大，且对方的回应度高（即双方合作意愿都很高）的情境下，双方才会就合作议题进行积极的互动、协调与谈判。因此，当自身采取行动的压力大时，提高对方的回应度对促成谈判十分重要。而对合作的低回应度可能受以下三个因素影响。

一是可选择的合作对象的数量。目前不管是中国还是俄罗斯，在选择双边合作对象时都具有多个可选择的国家。经过对多个合作对象的合作收益之间的对比后对合作对象进行选择，国家对未选为合作对象的备选国家的合作回应度自然而然会较低。从市场的角度看，波特（Porter，1979：,137 - 145）在其竞争战略理论中就指出面对多个购买者或多个供应商，决策主体的议价能力会增强，可选择的合作对象就越多。俄罗斯的能源面对着欧洲市场、中国市场、日本市场和韩国市场等多个市场，从价格方面考虑，销往欧洲与日本市场的价格最高，事实上俄罗斯也比较偏向将能源销往这两个市场。从国际政治的角度看，格里科（Grieco，1990：228）揭示国家偏好更多的合作者，多参与者可以提升国家获得收益优势的可能性。不仅是在能源贸易环节上，在能源产业链上的合作，国家间都存在着对合作对象的选择，对未被选择对象的回应度相对较低。

二是对合作成本的衡量，若合作成本过高，抵消了所获的战略利益时，对合作的回应度也会不高。以中俄天然气管线为例，俄罗斯因西线管线可利用其对欧洲的管线线路而比较偏向西线方案，而对中国而言，西线方案意味着中国东部用气仍需再通过"西气东输"线路。中国获得能源而付出的综合成本过高，因此更偏向于东线方案。对能源这一稀缺的战略资源而言,衡量合作的经济成本外,安全成本是重要的影响因素。杰维斯(Jevis,1978:167 - 214)分析了因对国家安全的担忧会增加国家间的合作成本,进而影响双方合作的可能性,包括担心合作者的背叛及担心合作者因合作而强大而危及本国的安全,都会降低国家对合作的对应度。

三是对合作收益的考量。一国若认为合作对其国家利益的增益程度未达到令其重视的水平时,对合作的回应度也会较低。对于能源这种关乎国家安全的战略资源,国家对合作收益的考量更偏重于是否有助于能源安全与国家安全。同时,由于国家能源合作最终是由能源企业进行实施,能源合作能够实现能源企业的发展战略并保证能源企业的长期收益是合作能够实现的微观动力。对俄罗斯而言,中国谈判的天然气价格始终达不到其期望收益;同样对中国而言,俄罗斯的油气价格高于中东油气的到岸价格。两国能源企业对利润要求有差距,导致能源合作微观实施主体开展合作的意愿不高。

事实上,对合作对象的选择与对合作成本的衡量,都是间接地对合作收益的评估。国际合作理论中将合作收益区分为绝对收益和相对收益,对哪种收益导致了国际合作的产生曾是国际合作理论的核心命题(Milner H.,1992:466 - 496)。绝对收益指的是国家因合作而带来的净收益;相对收益则指国家在合作中对合作收益分配中所占的比例(Grieco,1990:47)。在现实主义/新现实主义理论中认为,国家希望通过合作,总体上最大化他们自身的安全(绝对利益),并将他们的相对利益最大化(Powell,1991:1303 - 1320)。新自由制度主义理论则认为国家通过合作最大化他们的绝对收益,而不是相对收益(O'Neill,2004:149 - 175)。哪种收益最终导致了国际合作的产生虽尚无定论,但在合作战略制定过程中,不同的情境阶段,对两种收益的关注偏重程度将有所区别。

合作双方在面对合作对方回应度低时,有必要厘清对方回应度低的原因,针对性地选择合作议题,这将有助于国家制定和实施合作战略。


## 第二节 能源合作战略模式的类型


在战略问题的研究中,战略模式的分类方案揭示了战略类型与某些因素变化之间的关系,是战略理论化研究方法的体现。对战略较早的分类研究如钱德勒

（1962）认为企业战略是由企业长期基本目标决定的,并提出战略决定着组织结构的战略与结构的互动分析框架①。明茨伯格(Minzberg,1978:934 - 948)从组织的决策和行动对战略进行分类,将战略视为包含决策和行动的模式。而迈尔斯和斯诺(Miles & Snow,1978:546 - 562)的战略类型学理论阐述了一种企业战略的类型向另一种类型转变的条件,他们的战略类型学的研究得到了广泛的接受。这一方法不但在企业战略研究中得到广泛的应用,也应用于公共部门战略类型的探讨。纳特和巴可夫(Nutt & Backoff,1991)应用此类型学方法讨论了公共和第三部门组织所处环境相适应的各种战略类型②。

　　本书以国家采取行动的压力与对方的回应度两个维度所形成的四个情境象限中,将国家的能源合作战略划分为八种类型的模式(如图6 - 2所示)。

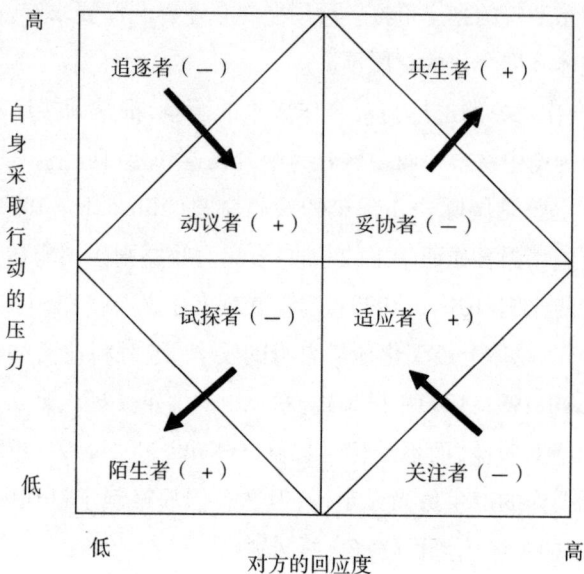

图6 - 2　能源合作战略类型

　　第 II 象限(急迫情境)和第 IV 象限(扰动情境),两国合作意愿有较大差距,

---

① 参见北京天则经济研究所等译.[美]艾尔弗雷德・D・钱德勒.战略与结构:美国工商企业成长的若干篇[M].昆明:云南人民出版社,2002 年第序2 - 3 页.

② 参见陈振明等译校.[美]保罗・C・纳特,罗伯特・W・巴可夫著.公共和第三部门组织的战略管理[M].北京:中国人民大学出版社,2001 年第72 - 82 页.

一方对双方合作的需求的急迫性明显高于另一方,因此合作战略则呈现一方主动,而另一方随之适应的特点。矩阵中对角线上的第 I 象限(平静情境)和第 III 象限(动荡情境),两国的合作意愿的差距并不显著,双方对合作的需求程度相当,合作战略会呈现共同努力(第 III 象限)或是尝试/观望(第 I 象限)的特点。

**一、追逐者战略**

在急迫情境中,两国合作意愿差距较大(处于第 II 象限的左上部分),即本国采取行动压力高,而对方回应度很低的情境。在这种情境中,本国在国内外环境的压力之下,迫切地希望能够与对方开展能源合作行动,频繁抛出合作议题,而对方却反应平平甚至是不感兴趣的状态。

在这一阶段考量的合作收益主要是合作能产生的绝对收益,对方回应度低反映了双方共同利益的不足。在该情境下,主要是合作产生的绝对收益并不足以吸引对方参与合作。绝对收益不足可能是由于可选择的合作对象较多,而经过对比和评估后,认为与本国开展合作收益并未达到其期望值,或是实现合作收益的成本过高,最后体现出合作意愿较低的状态。在这种情境下,合作压力高的一方将采用追逐者战略。

追逐者战略的战略目标是:发掘两国的共同利益,选择合作议题,并促使对方认识双方存在的共同利益对该国的国家利益的价值,吸引对方合作的兴趣。

结合能源合作影响因素的分析框架中的因素,可以从以下三个方面制定和实现追逐者战略。

首先,改变双方合作的国际环境。通过改变国际合作环境,提升本国在对方合作备选对象国家中的重要程度,或降低本国对对方国家的依赖程度。如中亚的土库曼斯坦、乌兹别克斯坦和哈萨克斯的天然气资源丰富,该地区是苏联的两大天然气产区之一,但其天然气的销售长期依赖俄罗斯。中亚的天然气大部分先卖给俄罗斯,再由俄出口至欧盟国家。销售渠道的单一性制约了中亚天然气的价格优势。中国—中亚天然气管道 A 线 2009 年 12 月 15 日投入运行,B 线于 2010 年 10 月 20 日投产,C 线于 2014 年 6 月 15 日通气。D 线于 2014 年 9 月 13 日开工建设,线路上除了连接土库曼斯坦、乌兹别克斯坦、哈萨克斯坦外,还首次途经塔吉克斯坦和吉尔吉斯斯坦,管线由中国与沿线各国合作兴建。中国—中亚天然气管道网的建成,改变了中亚能源出口格局,有利于中亚国家能源出口多元化,也丰富了中国的能源进口来源。使中国、俄罗斯和中亚的能源格局发生一定程度的改变。

其次,抓住因国际环境改变而产生的合作机会。国际政治局势的变化和技术的发展都可能会引发国际能源的合作环境的改变,国家将有意识地把握和并及时利用环境变化产生的机会,促进合作的形成。政治局势的变化如 2014 年 3 月份的克里米亚公投脱乌入俄,领土争端使俄乌之间的矛盾不可调和。美国与欧盟相继对俄进行制裁,欧盟作为俄罗斯的主要天然气市场量价齐跌,俄罗斯急需向东面的东亚市场拓展,为中国创造了扩大中俄能源合作的机会。技术的发展如页岩石气、页岩油技术的成熟,对现有能源生产国的实力地位、能源生产、能源生产国与消费国的关系,以及各国的行为都会产生影响(Kropatcheva,2014:1 - 10)。

第三,影响对方国家中影响合作决策的利益相关者的观念和行动。国家是由许多利益集团组成的决策行为体,中央政府、地方政府、各大能源企业等构成了能源合作的利益相关集团。不同的利益集团对能源合作的利益诉求不一样,中央政府从国家安全和国家利益的角度、地方政府从区域发展的角度、各能源企业从企业长期的发展以及企业利润的角度看待国家间的能源合作。一国需要在各个层次与对方国家开展沟通与接触,影响对方国家的利益相关者集团的态度,以利于推动合作进程。中俄能源合作中,在中央政府层面开展元首级的对话;与产油区的地方政府建立合作联系,如 2011 年 9 月底,中石化向俄罗斯乌德穆尔特共和国表达了其投资建设炼油厂的意愿,乌德穆尔特共和国主席也表示了欢迎;两国能源企业间开展能源产业链上的合作,如 2006 年初中国石油化工集团与俄石油公司从俄罗斯"秋明—英国(TNK - BP)"石油公司手中收购了俄罗斯乌德穆尔特石油公司(UDM)等等,通过不断影响利益相关者的观念、建立经济合作关系来推动合作进程。

## 二、动议者战略

急迫情境中,两国合作意愿差距相对较小(处于第 II 象限的右下部分),即表示本国采取行动压力较高,而对方回应度相对较低的情境。在此情境下,本国开展能源合作的愿望迫切,而对方国初步认识到双方共同利益的实现对其国家利益具有潜在的战略价值,但仍处于不积极的状态,需要合作意愿高的一方对合作的领域及合作议题进行动议的状态。

在这一阶段对方合作意愿与本国相比较显得偏低,反映了双方的共同利益对对方的吸引力尚不足。也就是说,对方虽然已经初步认识到双方存在共同利益,也认同合作对其国家利益的潜在价值,但合作的战略价值不太不明晰,或者对该合作所产生的战略价值的需求并不迫切。在这一情境下,越往左上的位置(即靠近追逐者战略的情境),则绝对收益不足以吸引对方,越往右下的位置(即双方的合作越趋于谈判的临界点),则相对收益对对方的吸引力更为重要。因此,在该情境下,对方国出现在合作谈判边缘徘徊,既认同共同利益,但对共同利益的追求并不积极的状态,合作进程在本国的主导下推动,即本国应采用动议者战略。

动议者战略的战略目标是:发掘共同利益中对对方国具有短中期战略价值或对方国家关注的长期价值的合作议题,促进双方合作谈判点的达成。

动议者战略中,改变双方合作的国际环境、抓住因国际环境改变而产生的合作机会,以及影响对方国家的利益相关者集团等措施仍然需要。除此之外,由于该阶段对方已经认同合作存在的战略价值,因此还可以从以下两个方面制定政策。

一是建设双边沟通协调机制。合作行动压力高的动议国家应该积极地建立双边沟通平台,形成常态化的沟通协调机制,为合作条件的达成创造条件。如在20世纪90年代,俄罗斯在建国后经济持续下滑,石油产量一直下降,1994年的年产量由1989年的3.5亿吨下降为3亿吨①,俄期望能够引入中国投资,与中国合作开发西伯利来的天然气。此时中国的能源压力并不突出,中国则较为关注中俄两国的经贸交流问题。俄罗斯因而积极地推进两国交流机制的建立,于1996年底在李鹏总理访俄期间,两国建立中俄总理定期会晤机制,每年举行一次会晤。进入21世纪,国际石油价格持续上涨,俄罗斯经济复苏,对欧盟的能源贸易使俄的经济实力大大增强,能源成为俄罗斯有力的经济增长引擎和外交武器。同时,中国随着经济的发展,能源消费压力越来越大。为保障国家的能源安全,中国的能源进口来源多元化战略也希望中俄能加强能源领域的合作。此时,变为中国更积极地建立两国的协商机制,2008年7月,在北京中俄启动了副总理级的中俄能源谈判机制,每年对能源合作议题进行磋商。

二是采用议题联系方式处理合作议题。将对方国关注领域的议题与本国希

---

① 数据来源:俄石油产量下降[N]. 人民日报,1995年5月3日第7版.

望合作的议题相联系,提出一揽子合作计划,形成优势互补的合作态势,吸引对方国的合作兴趣。如中俄两国元首每年举行会晤,磋商两国合作的相关问题,如2013年的《中俄关于合作共赢、深化全面战略协作伙伴关系的联合声明》中,深化合作的领域包括了国家安全、产业(包括了能源、交通、通信、农业),以及金融等领域。通过议题联系型的合作计划,扩大双方共同利益的基础,深化对方国家对双方合作价值的认识,提高其合作意愿。

### 三、关注者战略

在扰动情境中,当两国合作意愿差距很大(处于第 IV 象限的右下部分),此情境的特点与追逐者战略的情境相同,只是在扰动情境下,本国采取的压力很小,而他国的回应度较高。在此情境下,是本国在对合作的绝对收益考量时,认为双方合作所获得收益的战略价值不高,或是双方共同利益的实现对本国国家利益的增益没有足够的吸引力,或者虽然合作的利益虽然有利于本国国家利益的实现,但合作的成本过高,从而降低了本国参与合作的积极性。因此,在该情境中,本国宜采取关注者战略。

关注者战略的战略目标是:关注对方提出合作议题领域,评估两国的共同利益,尤其关注合作未来对本国产生的战略价值。具体的政策涉及三个方面。

一是评估合作领域未来的战略价值。扰动情境显示了该合作领域对本国目前并不具有太大的吸引力,但要对该合作领域未来的战略价值进行评估,以确定长期的合作行动计划。如 2003 年 6 月 26 日,英国与俄罗斯在伦敦达成了两国历史上第一个重大能源合作协议,英国石油公司分四年购买俄国 TNK 公司 50% 的股份,成立 TNK – BP(即秋明—英国)石油公司。该投资是当时俄罗斯境内最大的一笔投资合作协议。当时英国首相布莱尔表示,虽然英国能源进出口基本平衡,但预计 10 年后,英国将成为能源纯进口国,俄罗斯丰富的能源储量对英国而言具有十分重要的意义①。

二是关注国际环境的变化,及时把握合作机会。这往往是在扰动情境下,一国容易忽视的措施。这是因为此时合作领域的价值对国家而言并不明显,国家往往被其他更具现实价值的议题领域所吸引,未能对该合作领域的发展做好战略布

---

① 资源来源:刘桂山. 英俄签署能源合作协议[N]. 人民日报,2003 年 6 月 27 日第 7 版.

局,而错过合作时机。

三是关注各利益相关者集团对合作采取的行动。由于能源合作行为最终的实施主体是能源企业,在合作议题未上升到国家战略层面前,一般在市场利润的驱动下两国的能源企业会寻求相互的经济合作。中央政府需要从国家安全的视角关注企业层面的能源合作活动,当企业层面的合作显示出有助于国家利益的战略价值时及时将其提升至国家层面进行推动和合作,如1992年开始中石油与相关的俄能源企业探讨合作开采石油和铺设输油管道的合作问题,至1994年时在政府层面成立中俄油气合作领导小组;当发现有损于国家安全时,通过市场或非市场的手段对企业行为加以限制,如2003年3月俄国土资源部以生态环境为由否决了俄远东输油管线"安纳线"的方案;2006年9月18日俄罗斯自然资源部以"违反自然保护法"为由取消了日本三井、三菱等参与开发的"萨哈林2"石油天然气项目。

### 四、适应者战略

在扰动情境中,两国合作意愿差距相对较小(处于第IV象限的左上部分),在此情境的特点与动议者战略情境相似,只是在扰动情境下,是本国采取行动的意愿低于对手国的合作意愿。在此情境下,合作带来的绝对收益(越靠近关注者战略的情境)和相对收益(越趋于谈判临界点的情境)为本国带来的吸引力不足。因此,本国的合作意愿未能达到实施谈判的临界点。在此情境下,本国将采用适应者战略。

适应者战略的战略目标是:持续关注两国的共同利益,逐步发现双方合作的战略价值。识别并找准本国在合作中可获得的潜在价值,利用对方国对合作的迫切需求,争取谈判的优势地位。

在适应者具体实施措施中,除了要更加关注和评估合作领域的战略价值,关注国际环境变化把握合作机会,以及关注国内各利益相关者集团对合作采取的行动之外,还可恰当地应用议题联系的方式来拓展合作领域,为本国争取更多的合作利益。这是国家间谋求合作共赢的一种模式。但值得注意的是,在适应者战略中,所选择的议题合作领域若影响到对方国家的安全利益,可能无助于推进双方的合作。如20世纪90年代,俄罗斯在经济下滑无力扩大油气领域投资时,积极向境外寻找资金合作方,日本因其经济实力雄厚,成为俄罗斯寻求合作的对象之一。在20世纪90年代至21世纪初,日本一直坚持"政经不可分论"的合作原则,希望先解决日俄的领土争端后,再开展经济合作,效果甚微。

### 五、试探者战略

在平静情境中,两国对开展合作行动的意愿都相对不高。在接近合作谈判临界点(处于第 I 象限右上部分)的情形下,本国采取合作行动的压力不大,且对方国家对合作的回应度也不太高。在该阶段,预期双方的合作收益虽然有利于双方国家的利益,但由于双方对合作收益需求并不紧迫。需求并不急迫的原因有:合作收益尚未达到国家战略价值的高度,或是双方均有可选择的合作对象。但双方仍然存在着共同利益基础,因此国家可采用试探者战略推动双方向合作谈判的临界点方向发展。

试探者战略的战略目标是:创造合作环境,构建两国之间的共同利益基础,推动双方达到合作谈判的临界状态。

该阶段下,由于双方共同利益基础薄弱,或是双方均有可选择的替代合作的对象,合作对双方而言并不急迫,但合作又存在着潜在的战略价值,合作的战略措施由此具有试探性的特点,即尝试引起对方国家的合作兴趣。对本国而言,在该情境下,一方面本国采取行动的压力不高,因而合作战略具有关注者战略的特点;另一方面由于对方国家对合作的回应度也不高,对合作的态度也低于临界状态,因此本国为推进合作向临界状态演化,合作战略也具有动议者战略的特点。具体而言,在试探者战略的政策措施中,一方面关注国际环境的变化,评估双方合作的战略价值是否因环境变化而逐渐增强或突显,以便及时把握合作机会;另一方面尝试性地建立双边的沟通合作机制,开展其他领域的合作行动,在持续地沟通与其他领域的合作过程中,逐渐增强两国的共同利益基础,促进合作条件的出现。

### 六、陌生者战略

在平静情境中,在两国合作意愿都相对偏低(处于第 I 象限的左下部分)的情形下,此时双方的共同利益较少,没有形成合作的基础,双方合作对两国而言缺乏战略价值。因此,在该阶段,国家通常会采用陌生者战略。

陌生者战略显示出两国在该领域关系中的低联系状态。这种状态的出现由两种状态演化而来,一是由于两国在经济和政治等各个领域中尚未出现值得两国政府重视的交流合作行动,两国关系一直处于"陌生"状态;二是由于两国合作条件消失,两国在该领域的关系由互动状态转化为陌生状态。对于前一种陌生状态,只有在国际局势发生变化,两国出现合作机遇条件下,且该合作对某国或对两国具有重要的战略价值时,才可能引起一方或双方政府与对方国家开展合作行动的兴趣。而对后一种陌生状态而言,虽然两国共同利益基础薄弱,合作条件并不具备,但仍然可以通过其他领域的合作行动或是建立政府间的定期会晤机制,保持相互之间的互动交流关系,当合作机遇再次出现时,及时推进两国的合作关系。

### 七、妥协者战略

在动荡情境中,当两国合作意愿均超过合作的临界状态,但超过临界状态不太远(处于第 III 象限的左下部分)的情形下,表明本国与合作对手国已经就双方合作的绝对利益已经达成共识,即认为合作能够增强双方各自的国家安全利益。但是双方仍需要对相对利益,也就是就合作利益如何分配进行具体的协商。在这种情境下,为了能够推进合作的形成,避免因利益分配问题使对方的合作意愿跌出临界点,国家将采用妥协者战略。

妥协者战略的战略目标是:明确合作能够保障(或获得的)国家安全利益,在保障国家安全利益的基础上,对相对利益的分配进行适当地让步,以推进合作的实现。

该阶段双方一般已经进入合作的谈判进程中,就合作产生的收益如何分配进行。Grieco(1990:47)将合作收益的均衡分配视为促进合作的重要条件,认为在现实主义理论逻辑下,国家为了维持合作前的能力均衡,国家会为他们的合作者"让步",用于交换他们的期望报偿。国际关系的均势理论研究的学者认为,维持能力均衡(即均势)的目的是为了保证国际体系中的各国的国家安全(多尔蒂等,1971)①。因此,双方认同合作能保障和促进各自国家安全利益,且合作又能在近期内有效地改善各自国家的安全利益时,双方为了推进合作的实现,将各自对自身期望的相对收益进行妥协和调整,在不伤害各自国家安全利益的基础上,适当地向对方让渡相对收益。

### 八、共生者战略

在动荡情境中,两国的合作意愿都比较高,两国已接近合作状态(处于第 III

---

① 参见阎学通等译.［美］詹姆斯·多尔蒂等著. 争论中的国际关系理论(第五版)［M］. 北京:世界知识出版社,2013 年第 44 页.

象限的右上部分)的情形下,表明本国与合作对手国不但认同双方合作的绝对收益(国家安全利益),并且对相对收益分配的基本原则也达成了共识。在能源合作领域,两国之间的能源合作行动必须通过两国能源企业之间的合作行为实现。由于能源是关系国家安全的战略资源,因此不同国家之间的能源企业的合作行为在国家安全利益的约束下开展。从国家政府的层面看,当双方国家政府认同绝对收益,并对相对收益的分配的基本原则达成共识而签订国家层面的合作协议时,表明两国已经达到了合作的状态。但对企业层面而言,两国能源企业仍需对能源合作的具体领域商讨并签订企业合同。因此,在此情境下,国家应采取共生者战略来进一步保障合作行动的实现。

共生者战略的战略目标是:增强两国之间的共同利益基础,加深两国之间合作中的相互依赖,使合作能够长期持续。

能源与国家安全相关,大国之间的能源合作对国际政治格局产生重要影响。因此,即使是进行能源双边合作的两国家在合作过程中,也会不断评估能源合作对自身国家安全产生的影响,当发现合作对国家安全存在直接(如自身的能源资源安全受到挑战)或间接的(如能源合作提升合作国的国际影响力而影响本国的国际竞争力)负面影响时,国家倾向于终止合作行动。在实力均等的两个大国之间展开合作时,即使是超国家的权威机构也难以对国家间合作协议的履行展开有效的监督,难以对合作的背叛行动进行有效的约束与处罚,使得国家背叛能源合作行动的成本很低。在新自由制度主义的国际合作理论的研究中,认为缺乏机制透明和足够的监控会产生背叛及搭便车的行为,都会影响到国际合作的持续性(Baldwin,1993)①。

因此,在共生者战略措施中,促进合作的持续性是战略的核心议题。通过增强两国之间经济相互依赖关系,提高对手国背叛合作的成本,提高两国合作的长久性。新自由制度主义的研究成果表明,国家之间的互惠关系可以影响甚至重塑国家的偏好(Frieden,1999::39 - 76;Moravesik,1997:513 - 533;Krasner,2011:21302 - 21307),且相互依赖关系已经通过影响国内政治,包括司法规范、管理监督和政府行政等方面来影响国家决策(Jodan,Levi - Faur & Marin,2011:1343 -

---

① 在大卫·A·鲍德温编著的《新现实主义和新自由主义》(肖欢容译,浙江人民出版社,2001 年)的论文集中,阿瑟·斯坦的《协调与合作:无政府世界中的制度》以及罗伯特·阿克塞尔罗德和罗伯特·基欧汉的《无政府状态下的战略和制度合作》都论述过这一观点。

1369）。相互依赖关系,尤其是两国之间经济相互依赖程度的加深,一国在某领域对合作的背叛时,对手国可以通过其他经济领域的进行报复性惩罚,使国家背叛合作的成本提高。

此外,还可以通过增强对方国家的利益集团对合作的偏好来维护合作的持久性。如加深两国能源企业在能源产业链上的深度合作,或是增强与合作区域中地方政府的经济互惠关系,提高相关利益集团对合作的依赖,使其帮助维护两国之间的能源合作。但需要注意的是,利益集团对决策的影响程度与其在国内政治中的影响力有关(Farrell & Abraham L. Newman,2014:331 - 363)。

## 第三节　能源合作战略的选择

国家的能源合作战略将随着双方合作意愿构成的情境的改变而演变。图6 - 2 中所示的合作战略中,标有"—"号的不稳定的战略,"＋"号的是相对稳定的战略,箭头所示的是增加战略有效性的路径。结合前一章演化博弈模型的相位图结论,博弈演化模型也证明了战略选择路径的合理性,同时战略选择路径解释了演化博弈模型的演化路径的现实含义(如图6 - 3)。同时,从合作战略的选择路径也体现了向三个演化博弈稳定点演化的趋势。

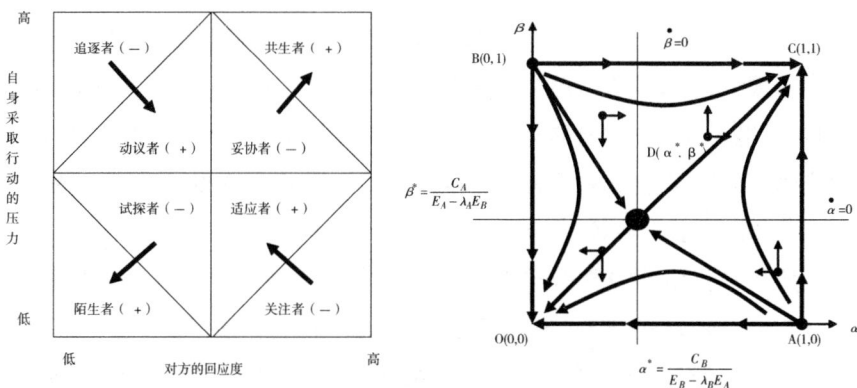

**图6 - 3　能源合作战略的选择**

### 一、向谈判临界状态（鞍点）转化的战略选择

在第 II 和第 IV 象限,都是两国合作意愿相关较大的情形。合作意愿高的一方对两国能源合作利益的需求紧迫,采取合作行动的压力高。因此,合作行动压力高的在战略措施上积极地为合作创造条件,如率先加大对两国能源合作基础设施的投资,提高对方对两国合作剩余收益(合作收益减合作成本)的预期;加强两国的经贸等领域合作关系,打造两国的共同利益基础等措施来增加对方国家的合作意愿。随着两国其他领域合作关系的加深,客观上会促进行动压力低的一方合作意愿的提高,合作战略的实施推动着两国在能源领域向合作谈判的临界点(鞍点)转化。因此,在战略选择上,表现为动议者战略和适应者战略成为较为稳定的战略选择。

### 二、向共生者战略（合作点）转化的战略选择

在第 III 象限,当两国的合作意愿均已达到了合作谈判临界点时,表明双方已经认同了两国的能源合作能保障各自的国家安全利益,为了促进该合作行动的实现,双方在相对利益的分配的谈判中不断地进行争取和妥协。而相互妥协的目的是为了能够推动合作,通过相互合作帮助双方国家各自实现自身的能源安全以及国家安全目标(即共生者战略目标)。因此,战略选择表现为妥协者战略向共生者战略演化。

### 三、向陌生者战略（不合作点）转化的战略选择

在第 I 象限中,两国的合作意愿都未达到产生合作的临界点,且双方合作意愿的差距不太大,表明双方能源合作能为两国带来的价值并未上升到国家战略价值的地位,不能引发两国政府的合作积极性。两国在开展试探性合作战略时若得不到对方国家的回应,而客观上自身采取合作行动的压力不高时,最后战略会演化为不主动的陌生者战略状态。

综上所述,当两国的能源合作满足合作条件时(详见第五章讨论),两国的能源合作战略会沿着箭头(图 6-3)向稳定状态的战略(合作谈判临界点、共生者战略和陌生者战略)演化。而同时,能源合作战略也会随着环境的变化而改变,当不满足合作条件时,稳定状态的战略合作点会发生改变,此时,需要在已改变的合作条件下讨论新的稳定状态的战略合作问题。

第七章

# 中俄能源合作战略：以油气合作为例

本研究在前面的章节中构建了能源合作影响因素的张力分析框架，并用模型刻画了中俄两国在博弈过程，并阐释能源合作战略模式受双方合作意愿影响而变迁的路径。本章应用前面构建的理论框架，以中俄的油气合作为例，验证中俄的油气合作战略随合作意愿变迁的过程。并应用能源合作影响因素的张力分析框架对现阶段中俄油气合作的环境进行分析，以此为基础形成未来的中俄油气合作战略。

## 第一节　中俄油气合作战略的演化

中俄能源平衡合作战略模型（第五章）与能源合作战略模式变迁模型（第六章）揭示了经济收益和安全利益的改变如何影响中俄能源合作的达成，以及经济收益和安全收益决定的合作意愿的变化如何引起能源合作战略改变的规律。本节基于上述的理论视角，分析中俄两国油气合作条件的变化过程以及双方油气合作战略的变迁历程。

### 一、中国油气合作条件的变化过程

从 20 世纪 90 年代至今，中国政府对俄开展能源国际合作的重视程度随着中国能源问题日益严峻而逐渐提升。

1. 2000 年以前：较小能源压力下的国际合作

1993 年中国石油的总消费量首次超过了生产量，中国成为石油净进口国。此时，政府层面重点关注的是煤炭的供给问题。而在企业层面已经迈出了油气对外合作的脚步。从 1991 年开始，中石油公司及其下属公司开始调研加拿大、俄罗斯、秘鲁、泰国、印度、蒙古、印尼、美国、委内瑞拉和巴基斯坦等国提出的石油勘探与开发的提议。[①] 1992 年，中石油的加拿大公司首次持股国外油田，并开采出了第一桶海外原油。

1993 年到 2000 年间，虽然中国对石油对外依存度逐年上升（如图 7 - 1 所示），但 2000 年前对外依存度都在 30% 以内，能源安全问题并不突出，中国在此期间国内石油供给压力尚未显现。

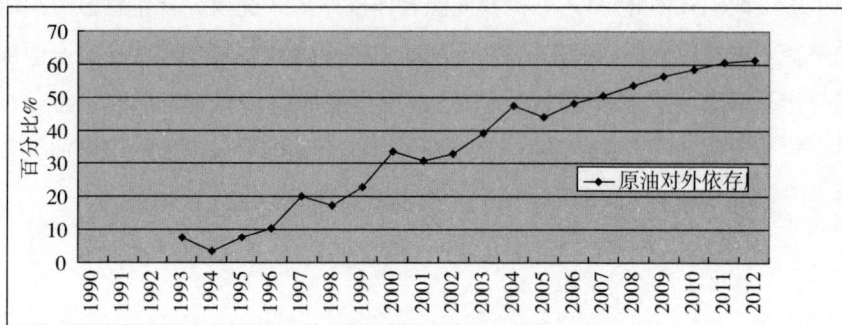

**图 7 - 1 中国石油对外依存度**

数据来源：作者根据 1992—2014 年《中国统计年鉴》中"石油平衡表"的数据计算而来。

在较小的国内供给需求压力下，中国能源企业寻求能源国际合作的对外合作取得了一些成果。如 1997 年，中石油签署了与伊拉克共同开发阿赫代布油田（Alahdab oilfield）的产品分成协议。同年，中石油获得了秘鲁塔拉腊油田（Talara）的权益油。在中俄合作上，1994 年到 2000 年，中国与俄罗斯不断地进行天然气合作开发及管道建设的谈判。但显然，中国此时的能源问题并不突出，且关注的重点还是在石油领域的合作上，俄罗斯则更偏重于与中国开展天然气领域的合作。因此，中俄两国的合作显示共同利益基础不足。而这一时期，中国与哈萨克斯坦

---

[①] 资料来源：[韩]白根旭. 丁晖等译. 中俄油气合作现实与启示[M]. 北京：石油工业出版社，2013 年：265.

的贸易具有很强的互补性，合作成果斐然。1997 年，中石油同意收购哈萨克斯坦的阿克纠宾石油公司（Aktyubinskmunai）的多数股权，新疆独山子炼油厂承担了这些权益油的炼制，并向哈萨克斯坦出口成品油。而同年，中石油还有计划投资中哈原油管道，并承诺开发哈萨克斯坦的乌津油田（这两项投资在中石油开展可行性研究后搁置）。1998 年至 2000 年间，由于国有石油公司的重组、亚洲的金融危机和海外投资的预算超支，中石油的海外投资才急剧下降。因此，这一时期的油气合作显示为企业利益的驱动。

2. 2000 年至 2005 年：能源压力初显后的国际合作

进入 21 世纪后，随着中国经济的进一步发展，中国的能源问题日益严峻。2002 年底时，能源短缺而造成的大面积停电时常发生，到了 2003 年能源供应不足成为中国经济的正常运行的瓶颈问题。2004 年与 2005 年，中国石油的总进口量已经与总生产量相当，石油对外依存度超过 40%，分别为 47% 和 44%（如图 7 - 1）。

这一时期，中石油与俄罗斯的石油公司对原油的贸易及石油管线的合作展开谈判。2000 年中石油下属的中国联合石油有限责任公司与俄尤科斯公司签订了 30 万吨的西西伯利亚轻质原油的购销合同。2003 年中石油与尤科斯公司签订了 600 万吨原油的铁路购销合同。2005 年，中国联合石油有限责任公司与俄罗斯石油股份公司签署了进口 4840 万吨原油的长期贸易合同。在管线谈判上，中石油与尤科斯公司的中俄原油管道（安大线）的谈判始于 1994 年，在 2000 年后谈判的进程开始加快。但到 2003 年，先是 4 月尤科斯公司与西伯利亚石油公司宣布合并为尤科斯—西伯利亚石油公司，同年 10 月原尤科斯总裁、尤科斯—西伯利亚石油公司的行政管理米哈伊尔·霍多尔科夫斯基被逮捕，由其主导的安大线被安纳线取代。2004 年 6 月，这两条管线之争，最终结束于俄东西伯利亚—太平洋原油管道（即泰纳线）方案。这期间的 2002 年，俄罗斯杜马还通过专门决议禁止中石油参与斯拉夫石油公司的收购，而该收购行动的成功会增加安大线谈判的成功概率。因此，在这一时期俄罗斯对中俄石油管线的修建并不急迫。

由于这一时期中俄原油管道谈判的受挫，而中国此时正实施"西部大开发战略"，中哈石油管线的战略意义就凸现出来。在 2001 年里，哈萨克斯坦在里海大陆架油气资源勘探中发现了更多的石油储量，此时国际油价开始攀升（此前该方案由于油年产量不足和国际油价低迷而搁置），在缺乏国际融资，融资压力巨大，且中石油公司与哈地方当局纠纷不断的情况下,中国重启被搁置的中哈石油管道的合作①。而此时,时任国家发改委能源研究所所长的周大地对斥巨资建设的中哈石油管线阿塔苏—阿拉山口—独山子管道能否达到饱和运量表示了担心。这显示出在此时的中国的能源国际合作中,对国家安全的考虑相较于项目的经济收益已更为重要。

这一时期中国逐渐意识到能源的国际合作可以通过协调政府、石油公司、外交渠道和贸易领域的行为来获得最大利益(白根旭,2013:267)。能源安全问题成为国家政府关注的问题,但能源的对外合作战略没有一个统一的部门进行指挥,而由国家发展计划委员会、国家经济贸易委员会和国土资源部共同担负石油工业对外合作的监督和指导工作。在2003年至2005年,为了应对日益凸显的能源安全问题,国家对能源管理机构进行了系列改革。2003年,国家撤消了国家经济贸易委员会,其职能分别整合到新设立的国有资产监督管理委员会(即国资委)、国家发展和改革委员会员(即发改委)和商务部等部门,并在发改委下成立能源局,强化政府在能源政策的制定和能源领域的监督管理。油气资源显现其在国家经济中的战略地位。但正司级的能源局对能源行业的监管作用有限②,且改革后能源工业的多头管理并未消除(相关管理由发改委/能源局、国资委、国土资源部和商务部承担)。为了更好地统筹协调能源重大问题,2005年国务院批准成立国家能源领导小组,国务院总理温家宝担任,并在发改委单设国家能源领导办公室,作为能源领导小组的办事机构,负责能源战略和规划及相关政策的制定③。国家能源领导小组的主要任务是通过海外油气资源的合作来确保能源安全④。政府系列的改革举动也显示出这一时期石油的国际合作已经上升为国家战略的高度。

---

① 资料来源:中华人民共和国政府和哈萨克斯坦共和国政府联合公报[N].人民日报,2001年9月15日第2版.
② 2003年成立的能源局是正司级,但其监管对象,如中石化、中石油、中海油、国家电网、中国神华等大型能源企业都属于正部级单位,还有许多发电企业也是副部级,因此,其监管有效性曾引起争议。
③ 资料来源:国务院.国务院关于成立国家能源领导小组的决定(国发[2005]14号)[EB/OL]. http://www.gov.cn/gongbao/content/2005/content_64262.htm,2005/5/13.
④ 资料来源:[韩]白根旭.丁晖等译.中俄油气合作现实与启示[M].北京:石油工业出版社,2013年:142.

3. 2006 年至 2012 年:能源安全下的多种形式的国际合作

2006 年中国石油的进口量首次超过了生产量,2007 年中国石油对外依存度达到了 51%,2012 年则上升至 61%(如图 7-1),石油进口量达到生产量的 1.6 倍(详见第一章表 1-4)。油气安全已经成为国家安全的重要构成。在能源安全的国家战略与企业发展战略的双重驱动下,中国的能源企业加速了海外的扩张,并且国际合作的形式也开始多样化。尤其在 2008 年金融危机后经济衰退期时资产价值较低时,中国的油气企业加速了全球收购的步伐,并采用"贷款换石油"的方式为许多缺乏资金的国家提供贷款。2008 年至 2010 年,中石油、中石化和中海油的对外贷款额占到这三家公司总投资额的 70%。同时,这一时期能源合作形式更加多样化,并购的类型也从收购石油上游资产扩展到石油行业的下游公司和石油服务业。并购的区域涉及中东(伊拉克、科威特、叙利亚)、非洲(安哥拉、尼日利亚)、亚洲(哈萨克斯坦、新加坡)、欧洲(俄罗斯、西班牙、瑞士、挪威等)、北美(加拿大、美国)、大洋洲(澳大利亚)。2009 年和 2010 年的投资重点则在拉丁美洲(阿根廷、巴西、厄瓜多尔)地区。[①]

从图 7-2 中国石油主要进口来源地的统计可以看到,80% 以上的石油(除了苏联地区外)是通过海上运输进口至中国的。海上石油运输具有高风险性质,增加了能源安全问题的复杂性。因此,对中国而言,能够实现陆上油气运输的中亚和俄罗斯地区的能源合作更具战略性,更希望进一步扩大与中亚和俄罗斯地区能源合作成果。

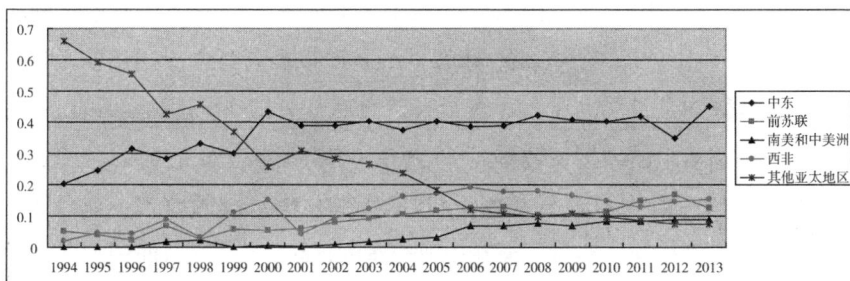

图 7-2 中国石油主要进口地分布

资料来源:作者根据《BP statistical review of world energy》1995 年至 2013 年各期整理。

---

[①] 资料来源:[韩]白根旭. 丁晖等译. 中俄油气合作现实与启示[M]. 北京:石油工业出版社,2013 年:267-270.

中哈石油管道在改变中国和俄罗斯在中亚地区的能源实力格局上起着非常重要的作用。中哈石油管线在 1997 年提出时因运量不足而被搁置,在 2004 年时重启,一期工程工程阿塔苏—阿拉山口于 2006 年 5 月全线贯通。2007 年 8 月中哈原油管线中中哈原油管道二期工程肯基亚克—库姆克尔开始建设,2009 年建成投产,使中哈石油管道的年输油从 1000 万吨增加到了 2000 万吨,西起哈萨克斯坦里海地区,途经阿克纠宾,至中哈边界阿拉山口,贯通了哈萨克斯坦西部到中国新疆的石油运输线路。中哈原油管线一直存在哈石油无法满足该石油管线运力的问题,不足的部分哈萨克斯坦通过进口俄罗斯的石油补足。中哈石油管线不但打破了俄罗斯在中亚能源唯一过境国和买家的垄断地位,而且对中国与俄罗斯的能源合作谈判的格局产生了重大影响,削弱了俄罗斯在对中亚与中国的能源合作行动中的谈判实力。

除了中哈原油管道外,另一条打击俄罗斯在中亚地位的管线是中国—中亚天然气管道。中国—中亚天然气管道的动议始于 1993 年,当时中石油、日本三菱公司以及土库曼斯坦政府探讨修建土—中—日天然气管线的计划,1996 年项目的可行性研究报告结果是由于储量问题项目不可行,此项目因此被搁置。2003 年至 2005 年,土中两国又开始了上游开发领域的合作,中石油证实了土库曼斯坦的阿姆河右岸蕴藏着丰富的油气资源,两国的天然气管道项目得以重启。管道于 2007 年开工建设,2009 年底竣工。该管线起点在土库曼斯坦与乌兹别克斯坦边界的乌国境内,经过哈萨克斯坦,在中国新疆的霍尔果斯入境。这一管线与中国的西气东输二线相连,在中国境内经新疆、湖北、浙江,向东抵达上海,向南经广州,最终抵达香港。该管线是目前世界上距离最长的天然气管线,将土库曼斯坦、乌兹别克斯坦和哈萨克斯坦的天然气输送到中国来。在中国与中亚地区的天然气合作中,中国采用开发气田且修建管道,参与权益天然气的分配的形式进行合作。中国—中亚天然气管线同样对俄罗斯在中亚的垄断地位产生冲击,使中亚各国的天然气出口更具自主性。

这一时期中俄石油管线的合作取得了进展。俄罗斯在中俄石油管线的方案选择中充分体现了其对国家安全利益的考虑,选择了东西伯利亚—太平洋管线(即泰纳线),这条管线既可以避免安大线方案的安全风险(即俄罗斯依赖中国这一唯一的买家),又可以增强俄罗斯在亚太市场的影响力(面向中国、日本和韩国供应原油),同时通过这一管线的建设加快俄罗斯东部经济的增长,以抵制中国在俄东部地区的影响力（该地区的中国移民不断增加）(Trenin,2002:204-213)。对俄罗斯东部地区战略价值的重视也反映在俄罗斯 2009 年发布的《俄罗斯 2030 年前能源战略》中，能源战略中提到要增加亚太国家的能源出口比例,大力发展东西伯利亚及俄远东地区的石油化工和天然气工业,并增加该地区的开发,吸引人力资源(Gromov,2010)。东西伯利亚—太平洋管线于 2006 年 4 月开工建设,2008 年11 月正式交付使用后,俄罗斯西伯利亚的石油在该管线的终点斯科沃罗基诺通过火车运输至海边港口,然后通过油轮出口到亚太国家。此时正值 2008 年金融危机,俄罗斯公司面临严重的融资问题。2009 年中国以"石油换贷款"的形式向俄提供 250 亿的贷款,来换取俄罗斯的石油。2009 年 4 月和 5 月,东西伯利亚—太平洋管线的中国延长线相继在俄罗斯的斯科沃罗基诺与中国黑龙江漠河开工,2010 年 9 月全线竣工,2011 年 1 月 1 日正式投入运营。通过该管道,俄每年对华输送 1500 万吨原油,为期 20 年。这条石油管线对俄罗斯实现出口多元化,利用亚太市场平衡西向的欧洲市场起着关键作用。俄东西伯利亚石油有可能因此成为亚洲石油的定价标准。对中国陆上石油运输线的战略布局和降低因海上石油运输带来的能源安全风险也具有重要作用。

相比中俄石油领域合作取得的成果,这一时期中俄在天然气领域在管线方案选择以及天然气供应价格上无法达成一致。俄罗斯在管线方案上更倾向于西线阿尔泰线,因为该方案使俄在天然气西向供应上更具灵活性,但西向的管线方案中亚的天然气管线方案对中国更具吸引力。俄罗斯希望出口的天然气使用国际市场价格,而中国则坚持以煤炭价格为基准进行谈判。这些分歧到2012 年底依然严重,反映了中俄两国天然气合作在安全利益和经济利益上的不一致。因此,这一时期中俄油气合作体现了对国家安全利益和合作经济收益的权衡。

面对复杂的国际能源环境及更加严峻的能源安全问题,中国政府对建立统一集中的能源管理体系的需求更加强烈。但涉及国家部委权限的重新划分,以及政企间的博弈问题复杂,一体化的管理体系的建立需要逐步推进。2008 年,国务院批准成立副部级的国家能源局,仍由国家发改委管理,职责包括从事能源发展战略规划、能源行业管理、管理国家石油储备及开展能源国际合作。这样的改革设置仍不能适应能源管理的需求。2010 年 1 月,国务院决定成立国家能源委员会来加强能源战略决策和统筹协调,温家宝为主任。

新组建的能源局及国家能源委员会在政府中的地位均高于 2003 年至 2005 年国家能源局和能源领导小组,也反映了能源问题在中国经济发展过程中重要性与日俱增。

### 二、俄罗斯油气合作条件的变化过程

1. 2000 年以前:在摆脱经济衰退的压力下寻求国际合作

苏联解体后,俄罗斯继承了其主要的经济与军事实力。1992 年至 1999 年,俄罗斯陷入了长期的经济衰退期,使得国内资金严重匮乏。同时其处于经济制度改革期,能源产业的管理混乱。原本在苏联时期颇具竞争力的能源产业,在俄罗斯建国初期严重衰退。由于资金缺乏,能源勘探规模减小,能源产业技术落后,这一时期俄罗斯能源合作战略的主要焦点在于如何引进外资解决能源产业建设资金缺乏,促进能源产业和经济复苏上。1992 年的《俄罗斯在新经济条件下能源政策基本构想》以及 1995 年的《俄罗斯能源战略基本原则》中提出了打破能源产业垄断,进行国有企业的私有化改革,并鼓励吸引外国投资弥补俄罗斯资金不足,使能源产业获得建设资金重获发展(陈小沁,2006:30 - 44)。

为了吸引外资,俄政府出台了一系列的法律。如在 1995 年出台了《产品分成协议法》,该法为他国公司来俄投资奠定了法律基础,明确了产品分成模式的基本原则和框架,有效地保障投资者的投资权利。俄罗斯的联邦共和国也颁布相关的石油天然气法规,来管理油气产业运行中出现的各种关系,为外资与当地的合作提供法律依据。1991 年颁布的《外国投资法》以及 1999 年新修订《俄罗斯联邦外国投资法》都突出了对外国投资者利益的保护(朱显平,李天籽,2006:156 - 158)。

在 1992 年至 1999 年间,外国公司以建立合资企业,或者以合作经营项目等形式在俄罗斯开展能源合作活动,外资主要来自美国、加拿大、英国、日本等 17 个国家,其中三分之一的合资企业是与美国和加拿大合作建立的。该阶段俄罗斯与中国能源合作关注的重点各不相同,俄罗斯较关注天然气领域的合作,而中国对原油合作更为关注。因此,该时期两国油气合作的关注重点不同,共同利益基础薄弱,合作行动基本停留在意向阶段。

2. 2000 年至 2012 年:寻求国家利益最大化的能源合作

在 1998 年金融危机时,国际油价(WTI)下跌至 1977 年的水平,只有 14. 39 美元/桶。而到了 2000 年普京就任俄罗斯总统时,国际油价已经上涨至 30. 37 美元/

桶。① 油价上涨使俄罗斯的国家收入增加,2005 年至 2006 年俄大规模地提前偿还外债,如在 2005 年俄提前偿还了巴黎俱乐部 430 亿美元总债务中的 150 亿美元的债款②,2006 年则提前还清了对该俱乐部的全部债务③。

2007 年底俄罗斯的外债占 GDP 的比重仅为 5%④,其外汇储备达到 4451 亿美元,在中国与日本之后,排在第三位⑤。在进入 21 世纪后到 2013 年间,除了 2008 年金融危机后的 2009 与 2010 年国际油价有所下跌外,油价均处于不断上涨的态势,世界能源安全问题也日益严峻。这一时期,俄罗斯充分运用油气资源作为国内政治和国际外交的武器,寻求国家利益的最大化。

2000 年开始,俄总统普京采取系列手段,通过打击俄罗斯的石油巨头来实现国家对油气资源的绝对控制。2004 年 12 月,当时俄罗斯第二大石油公司尤科斯宣告破产,国有俄罗斯石油公司最后在事实上收购了该公司的资产,超过了民营的鲁克石油公司,由原来的第八位变为俄罗斯第一大石油企业。随后以同样手法,俄政府在 2007 年实际控制了民营的罗斯石油公司⑥。在俄罗斯石油公司成为俄第一大石油企业后,俄罗斯政府有能力对外国资本在俄油气行业的投资进行干涉。

2006 年,针对无俄罗斯本国资本的萨哈林 2 号项目(出资方为荷兰壳牌公司、日本三井物产和三菱商事株式会社),俄罗斯政府利用该项目增加投资的要求以及环境问题,使俄罗斯天然气工业股份有限公司(以下简称俄气公司)在 2007 年成功地介入了该项目,排斥了外国资本,以 51% 的股份成功获得了项目的主导权。而同年,俄气公司又成功地获得了萨哈林 1 号项目(美埃克森美孚石油公司、日系企业、俄罗斯石油公司和印度国有石油企业的合作出资),以及科维克金天然气田(俄英合资 BP—秋明公司)的控制权。在此过程中,俄对外国资本的态度非常明确,即利用外国的资金和油气开采和加工技术,但绝对控制油气产品的所有权。由此可见,国外企业想通过对俄罗斯油气田的投资获得份额油气是非常困难的。

---

① 数据来源:BP 石油公司《Statistical Review of World Energy 2014》,第 15 页。
② 数据来源:卢涛. 俄提前偿还巴黎俱乐部债款[N]. 人民日报,2005 年 8 月 23 日第 7 版.
③ 资料来源:于宏建. 俄罗斯踏上发展新起点[N]. 人民日报,2006 年 12 月 27 日第 7 版.
④ 数据来源:高际香俄罗斯外债问题[J]. 俄罗斯中亚东欧研究,2008(1):49 – 55.
⑤ 资料来源:[日]木村泛著. 王炜译. 黄晓勇译审. 普京的能源战略[M]. 北京:社会文献出版社,2013 年:33.
⑥ 资料来源:[日]木村泛著. 王炜译. 黄晓勇译审. 普京的能源战略[M]. 北京:社会文献出版社,2013 年:9 – 13.

国际油气巨大需求和油价上涨,油气行业是典型的卖方市场。而俄罗斯政府的强硬也使外国能源巨头难以操控俄罗斯境内的油气合作。这使得俄罗斯在对外油气合作中可以充分权衡,寻求国家利益最大化的方案。中俄的石油和天然气管线以及贸易的谈判就在这样的背景下进行。

中俄石油管线的"安大线"方案早在 1994 年开始提出,其后一直没有得到进一步推进。2000 年 7 月普京访华期间,签署了该项目进行可行性研究的备忘录。但随后,日本为了推进俄日北方领土问题的解决,对俄罗斯的太平洋路线"安纳线"方案表示出极大的支持,出现了"安大线"与"安纳线"的竞争局面。2002 年底,俄罗斯禁止中石油参与斯拉夫石油公司的收购,该公司拥有东西伯利亚石油开采权,可以成为"安大线"管线方案的油源;2003 年俄政府与尤科斯公司的矛盾凸显,该公司是"安大线"的主要支持方。2003 年 3 月,俄政府宣布选择"安纳线"方案,但同时保留修建至中国大庆支线的方案。2004 年 12 月,考虑到石油管线对俄罗斯贝加尔湖环境的影响,最终确定泰舍特至纳霍德卡的"东西伯利亚—太平洋"石油管线方案,并修建"斯科沃罗季诺—大庆"的支线。在这一方案的确定过程中,俄罗斯充分利用了中日之间的竞争,最后确定为可以兼顾亚太市场的方案,在该项目实现了俄罗斯利益的最大化。这条管线的一期工程"泰舍特—斯科沃罗季诺"段于 2005 年开工,中国支线在 2009 年 4 月开工建设并于 2010 年 9 月竣工,11 月 1 日开始向中国供应石油。

中俄天然气管线的建设中,俄罗斯同样表现出对中国、日本、韩国三大市场的权衡,以及对项目主导权的控制。对亚太市场的兼顾方面,1999 年以前,俄罗斯就东线天然气管线分别同中国与日本进行了磋商。1999 年开始,俄确定由中俄韩共同投资建设该管线项目。对项目主导权的控制方面,中俄天然气东线项目的气源之一的科维克金气田由俄罗斯石油开发公司所拥有,而秋明—BP 公司占有该公司 62.8% 的股份。为排挤 BP 公司的资本,2004 年 1 月 29 日,俄天然气工业公司的总裁米勒对外宣布,科维克金项目不符合俄罗斯国家战略利益,阻挠该气田的天然气出口。2007 年秋明—BP 公司最终将所持有的俄罗斯石油开发公司的股份全部转让给俄天然气公司。转让成功后不久,俄政府便宣布计划将该气田的天然气出售给中国和韩国。东线项目原定的另一个气源萨哈林 1 号项目遭遇同样的经历。该气田由美、日、俄、印四国资本共同投资,美孚石油公司和日系企业各占 30% 股份,罗斯石油公司和印度国有石油企业各占 20%。因此,该项目虽有俄罗斯国内资本,但不具备主导权。2006年3月虽然萨哈林项目与中国签订了供气备忘录,但俄政府不允许该项目铺设管道,中国想通过美孚石油公司从萨哈林—1号项目购买俄天然气的计划不能实现。由于中国与中亚的油气合作在这一时期同时开展并取得相当的成果(中哈原油管道和中国—中亚天然气管道相继建成),中俄双方各自寻求国家利益的最大化,在这一历史时期的天然气领域合作停留在谈判阶段。

### 三、中俄油气合作战略变迁分析

(一)2000年以前:(俄)动议者——(中)适应者战略

2000年以前,国际油价低迷,俄罗斯经济除了1997年和1999年两个年度,其余年份的GDP都处于负增长。与此同时,中国经济蓬勃发展,GDP年增长率都在7.5%以上(如图7-3)。这个阶段,俄罗斯急需引进外国资本投资油气工业。而此时,中国的石油对外依存度在30%以下,能源问题并不十分突出。这个阶段,两国的能源企业在经济利益的驱动下,在国际上寻求能源合作。

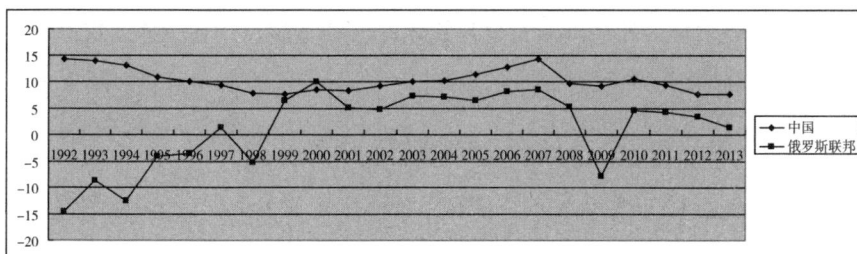

图7-3 中俄GDP年增长率对比图

资料来源:世界银行数据库。

从前部分的两国能源合作的条件分析看,俄罗斯此时对能源合作的压力相对于中国而言要大,而中国此时的能源问题初显,也认识到中俄油气合作的重要意义。俄罗斯对促成油气合作的意愿更为强烈。从1992年至2000年的合作历程看,1992年俄罗斯首先邀请中国油气专家访问莫斯科探讨两国在石油开采领域合作前景;1996年在俄总统叶利钦访华期间,也是俄罗斯首先提出中俄原油管道建设的议题。中国认同两国合作的战略价值,积极地对俄罗斯的合作提议进行回应。因此,此阶段俄罗斯采用动议者战略,而中国采用适应者战略开展合作行动。

但此阶段,俄罗斯从自身的需求出发,重点围绕天然气相关领域提出合作的议题,而中国此时更关注的是石油领域的合作议题。因此两国在该阶段无法对油气合作领域的共同利益达成共识,两国的油气合作始终停留在就各种合作议题表示意向性认可的阶段。

(二)2000年至2005年:(俄)适应者——(中)动议者战略

2000年开始,随着国际油价的攀升,俄罗斯的油气出口为其带来丰厚的财政收入,国家经济也由此复苏。2005年和2006年共提前偿还了70%的巴黎俱乐部债务。且经过普京政府对油气巨头的一系列行动,俄罗斯实现了对本国油气资源的绝对控制权,也不缺乏国际油气合作伙伴。如日本和韩国,对太平洋油气管道的修建都表示出强烈的兴趣。此时,俄罗斯对中俄油气合作意愿并不紧迫,在项目合作伙伴的选择上,更是反复权衡,以寻求经济利益和国家安全利益的最大化。

与此同时,对比该阶段的中国,2003年能源短缺时常引起的大面积停电,石油的对外依存度在2004年时达到了47%,能源问题日益严峻。2004年中国正式规划建设国家战略石油储备基地①,并积极寻求战略石油储备的国际合作。此时,中国对油气的国际合作更多地开始从国家安全利益考虑,积极扩大与中亚地区的石油合作。但从提供能力来看,获得俄罗斯油气资源的供应,对中国的能源安全保障更具战略价值。因此,该阶段中俄油气合作中,中国采取油气合作行动的压力高于俄罗斯。

从两国该阶段的合作历程来看,此阶段中国采用动议者战略,而俄罗斯采用适应者战略。从签订的战略合作文本的内容来看,此时中俄就石油管道建设、原油贸易、油气田的开发等领域展开了谈判工作。但此时,与中国进行油气谈判的主要企业有:与尤科斯石油公司进行石油管道和原油贸易的谈判,与秋明—BP石油公司进行科维克金天然气开发的可行性研究,与萨哈林—1投资集团(美孚石油公司控股)谈判天然气的供应。这些都是俄罗斯计划收回控制权的项目,因此其合作都受到俄罗斯政府的阻挠。

可以看出,这一阶段中国意图推动的油气合作项目,在俄罗斯政府看来会对俄国家安全产生不利的影响,这些项目虽然符合能源企业的经济利益的追求,但在国家安全利益矛盾的情况下,无法实现合作也是容易理解的。

---

① 资料来源:政协委员刘德树在2004年3月5日全国政协十届二次会议分组(经济组)讨论发表《保障国家石油安全》的发言[N].人民日报,2004年3月5日第7版.

(三)2006 年至 2012 年:(俄)试探者——(中)试探者战略

2006 年至 2012 年期间,俄罗斯政府先后了收购尤科斯公司、获得萨哈林—1 和—2 号项目,以及科维克金项目的主导权。一系列举措更有利于俄罗斯政府对俄国内的油气资源实施有效的控制。俄罗斯政府在这一阶段,在选择油气合作伙伴时,充分权衡国家安全利益和经济收益(如泰纳线的确定),实现俄罗斯在油气合作项目中的利益最大化。

对中国而言,虽然期待与俄罗斯的油气合作项目能够得到进一步推进,但也意识到与俄罗斯达成合作协议的难度,在继续与俄罗斯展开油气协商的同时,利用中亚地区的国家期望实现油气出口多元化的契机,积极与中亚地区国家开展油气合作。中哈原油及中国—中亚天然气管道的建成极大影响了中俄两国在中亚地区能源实力格局,缓解了中国在中俄油气合作中的行动压力。

因此,中俄两国在此阶段均采用了试探者战略。一方面积极地改变合作环境,增强自身谈判实力;另一方面,积极地建设双边合作沟通机制,如 2008 年成立副总理级能源合作协调机制(现称能源合作委员会),增强交流;与此同时,双方都密切关注国际环境的变化,及时把握出现的合作机会,促成合作项目(如中俄石油管线的建成和运营)。

中俄油气合作战略的演化分析中可以看到,两国对经济利益与国家安全利益的权衡,使国家对油气合作产生不同的合作意愿。这些合作意愿反映了两个国家开展合作行动的相对压力,在不同的合作意愿情况下会采用不同的油气合作战略,以实现各自的经济利益与安全利益目标。

# 第二节   中俄油气合作环境分析

环境分析是战略制定前的重要环节。第四章中构建了合作环境的张力分析框架,可以成为识别国际合作环境中机遇和挑战的分析工具。本节应用这一工具,分析近年来国际环境的变化对中俄能源合作产生的影响。并以此为基础分析中国在这些影响中所拥有的优势和劣势,以及面临的机遇和挑战(即进行 SWOC 分析),为中俄油气合作战略的制定提供依据。

### 一、中俄油气合作环境因素识别

（一）国内市场因素

1. 国内能源市场供需状况

2013 年中国能源总消费量为 37.5 亿吨标准煤，总生产量为 34 亿吨标准煤[1]，能源自给能力为 90%。根据国务院 2014 年 11 月颁布的《能源发展战略行动计划（2014—2020 年）》中的战略（以下简称《能源行动计划》），到 2020 年，一次能源消费总量控制在 48 亿吨左右，国内一次能源生产总量达到 42 亿吨标准煤，能源自给能力保持在 85%。[2] 未来五年，中国的能源供需情况从数量上依然紧张。

表 7-1　国内能源市场 2013 年与 2020 年（计划）对比

| | 2013 年 | 2020 年计划 |
|---|---|---|
| 能源总消费量（亿吨标准煤） | 37.5 | 48 |
| 其中，煤炭 | 24.75 | 42 |
| 石油 | 6.9 | NA |
| 天然气 | 2.18 | 4.8 |
| 能源总生产量 | 34 | 42 |

数据来源：《中国统计年鉴 2014》及《能源发展战略行动计划（2014—2020 年）》

2. 能源市场盈利情况

（1）天然气市场

2014 年，中国天然气液化天然气主要从澳大利亚、印度尼西亚、马来西亚及卡塔尔四国进口，以 2014 年 4 至 6 月份华东某码头的进口价格为例，约为 118 元/GJ（10 亿焦耳）；管道天然气来自于中国—中亚天然气管道的土库曼斯坦、哈萨克斯坦和乌兹别克斯坦三国，到岸价格约为 2.4 元/立方米[3]。对比表 7-2 的国内天然气的销售价格可知，长期国内外市场天然气价格的倒挂使得中石油的天然气业务亏损。

---

[1] 数据来源：中国统计年鉴 2014—能源生产总量及构成、能源消费总量及构成[DB/OL]. 国家统计局网站，http://www.stats.gov.cn/tjsj/ndsj/，2015/2/28.

[2] 国务院办公厅. 能源发展战略行动计划（2014—2020 年）[EB/OL]. 中国政府网，http://www.gov.cn/zhengce/content/2014-11/19/content_9222.htm，2014/6/7.

[3] 数据来源：王力凝. 天然气三成靠进口[N]. 中国经营报，2015 年 2 月 9 日第 A06 版.

中俄 2014 年 5 月签订的天然气购销合同价格约为 350~400 美元/千立方米，高于中亚天然气供应价格，且俄方坚持与油价挂钩的原则，未来的供应价格并不确定。中俄天然气管道建成后，年进口量 380 亿立方米，而 2013 年全国天然气总进口量为 530 亿立方米。以现行的天然气定价方式运营，中石油将继续面临天然气的巨亏局面。这也是企业层面对中俄天然气进口态度不积极的主要原因。

表 7-2　国内天然气销售价格两次调整

|  | 2011 年 | 2013 年 | 2014 |
|---|---|---|---|
| 进口液化天然气(元/GJ) | 24.93 | 31.45 | 38.82 |
| 进口管道天然气(元/立方米) | 0.88 | 1.11 | 1.37 |

数据来源：《中国经营报》2015 年 2 月 9 日 A06 版。

(2)石油市场

2014 年,中国原油前六大进口国分别是沙特阿拉伯、安哥拉、伊拉克、伊朗、俄罗斯以及阿曼,从各国进口原油的实际价格有所差别。将 2014 年各月份俄罗斯进口原油的价格与排在进口量第一位的沙特阿拉伯的进口价格相比,俄罗斯原油的价格并无竞争优势(如图 7-4 所示)。

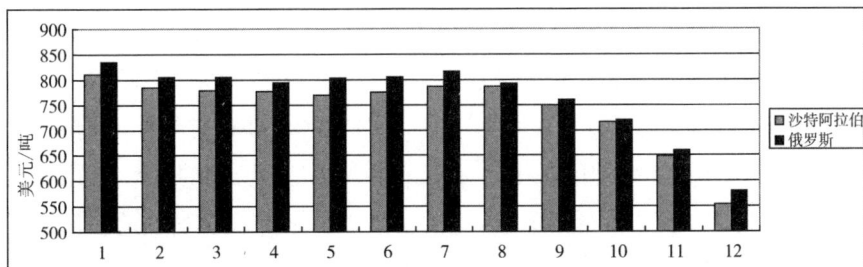

图 7-4　2014 年各月份中国对沙特与俄罗斯原油价格

数据来源：北极星电力网①

而从合作风险而言,虽然从中东进口石油需要经过马六甲海峡,且中东局势并不稳定,理论上合作风险较高。但中国与中东合作的实际情况来看,中东国家

---

①　数据来源：庞名立.2014 年中国原油进出口大盘点[EB/OL].北极星电力网,http://news.bjx.com.cn/html/20150126/584914-3.shtml,2015/1/26.

信誉良好,很少出现石油断供现象。对比与俄罗斯合作,不但管道石油要高于海运石油的价格,且俄罗斯与他国合作中俄罗斯单方面毁约的情况并不少见。因此,虽然中俄石油合作对国家而言具有战略价值,但对能源企业而言,与俄罗斯合作的风险高于与中东合作,盈利可能性却低于后者,从企业层面的选择看,中国的能源企业更乐意从中东国家进口原油。

3. 国内油气技术水平

随着油气勘探开采技术水平的提高,新的油气资源被发现和应用。在海洋油气方面,EIA 估计在中国南海区域可能有 110 亿桶石油和 190 万亿立方英尺(约5.4 亿立方米),但 EIA 的报告同时也指出美国的地质调查局没有对南海的整个区域进行评估,因此该区域可能会有更大的资源潜力,并引用了 2012 年 11 月中海油对该地区油气资源的估计,即可能有 1250 亿桶石油和 500 万亿立方英尺(约14 万亿立方米)天然气。[①] 2014 年 9 月,中国海油在南海深水勘探中取得成果,不仅印证了南海的资源潜力,也意味着中国深海勘探能力有了提升。[②] 根据《BP 世界能源统计(2014)》年的数据,中国的石油储量为 25 亿吨,天然气储量为 3.3 万亿立方米[③]。可以看出,海洋的油气储量潜力高于常规油气储量。因此,随着中国深海油气勘探开发技术的不断提升,中国油气资源拥有巨大的开发潜力。

在非常规油气方面,页岩气的开发是中国能源领域未来几年内开发的重点领域。2014 年 10 月中国页岩气开发的关键技术装备——国产桥塞及配套技术成功应用,中国成为继美国和加拿大之后第三个使用自主技术装备进行页岩气商业开采的国家。该核心技术装备实现国产化后,打破了国外的油服公司的技术垄断,开采成本大幅下降,使中国页岩气的产能进一步扩大。2013 年中国页岩气的产量为 1.93亿立方米,2014 年预计为 10 亿至 15 亿立方米,而核心技术装备国产化后,仅涪陵气田 2015 年的产量预计就可达到 50 亿立方米[④]。在《能源行动计划》中更明确了天然气发展的重要性,并规划到 2020 年,中国页岩气产量能超过 300 亿立方米。

---

① 数据来源:EIA. South China Sea [EB/OL]. http://www. eia. gov/countries/regions – topics. cfm? fips = SCS,2013/2/7.

② 资料来源:冉永平. 我海域发现首个自营深水高产大气田[N]. 人民日报,2014 年 9 月 16日第 9 版.

③ 数据来源:BP statistical review of world energy 2014,第 8 页,第 20 页。

④ 资料来源:2014 年 10 月 13 日新闻联播报道,见凤凰视频 http://v. ifeng. com/news/mainland/201410/01439504 – ccb6 – 47d2 – 8980 – c9081fd19262. shtml,2014/10/13.

（二）国家安全因素

2014 年 5 月 21 日中俄东线天然气的购销协议，双方都以国家直接干预的方式促成了两国之间协议的签订。该协议单从能源企业层面看，签订的可能性很小。由于天然气市场价格倒挂，中石油在天然气业务版块亏损巨大，不愿再进一步扩大亏损。5 月 20 日英国《金融时报》援引中石油发言人的观点也说明了中石油的态度。而俄气公司则希望按照高于 400 美元/千立方米的价格签署协议。从俄气与其他国家签订的天然气协议来看，俄罗斯除了对亲俄的独联体国家实施优惠的气价外，俄气公司也不愿以低于欧洲市场的价格出售天然气。从中俄长期的天然气价格谈判历程看，俄方也没有对价格表示过让步。但这份各方都预期不会签订的天然气购销协议，最终还是在两国政府领导人的推进下，在普京总统返回莫斯科的几个小时前签订。由于 2014 年初的乌克兰危机以及欧洲市场的低迷，俄罗斯需要通过这份协议获得中国政府的政治支持。而对中国而言，则希望天然气四大战略通道的形成来实现能源安全保障体系。这份协议实际上体现的是国家安全利益。

2014 年下半年，油价下跌，已经对俄经济安全造成了影响。2014 年底俄联邦政府向议会正式提交的 2015 年预算是按 96 美元/桶编制。根据俄罗斯联邦储蓄银行测算，原油价格在 104 美元/桶时才能俄的财政收支平衡，超过 110 美元/桶时，石油工业才能对俄经济做出正贡献。[①] 摩根士丹利也测算，原油价格每下跌 10 美元，俄出口将损失 324 亿美元的出口，财政收入也因此减少 190 亿美元，2014 年俄罗斯因油价下跌而损失 600 亿财政收入[②]。2015 年 2 月，国际油价回归到 50 美元/桶的价格区间，但离 96 美元的预算平衡点仍差距很远。

而油价下跌使中国战略石油储备的建设出现了机遇。中国的战略石油储备建设落后，2014 年 11 月 20 日中国国家统计局网站上首次披露战略石油储备一期工程共储备原油 1243 万吨[③]，约相当于中国 9 天的石油消费量。在《能源行动计划》中完善能源战略储备能力的建设是未来几年能源战略的重要任务之一。事实上，中国也正在利用油价下跌加快战略石油储备的扩容。根据中国海关总署的数

---

① 资料来源：管清友. 卢布怎么了[EB/OL]. 财新网，http://opinion. caixin. com/2014 – 12 – 18/100764953. html，2014/12/18.

② 数据来源：谭丽娅. 摩根士丹利：若油价降至 50 美元俄将陷入大衰退[EB/OL]. 环球网，http://finance. huanqiu. com/view/2014 – 10/5181509. html，2014/10/28.

③ 数据来源：国家统计局. 国家石油储备一期工程建成投用[EB/OL]. 国家统计局网站，ht-tp://www. stats. gov. cn/tjsj/zxfb/201411/t20141119_640606. html，2014/11/20.

据,2014年12月全国原油进口为3037万吨,全年进口量达30838万吨,比2013年增加3.9%。[①] 而中国大规模海外购油行动也引起了油轮运费的增高。同时,全球石油供应过剩导致海陆石油库存不断上涨,生产企业及贸易商更加大了石油库存的运作,使得海上运费在2015年2月初大幅上涨至近一年来的最高水平。[②]

(三)国际市场因素

1. 国际油气价格

2014年7月达到105.79美元/桶后,开始持续下跌。2014年11月27日,OPEC成员国无法对减产达成一致,决定维持其日产量,导致国际油价进一步下跌。[③] 至2014年底已经跌破60美元/桶[④]。2014年2月,根据国外媒体的报道,预计俄罗斯2015年的原油产量不会下降。[⑤] 石油生产大国的产量不下降,则意味着全球原油供给会相对充足,也会抑制油价的回升。

2015年2月份国际油价开始虽然重回50美元/桶的价格区间,但2015年至2017年俄罗斯的财政预算标准约为100美元/桶[⑥],以目前国际油价的趋势,未来俄罗斯的财政状况不容乐观。

2. 能源技术创新

页岩气技术的成熟和发展是近年来对未来能源市场产生深远影响的革命性技术。在20世纪80年代美国页岩气开始进入规模化和商业化阶段,进入21世纪后,美国的页岩气产业进入快速发展期,2009年凭借着页岩气,美国的天然气产量超过了俄罗斯,2013年美国天然气产量占世界总产量的20.6%[⑦],成为目前世界第一大天然气生产国。页岩革命会对俄罗斯能源政策、实力地位和生产技术的进

---

① 数据来源:2014年12月全国进口重点商品量值表[DB/OL]. 中国海关总署网站,http://www.customs.gov.cn/publish/portal0/tab49666/info729725.htm,2015/1/13.

② 资料来源:王佩. 原油库存过剩,海上运费大涨[N]. 中国石化报,2015年2月6日第5版.

③ 资料来源:王云松,吴成良. 国际油尚未触碰市场底线[N]. 人民日报,2015年1月19日第21版.

④ 数据来源:美国能源信息署:http://www.eia.gov/forecasts/steo/report/prices.cfm,2014/11/13.

⑤ 资料来源:外媒:俄罗斯2015年石油产料接近纪录高位水平[EB/OL]. 中国新闻网,http://world.huanqiu.com/hot/2015-02/5595940.html? bd_source_light=1162284,2015/2/4.

⑥ 资料来源:孙微等. 国际原油期货价格暴跌,普京警告全球经济或崩溃[EB/OL]. http://world.huanqiu.com/exclusive/2014-10/5171276.html,2014/10/20.

⑦ 数据来源:BP石油公司《Statistical Review of World Energy 2014》,第22页。

步产生的影响,并会对俄罗斯与能源进口国之间的关系产生冲击(Kropatcheva E.,2014:1 - 10),如对俄罗斯油气出口占据重要地位欧洲市场。

图7 - 5和7 - 6分别展示了2013年欧洲石油和管道天然气的进口来源国构成。2013年欧洲进口原油6.228亿吨,47%来自于苏联地区的原油(俄罗斯原油产量一般占该地区总产量的78%左右);欧洲进口液化天然气比重较小(共4780万立方米),主要是进口管道天然气,共3.97亿立方米,42%的天然气进口量来自俄罗斯。欧洲对俄罗斯的油气资源非常依赖,但俄罗斯并不是一个稳定的油气供给国。俄罗斯与乌克兰的管道争端曾多次停供,常常波及欧洲各国。欧洲试图降低对俄罗斯能源的依赖。美国的页岩气使得全球天然气产量增加,原来供应美国的液化天然气重新寻找市场。美国预计未来也将向欧洲出口液化天然气。这都将弱化俄罗斯在欧洲能源市场的影响力(富景筠,2014:82 - 98)。

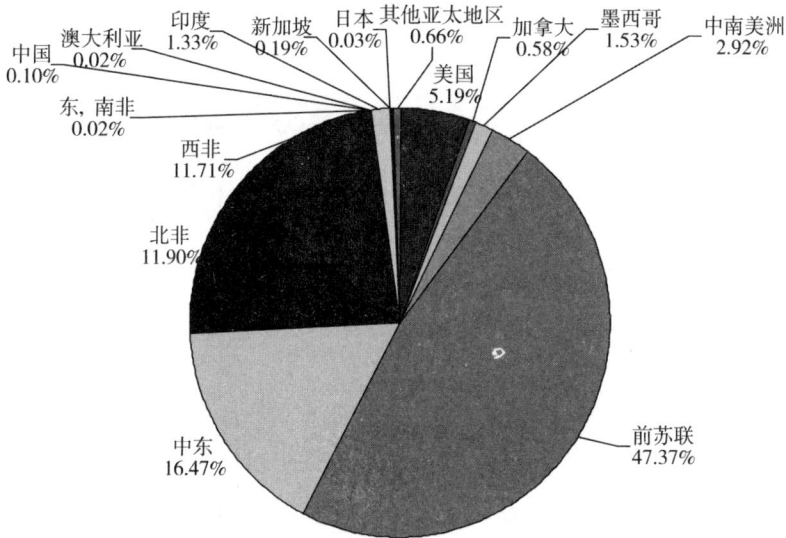

**图7 - 5 2013年欧洲石油进口来源构成**

数据来源:作者根据《BP statistical Review of World Energy 2014》的数据整理而成

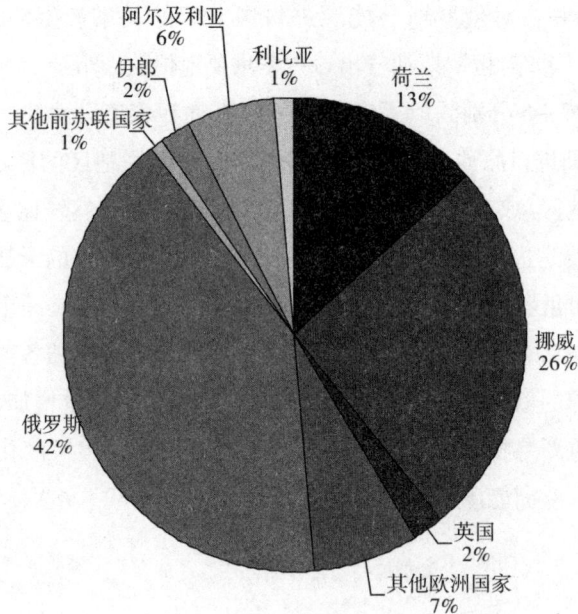

**图7-6　2013年欧洲石油进口来源构成**

数据来源：作者根据《BP statistical Review of World Energy 2014》的数据整理而成。

### 3. 国际油气市场合作模式

俄罗斯缺乏资金开发本国的油气资源，因此"预付款"是其常用的融资方式。这种融资方式在中国被称为"石油换贷款"模式。这一方式的应用比较灵活，不但可以缓解生产方的资金短缺压力，当国家在能源合作上条件的分歧，也有可能通过适当的金融设计来弥合。牛津大学能源研究的一份研究分析认为，在中俄天然气的价格分歧上，中国可以通过使用贷款和预付款的手段，通过设置还款的方式、利息、优惠或者附加条款，填补两国能源企业之间的价格差[①]。

### （四）国际关系因素

乌克兰危机的影响。2014年3月克里米亚公投入俄后，美欧多个国家相继对俄罗斯实行经济制裁，如2014年7月，美国与欧洲相继禁止对俄两大油气公司俄罗斯石油公司（Rosneft）和诺瓦克公司（Novatek）提供超过90天的贷款；随后新一

---

[①]　资料来源：中俄油气大单将震慑亚洲 LNG 市场［EB/OL］. 南方能源观察网，http://chuansongme. com/n/59798，2013/08/13.

轮制裁中禁止美欧能源公司向俄罗斯出售前沿油气开发技术;俄欧天然气管道"南溪项目"也因此而搁浅,2014年12月底,意大利、法国和德国相继将所持项目股份转让给俄罗斯①。这些制裁措施也对中俄油气合作产生了影响,一方面由于俄罗斯与欧美关系紧张,与中国合作的战略价值凸显,促进俄罗斯与中国的合作关系;而另一方面,因为经济制裁给中国与俄罗斯最大的能源合作项目亚马尔天然气开发项目带来融资的困难。

中国与中亚各国合作关系的影响。中国与中亚国家的油气合作,改变了中亚各国在该地区的能源关系。长期以来,中亚各国依靠俄罗斯的管道向外出口油气。尤其是天然气,中亚各国将所产天然气出售给俄气公司,由俄罗斯统一销售。这种模式使得俄罗斯在中亚颇具影响力。而中国与中亚国家的油气管道的建成,使中亚国家向能源出口多元化迈出了第一步,且使中国建成了陆上能源供给通道,在西北方向建立了能源战略通道。中国与中亚国家的合作,改变了中国、中亚各国以及俄罗斯在中亚地区的力量对比,有效降低了中国对中俄油气管道合作的行动压力。

中缅油气管线的影响。2013年7月28日中缅天然气管道投产。2015年1月28日,中缅原油管道工程举行了试投产仪式。中缅油气管道是中国四大能源战略通道,其建设是为了降低中国经马六甲海峡运输油气的风险,还可降低中国从中东运输石油的时间。中东石油对中国而言,不但具有价格优势,且信誉可靠,一直是中国稳定的油源。而中缅油气管线受缅甸政治局势的影响,其运营也存在政治风险。两条海陆中东运输线路的同时运营,还是可以有效地降低中东石油在运输环节上的风险性。其对中国能源安全的战略价值也会间接对中俄油气合作产生影响。

**二、中俄油气合作环境张力分析**

识别中俄油气合作影响因素后,进一步对影响因素之间的张力进行分析。图7-7展示了中俄油合作影响因素之间的张力形成的张力场。通过对张力场的分析,为中俄油气合作的SWOC分析提供依据。

---

① 资料来源:宋珏. 俄罗斯收购"南溪"全部股份[EB/OL]. 新华网,http://www.zj.xinhuanet.com/newscenter/InAndAbroad/2014-12/31/c_1113838082.htm,2014/12/31/

| | | 国内市场供需紧张 | 国际油价下跌供给充足 |
|---|---|---|---|
| | 市场 | 俄油气市场竞争优势缺乏 | 页岩油气在北美的量产 |
| 影响的方式 | | 页岩气技术的商业化应用 **（国内市场）** | 预付款模式成为金融工具 **（国际市场）** |
| | 政府 | 俄经济安全压力增　大 中国石油储备建设的压力 **（国家安全）** | 乌克兰危机 中国与中亚油气合作关系 中缅油气合作关系 **（国际关系）** |
| | | 国内 | 国际 |

审视的视角

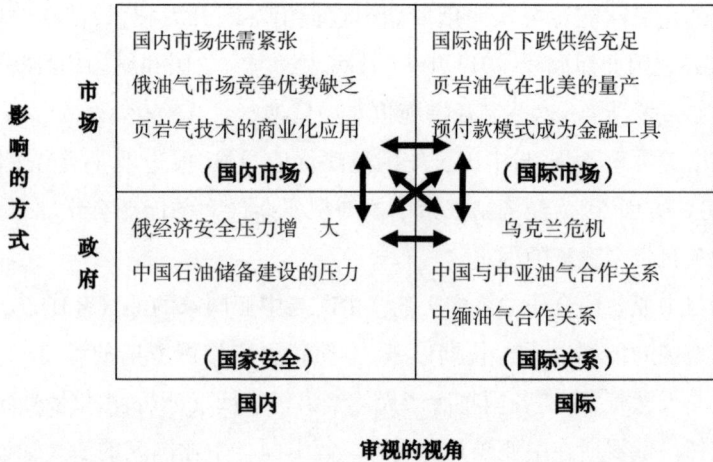

**图 7 - 7　中俄油气合作环境张力场**

（一）国内市场—国际市场张力

在国际油价下跌,众多能源生产大国(包括沙特、伊朗和俄罗斯)宣布不减产,国际石油在一段时间内在低价区间上的供给相对充足。这将对中国国内和国际能源市场产生以下影响。

1. 页岩油气开发的经济性受影响

在油价不高的情况下,页岩油气开采的经济收益会下降。按 2015 年 1 月的国际油价计算,美国超过 80% 的页岩油产区的生产成本已经高于国际油价。[①] 从 EIA 对美国三大页岩油气生产区域的统计看,2015 年初 Eagle Ford 区域的页岩油和页岩气生产平台数(rig count)分别都已经由 2014 年的 250 个以上,下降至 200 个以下。[②] 而 Bakken 区域页岩油和页岩气生产平台数分别都已经由 2014 年接近 200 个,下降至 100 个以下。[③] Marcellus 区域的页岩油和页岩气生产平台数分别

---

① 资料来源:塞巴斯蒂安·刘易斯. 超低油价考验页岩油革命[N]. 人民日报,2015 年 1 月 12 日第 22 版.

② 数据来源:EIA. Eagle Ford Region Drilling Productivity Report [R]. http://www. eia. gov/petroleum/drilling/pdf/eagleford. pdf,2015/3/24.

③ 数据来源:EIA. Bakken Region Drilling Productivity Report [R]. http://www. eia. gov/petroleum/drilling/pdf/bakken. pdf,2015/3/24.

由 2014 年约 105 个和 95 个,下降至 80 多个和 70 多个。① 对传统油气生产大国而言,拥有全球最低开采成本和最高产量的沙特阿拉伯并没有减产的意向,进一步抑制了油价,对全球页岩油气的生产形成冲击。而同样油价的低迷会使中国的页岩气产业开发活动失去经济性。

2. 国内对油气的需求将会放缓

全球油价的低迷反映了全球经济不振。2011 年中国国内生产总值指数为 9.3% ,2012 年和 2013 年维持在 7.7%②,而 2014 年继续下滑到了 7.4% ,第二产业增加值指数也从 2013 年的 7.9% 回落至 7.3% ~7.4% 之间③。工业生产的下滑必然会带来能源需求量的下降,对油气需求的增长会放缓。

3. 各油气来源的竞争加剧

全球经济停滞使得世界油气需求量下降,中国成为众多能源生产国竞争的市场。对中东国家,长期以来对亚洲市场都实行"亚洲溢价",亚洲地区在购买原油时比欧美国家支付更高的价格。2015 年 2 月 5 日,沙特阿美公司(全球最大石油出口商)表示,3 月起对交付美国客户的轻油价格上涨 15 美分/桶,而对亚洲原油价格则下调 90 美分/桶,价格是自 2003 年以来的最低位。④ 彭博社最近的数据称,由于中国 2014 年 12 月增加了从俄罗斯与安哥拉的石油进口量,该月沙特在中国市场的份额已经从 10 月的 44% 降至 37%。⑤ 各油气生产国的价格竞争有利于中国的油气进口,对俄罗斯而言则是加剧了竞争。

(二)国家安全—国际关系张力

1. 乌克兰危机在油价下跌情况下加剧了俄罗斯的经济危机

2014 年的乌克兰危机,俄国遭受到了欧美国家的经济制裁,俄罗斯能源企业

---

① 数据来源:EIA. Marcellus Region Drilling Productivity Report [R]. http://www. eia. gov/petroleum/drilling/pdf/marcellus. pdf,2015/3/24.

② 数据来源:中国统计年鉴 2014—国内生产总值指数[DB/OL]. 中国国家统计局网站,http://www. stats. gov. cn/tjsj/ndsj/2014/indexch. htm,2015/3/1.

③ 数据来源:季度数据[DB/OL]. 中国国家统计局—国家数据,http://data. stats. gov. cn/workspace/index? m = hgjd,2015/3/1.

④ 王维丹. 重心转变? 沙特上调售美油价,大降亚洲价格[EB/OL]. 华尔街见闻网,http://wallstreetcn. com/node/214055,2015/2/6.

⑤ 资料来源:沙特缘何继续压低油价:与俄死拼争夺中国市场[EB/OL]. 新浪军事,http://mil. news. sina. com. cn/2015 – 02 – 09/1435821099. html,2015/2/9.

的融资出现一定困难①,欧美还禁止能源企业向俄罗斯出售前沿油气技术。但仅仅单一的经济制裁并不会对俄罗斯经济产生如此巨大的冲击。这是因为,对俄罗斯而言,只是特定的能源企业(如俄罗斯石油公司)不能向参与对俄制裁的国家融资,但不参与制裁的国家不在其列,如意大利就先后两次给俄罗斯贷款。在能源技术合作上,俄罗斯也可以寻找非欧盟国家进行油气技术的合作,如2014年5月,俄罗斯石油公司与挪威钻井公司 NADL 签订合作协议,该公司拥有海上钻井平台,俄罗斯可以将其用于北极海油气开采项目。② 因此,经济制裁的单一影响还不足以引发俄的经济危机。但在油价下跌的情况下,经济制裁会加重俄罗斯经济困难。油价下跌的影响详见"国家安全—国际市场张力"部分的分析。

2. 能源进口多元化利于中国战略石油储备的建设

对中国而言,加快建设战略石油储备是能源安全保障体系的重要任务。中国与中亚的油气合作关系的不断推进,形成中亚国家与俄罗斯在中国市场的竞争关系。而2015年1月28日中缅原油管道建成投产,使中东的石油运输可以选择不经马六甲海峡航线,分散了从中东进口石油的风险。加上中东石油一贯以来的价格优势,以及近期对亚洲市场的降价行为,使中东石油在中国的竞争优势提升。同时,目前国际油价的低位运行也为中国战略石油储备提供了巨大的机会。

(三)国际市场—国际关系张力

目前对国际市场因素与国际关系因素形成的张力,使中国面临的国际环境相对俄罗斯要宽松。面对油价低迷和全球经济不振带来的能源消费量降低,世界最大的石油生产国沙特坚持不下调原油产量,而 OPEC 组织其他成员考虑到减产带来的市场份额被挤占的风险,也维持着原油产量。对俄罗斯而言,面临着世界原油生产国之间的竞争加剧的情况。

1. 美国油气市场有自给的潜力

美国作为世界能源第一大消费国,随着页岩油气技术的成熟,页岩油气产能

---

① 注:不包括俄罗斯天然气公司,因为俄气不在欧盟禁止部分俄企业进入其资本市场的名单中。2014年12初以及2015年1月21日,俄气分别与意大利的 UniCredit 银行以及 Intesa Sanpaolo Group 银行集团签署了3.9亿欧元和3.5亿欧元的贷款协议。(资源来源:"俄气"公司与意大利银行签署贷款协议[EB/OL]. 驻俄罗斯联邦经商参处,http://ru. mofcom. gov. cn/article/jmxw/201501/20150100876698. shtml,2015/1/23. )

② 资料来源:挪威船东 Fredriksen 与 Rosneft 签订投资合作协议[EB/OL]. 中港网,http://www. chineseport. cn/bencandy. php? fid = 112&aid = 186243 ,2014/5/28.

的增加,美国在 2011 年首次实现成品油的净出口[①],也在该年,美国首次超越俄罗斯成为世界天然气第一生产大国[②],美国具备了能源自给的潜力。而从 EIA 对美国三大页岩生产区域的统计看,2015 年初虽然国际油价的冲击,Eagle Ford 区域的页岩油和页岩气生产平台数(rig count)分别都已经由 2014 年的 250 个以上,下降至 200 个以下,但页岩油气 2015 年 4 月的生产量预计都比 3 月份要上升 20%。[③]而 Bakken 区域页岩油和页岩气生产平台数分别都已经由 2014 年接近 200 个,下降至 100 个以下,但页岩油气 2015 年 4 月的生产量预计都比 3 月份要分别上升 15% 和 11%。[④] Marcellus 区域的页岩油和页岩气生产平台数分别由 2014 年约 105 个和 95 个,下降至 80 多个和 70 多个,该区域的页岩油 2015 年 4 月的生产量预计保持平稳(增长为 0%),而页岩气则增长 47%。[⑤]

2. 欧盟计划降低对俄的依赖

世界第二大能源消费体欧盟,严重依赖于俄罗斯的天然气供应,其能源安全也不断受到俄乌冲突的冲击。在 2014 年 4 月初美国提出,计划 2015 年开始向欧盟提供超过其需求量的天然气。[⑥] 虽然目前仍未有美国实施向欧盟出口天然气行动的消息,但从美国三大页岩油气区域 2015 年初在国际油价低迷的情况下生产量仍在增长,则从数量上有可能实现向欧盟出口天然气。而同时,2014 年的 4 月底,波兰为了摆脱对俄天然气的依赖,力荐欧盟成立能源联盟。[⑦] 欧盟在 2015 年 2 月 6 日宣布欧盟能源联盟启动,提出实现降低欧盟对进口油气依赖的战略目标。[⑧] 若美国启动向欧盟进口天然气的计划,俄罗斯对欧洲市场的影响力将减弱。

---

① 资料来源:美国信息署《石油供应月报》,转引自:张茂荣. 美国"能源独立"前景及其地缘经济影响[J]. 现代国际关系,2014(7):52 – 58.

② 数据来源:BP Statistical Review of World Energy 2014,第 22 页。

③ 数据来源:EIA. Eagle Ford Region Drilling Productivity Report [R]. http://www.eia.gov/petroleum/drilling/pdf/eagleford.pdf,2015/3/24.

④ 数据来源:EIA. Bakken Region Drilling Productivity Report [R]. http://www.eia.gov/petroleum/drilling/pdf/bakken.pdf,2015/3/24.

⑤ 数据来源:EIA. Marcellus Region Drilling Productivity Report [R]. http://www.eia.gov/petroleum/drilling/pdf/marcellus.pdf,2015/3/24.

⑥ 资料来源:美国计划 2015 年开始向欧洲出口天然气[EB/OL]. 中华人民共和国商务部,http://www.mofcom.gov.cn/article/i/jyjl/m/201404/20140400539176.shtml,2014/4/3.

⑦ 资料来源:李增伟等. 波兰力推"欧洲能源联盟"构想[N]. 人民日报,2014 年 4 月 29 日第 21 版.

⑧ 资料来源:吴刚. 欧盟着手建立能源联盟[N]. 人民日报,2015 年 2 月 9 日第 21 版.

中国作为世界第三大的能源消费国,目前是全球众多石油生产商争夺的市场。对中国市场竞争的分析放入"国内市场—国际关系"张力部分中详细分析。

(四)国内市场—国家安全张力

中俄油气合作中国内市场因素和国家安全因素之间的张力,目前这一历史阶段则突出体现在,中国政府利用油气合作与俄罗斯维持战略伙伴关系,以及能源企业追求经济利益之间的矛盾上。

1. 中俄政治合作对国际政治格局产生重要影响

从前面的分析可知,俄罗斯的油气价格在中国市场不具竞争优势,但中俄的油气管线是中国重要的能源战略通道,是中国能源安全体系的必要构件。而另一方面,俄罗斯是世界多极化体系中的重要力量,是可以制约美国霸权的大国。虽然俄罗斯与中国的合作关系不算紧密,许多合作协议只停留在协议签订环节,但中俄合作对国际政治格局还是有显著的影响。俄罗斯经济崩溃会使世界多极化体系中的一极弱化,制约美国的国际力量因此而削弱,这显然不符合中国的国家安全目标。因此,通过油气合作可以强化中俄的同盟关系。

2. 中俄能源企业之间存在着利益矛盾

在能源企业层面,对俄油气企业而言,中国给出的油气价格低于欧盟和日本的市场,在欧盟与日本(尤其是欧盟市场)有足够的需求量的情况下,中国显然不是俄油气企业的首选市场。对中国的油气企业存在相同的问题,即从中东进口石油具有价格优势,同时中东国家政府履行合同的信誉高于俄罗斯。因此,中俄两国油气企业对合作的兴趣不大。这显然与两国政府之间追求的合作目标有差距。

(五)国内市场—国际关系张力

国内市场因素与国际关系因素之间的张力主要体现在,国际和区域油气实力格局的变化对中俄油气合作的影响。

长期以来,中国对中东原油进口的依赖度很高。2013 年,中国的原油进口中,中东占 45%,西非占 15%,苏联地区(主要包括俄罗斯和哈萨克斯坦)占 13%,南美和中美洲占 9%。[①] 为降低能源单一来源带来的能源安全风险,中国进入 21 世纪开始推进油气进口的多元化战略。

2005 年中哈石油管道一期工程的建成投产,改变了中俄在中亚地区的实力格

---

① 数据来源:BP Statistical Review of World Energy 2014,第 18 页。

局,而 2009 年中国—中亚天然气管道的建成更是打破了俄罗斯对土库曼斯坦和乌兹别克斯坦天然气资源的垄断。使中国在与俄罗斯的油气管道建设的谈判中逐渐拥有谈判筹码。同样,在中俄油气管道的谈判和建设,也使中国在与中亚油气合作中获得更多的话语权。2013 年和 2015 年 1 月中缅天然气管道和原油管道相继投产,使中东石油除了拥有价格优势外,运输风险也进一步降低,增加了中东石油在中国市场的优势。中国在油气进口上拥有了更多的选择。

在全球能源市场不振,全球石油供应充足同时油价在低位运行的情况下,中国能源战略通道配合多元化油气进口战略,更有利于中国与各进口来源国之间的合作。

(六)国家安全—国际市场张力

国家安全因素与国际市场因素之间的张力在目前这一历史时期,对中俄两国产生的影响截然不同。

1. 俄罗斯国家干预无法遏制经济危机的趋势

根据世界银行的统计,2013 年俄罗斯的 GDP 的增长率仅为 1.32%[①]。2014 年下半年,沙特的石油增产使油价不断下跌,2014 年 GDP 出现负增长俄罗斯卢布贬值。根据俄联邦统计局的统计,2014 年俄罗斯的通胀率达到 11.4%,是 2008 年 13.3%的通胀率以来的最高水平[②]。俄罗斯政府从 2014 年 10 月至 12 月不断出售美元来遏制卢布的暴跌,至 2014 年底俄罗斯的央行外汇储备已比当年最高值减少 22%,降至 4000 亿美元以下,这也是自 2009 年 8 月以来俄罗斯的官方储备首次降至 4000 亿美元以下。[③]政府的干预没有对卢布的贬值产生效果,2014 年 9 月至 12 月,卢布对美元贬值 46.7%[④]。虽然 2015 年 2 月至 3 月国际油价连续上涨至 50 美元区间,但卢布的贬值仍在继续,表明卢布贬值已经脱离了原油价格。卢布贬值和国内通货膨胀相互影响若形成恶性循环,俄罗斯的经济安全将受到严重威胁。

---

① 数据来源:世界银行数据库[DB/OL]. http://databank. shihang. org/data/views/reports/tableview. aspx,2015/1/30.

② 数据来源:谢亚宏. 俄罗斯经济困境中谋转型[N]. 人民日报,2015 年 1 月 18 日第 3 版.

③ 资料来源:曲颂. 俄罗斯宣布卢布危机结束[N]. 人民日报,2014 年 12 月 27 日第 3 版.

④ 资料来源:2015 年全球经济调整中前进[N]. 人民日报,2015 年 2 月 4 日第 23 版.

### 2. 中国政府出台政策推动石油储备体系的建设

从国家统计局公布的第一期战略石油储备量看,中国的战略石油储备远远未达到 IEA 规定的 90 天的储备量。在油价下跌和原油供应量充足的条件下,中国政府在加快政府战略石油储备的建设同时,也借此机遇建立多层次的石油存储体系。2015 年 1 月 26 日,中国国家发改委颁布了商业原油库存管理的意见。要求原油加工企业按照不低于 15 天的日均加工量储存原油。当国际油价高于 130 美元/桶时,也不能低于 10 天的日均加工量。[①] 中国政府利用油价下跌的时机,充实国内的商业原油储备和战略原油储备体系。

### 三、中俄油气合作的 SWOC 分析

能源合作环境因素进行张力分析,是通过因素之间形成的张力及张力场,发现国家在油气合作中自身拥有的优势和劣势,识别合作过程中出现的机会和威胁。为战略制定提供依据。对中国而言,中俄油气合作的 SWOC 分析如下。

(一)机遇(Opportunity)

1. 俄罗斯在乌克兰危机后需要合作盟友

2014 年克里米亚公投、乌东部地区武装冲突后,美国、欧盟、日本以及澳大利亚等国家对俄罗斯相继进行了多轮经济制裁,包括了对俄罗斯的个体、团体和企业采取了限制入境、资产冻结、禁止提供一些金融服务和禁止出口能源技术等措施。在实施经济制裁的同时,西方国家也在政治上孤立俄罗斯。在 2014 年 6 月原本计划在俄罗斯索契举行的 G8 峰会,由于其他七国的抵制,在比利时布鲁塞尔举行,实际上是将俄罗斯清出了八国集团。[②] 俄罗斯也针对性地做出反击,包括禁止进口相关国家的农产品和食品,进一步进行强军措施的同时,更加强了与拉美、伊朗等地区和国家的外交关系[③]。俄罗斯努力通过拓展外交来改变国际政治孤立的现状,而中国是无论是在国际政治地位,还是国家实力都是俄罗斯力图争取的

① 发改委. 国家发展改革委关于加强原油加工企业商业原油库存运行管理的指导意见(发改运行[2015]147 号)[EB/OL]. 国家发改委网站,http://www. sdpc. gov. cn/zcfb/zcfbtz/201501/t20150128_661767. html,2015/1/26.

② 资料来源:G7 孤立俄罗斯力不从心[EB/OL]. 新华网,http://news. xinhuanet. com/world/2014 – 06/05/c_126582957. htm,2014/6/5.

③ 资料来源:国际观察:面对美欧施压 俄罗斯未低头[EB/OL]. 新华网,http://news. xinhuanet. com/world/2014 – 08/09/c_1112005743. htm,2014/8/9.

合作伙伴。

2. 符合俄罗斯开拓远东市场的战略需要

俄乌的天然气争端由来已久,俄罗斯曾在 2006 年、2009 年以及 2014 年三次对乌断供天然气。由于俄罗斯对欧洲供应的天然气有一半要经过乌克兰的管道输送,每次俄乌天然气风波都会波及欧洲的天然气供应。欧盟一直寻求降低对俄罗斯油气的依赖的途径,包括 2015 年 2 月 6 日启动的欧盟能源联盟以及向美国进口液化天然气等。俄罗斯也对欧盟的进口多元化战略做出应对。在《俄罗斯 2030 年前能源战略》中,提出了开拓亚太市场的战略布署,而中国则是亚太市场的重点。中俄油气合作符合两国战略发展的需要。

(二)挑战(Challenge)

1. 国际油价下跌对中国页岩产业的发展造成冲击

根据 BP 公司的统计,2009 年美国凭借页岩气超越俄罗斯,重新成为世界第一大天然气生产国。而同年,凭借着页岩油,美国改变了其石油产量一直下滑的态势,此后其原油年产量不断增加。2014 年底,美国石油日产 900 万桶[1],其生产能力仅次于世界第一大石油生产国沙特阿拉伯的最大日产能力 1130 万桶/天[2],以及俄罗斯的 1058 万桶/天的能力[3]。页岩革命使美国这一世界第一能源消费大国具备了能源自给的潜力。页岩油气正在改变目前能源供应的格局。BP 石油公司在《2035 世界能源展望》认为中国页岩气储量丰富,页岩气的开发将缓解国内能源供需不均衡的压力[4]。2014 年中国页岩气开发的自主关键装备技术的突破,使开采成本大幅下降,使中国页岩气的产能进一步扩大。页岩油气对我国能源自给率的提高具有重要意义,在中国的《能源行动计划》提出重点发展页岩气的战略任务。

目前国际油价的低迷对页岩油气产生冲击。按 2015 年 1 月的国际油价计

---

① 数据来源:美国能源署(EIA)—原油每周日供应量预测[DB/OL]. http://www.eia.gov/dnav/pet/pet_sum_sndw_dcus_nus_w. htm,2015/3/2.

② 数据来源:沙特原油日产能力达到 1130 万吨[EB/OL]. 新华网,http://news. xinhuanet. com/world/2006 – 03/23/content_4335762. htm,2006/3/23.

③ 数据来源:俄能源部公布的产量数据,引自:俄罗斯 2014 年日产油量创下苏联解体后新高[EB/OL]. 中国能源化工门户网站,http://www. ineng. org/news/80772. html,2015/1/4.

④ 资料来源:BP. BP2035 世界能源展望[R]. BP 中国网,http://www. bp. com/zh_cn/china/re-ports – and – publications/bp2035. html,2015/1/9.

算,美国超过80%的页岩油产区的生产成本已经高于国际油价。[①] 对中国而言,页岩气的开发成本就高于美国,中国天然气市场价格并未放开且价格偏低,目前国际油价更使页岩气开发活动面临着经济性的挑战。

2. 俄罗斯信用等级低提高了中国与其合作的风险

俄罗斯政府控制着国家对油气资源的支配权,并以此为武器寻求国家政治利益和经济利益的最大化(木村泛,2008:5)。俄罗斯政府的市场干预能力很强,善于利用各种手段(直接干预和政策干预等方式)来保障其国家利益的诉求。中俄合作历程中,阻挠中石油与尤科斯公司的中俄石油管道的合作、与美埃克森石油公司的萨哈林—1项目的合作,以及禁止中石油收购斯拉夫石油公司等事件,都反映出中国能源企业与俄开展油气合作时面临着高的政治风险。

同时,俄罗斯的主权信用也难以保障。2015年1月底,两大国际信用评级机构相继公布了对俄罗斯8家大型企业和国家主权信用的评级结果。穆迪公司宣布调低这8家公司的信用评级,其中包括了与中国有合作关系的俄罗斯石油公司、全俄电网公司,以及卢克石油公司。[②] 标准普尔公司将俄的主权信用评级由BBB－进一步降为BB＋,这是该机构10年来首次降俄罗斯的主权信用评级为"垃圾级"。标准普尔同时对俄的评级展望为负面,因此俄罗斯未来可能还再次面临着信用评级的下调。[③] 事实俄罗斯在1998年的金融危机中已经出现过一次严重的主权债务违约事件。此次危机,中国很可能成为其违约的对象。

(三)优势(Strengths)

1. 中国作为油气消费市场在世界能源市场中地位更加重要

由于页岩油的大规模开采,美国原油产量不断增加。根据年美国能源署(EIA)美国各周产量预计量的趋势上看,2014年美国的石油日产量不断上升,从年初时的800万桶/天,至年末时,已经超过了900万桶/天的日产量。[④] 而全球最

---

① 资料来源:塞巴斯蒂安·刘易斯. 超低油价考验页岩油革命[N]. 人民日报,2015年1月12日第22版.

② 资料来源:张杰,谢亚宏. 欧盟维持对俄制裁高压态势[N]. 人民日报,2015年1月22日第21版.

③ 资料来源:谢亚宏. 俄罗斯力图加快经济转型步伐[N]. 人民日报,2015年1月28日第22版.

④ 数据来源:美国能源署(EIA)—原油每周日供应量预测[DB/OL]. http://www.eia.gov/dnav/pet/pet_sum_sndw_dcus_nus_w.htm,2015/3/2.

大的原油生产国沙特在 2014 年 7 月初的产量也达到了 1000 万桶/天①。2014 年 7 月油价达到 105.79 美元/桶的价格后开始下跌。② 此后 OPEC 成员国宣布不减产原油，美国的原油产量也未降低(如图 7 - 9)。充足的供应量进一步抵制油价，从 2014 年 7 月起至 2015 年 1 月，油价一路直线下跌至小于 50 美元/桶的价格区间。

　　国际油价的低价位、充足的供应，以及中国能源消费量的潜力，使中国成为各大能源生产国的瞄准的市场。对中国而言，目前是近年来能源供应环境最宽松的时期。

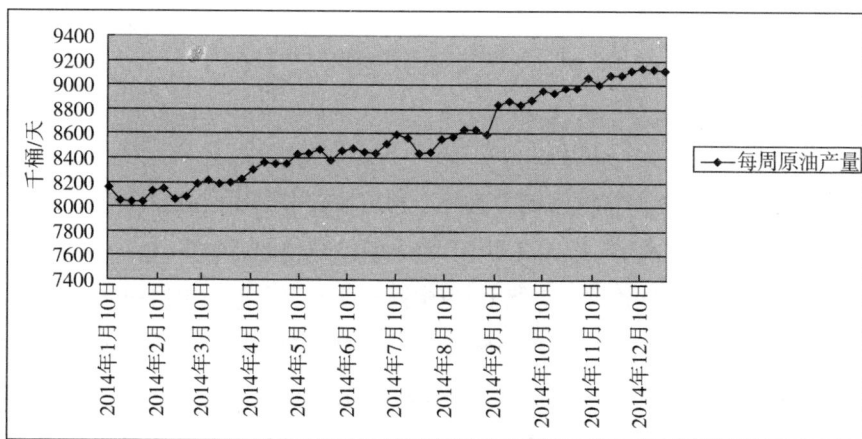

图 7 - 8　美国 2014 年原油每周日产量预测图

数据来源：美国能源署(EIA)③

①　数据来源：7 月份沙特原油日产量达 1000 万桶[EB/OL]. 凤凰财经，http://finance. ifeng. com/a/20140825/12991437_0. shtml，2014/8/25.

②　数据来源：美国能源署(EIA)—WTI 原油价格[DB/OL]. http://www. eia. gov/forecasts/steo/report/prices. cfm，2015/3/2.

③　数据来源：美国能源署(EIA)—原油每周日产量预测[DB/OL]. http://www. eia. gov/dnav/pet/pet_sum_sndw_dcus_nus_w. htm，2015/3/2.

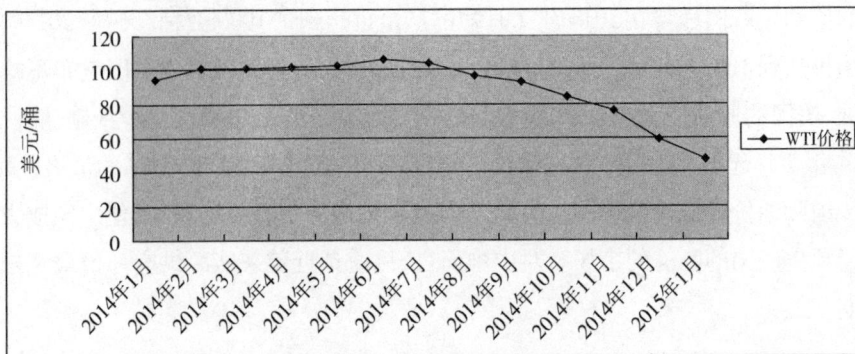

**图 7 - 9    2014 年各月国际油价(WTI)**

数据来源:美国能源署(EIA)①

2. 中国经济具备的抗风险能力有利于利用危机中出现的机会

根据世界银行的数据,中国在 2010 年时 GDP 总值超越日本,成为世界第二大经济体。② 中国经济具备抗风险能力,使中国有能力利用危机中出现的发展机会。

国际油价下跌使俄罗斯经济面临崩溃,而对中国而言,却是难得的建设战略石油储备的时机。过去几年,由于中国对能源的巨大需求以及国际油价的高起,使得中国的战略石油储备体系建设比较缓慢。目前油价低位运行和国际石油供应量的充足为中国提供了机会,中国正抓紧时机健全石油储备体系。

国际油价的低位运行也意味着全球经济的放缓。经济萧条时期的投资减少,会使一些项目的合作成本降低。此时介入,将提高项目的投资回报率。对中国的油气企业而言,这将是走出去的良好机会。

(四)劣势(Weakness)

1. 国内天然气价格尚未放开不利于天然气国际合作活动的开展

中国的天然气基本依赖进口,目前各来源的天然气的进口价格平均都高于国内市场天然气价格。长期国内外市场天然气价格的倒挂使得中石油的天然气业务亏损。以中石油为例,中石油进口中亚天然气在 2011 年亏损超 200 亿元,2012

---

① 数据来源:美国能源署(EIA)—WTI 原油价格[DB/OL]. http://www.eia.gov/forecasts/steo/report/prices.cfm,2015/3/2.

② 数据来源:世界银行数据库—世界发展指标[DB/OL]. 世界银行网站,http://databank.worldbank.org/data/views/reports/tableview.aspx,2015/3/2.

年亏损随着进口量增大而扩大,达到 419 亿元,2013 年因有国家巨额补贴而使亏损额与上年持平。① 鉴于国内外天然气价格倒挂不利于天然气发展的情况,《能源行动计划》在创新驱动战略中明确了市场在能源资源配置中的决定性地位,计划在 2020 年基本形成统一开放竞争有序的现代能源市场体系。② 利用国际油价大幅下跌的机会,国家发改委在 2015 年 2 月 26 日发出通知,宣布天然气价格并轨③,而天然气价改革的最终目标是要完全放开气源价格。

而在价格完全市场化之前,中国的油气企业的天然气业务仍面临亏损。而面对俄罗斯,在天然气贸易无利可图,并且在俄合作发展天然气项目还要面临高的政治风险时,这将削弱油气企业与俄开展天然气合作业务的积极性。

2. 中国对国际油价无定价权导致议价能力的缺乏

中国经济的运行必然会带来庞大的资源需求。但大客户对商品价格的议价能力在中国的国际贸易活动中并没有出现,反而出现中国买什么就会引起该商品的国际市场价格上涨的现象。这反映了中国尚未掌握国际大宗商品的定价权的现实。从国际油价定价机制的变迁看,国际油价主要受石油生产大国以及国际金融市场的影响(唐衍伟等,2007:184 - 189)。对中国而言,中国油气生产远不能达到能源自给的能力,也没有形成有影响力的国际原油期货市场,对国际原油的定价权难以获得。在巨大的能源消费需求面前,能源安全问题会非常严峻。

建立战略石油储备是能源安全的重要保障手段。虽然目前国际油价低位运行是中国建设战略石油储备的好机会。但由于中国对国际油价无定价权,油价上涨冲击能源安全的风险依然存在。在无定价权的情况下,在国际油价上涨时,中国对中俄油气合作仍旧会缺乏议价能力。

① 资料来源:俄气东来:中石油呼吁推进气价改革［EB/OL］. 中国燃气,http://www. chinagasholdings. com/hyzx/info_1357. aspx? itemid = 927,2014/5/22.

② 国务院办公厅. 能源发展战略行动计划(2014—2020 年)［EB/OL］. 中国政府网,http://www. gov. cn/zhengce/content/2014 - 11/19/content_9222. htm,2014/6/7.

③ 发改委. 理顺非居民用天然气价格的通知［EB/OL］. 国家与发展改革委员会网站,http://www. sdpc. gov. cn/gzdt/201502/t20150228_665747. html,2015/2/26.

# 第三节 中俄油气合作战略探讨

通过第五章能源合作演化博弈模型的演绎可知,在中俄油气合作中,国家对合作的政治安全利益与经济利益的权衡结果,决定着国家在某一历史阶段合作意愿的高低。进入21世纪以来,俄罗斯普京政府通过系列措施,将能源置于国家掌握之中,使俄罗斯能够充分利用油气资源,实现俄罗斯的经济发展与政治利益。而21世纪国际油价的不断上涨给俄罗斯带来了发展机会,油气生产大国的地位使俄罗斯的国际地位不断增强。尤其是管道天然气,价格的确定更依赖于生产国、过境国及消费国之间的地缘政治关系。国际油价的上涨、欧洲对俄能源的依赖、俄罗斯政府对油气资源的绝对控制以及长期以来俄罗斯位居世界天然气第一生产大国的地位,在增强俄罗斯经济实力的同时,也增强了俄罗斯的政治实力,使俄罗斯在与他国天然气价格谈判中占据优势地位,用油气资源换取最大化的经济收益。而长期以来,中国与俄罗斯的油气合作的潜在收益,并不能满足俄罗斯对油气资源的经济利益的诉求,使得俄罗斯对与中国开展油气合作意愿一直不高。

通过第六章能源合作战略模式选择模型分析,双方国家合作意愿的不匹配会导致双方采用不同的合作战略来实现各自的合作目标。在双方能源合作的政治利益和经济利益能够协商一致的情况下双方的合作意愿匹配,双方通过妥协者战略推进合作进程,并通过共生者战略共同保障合作战略目标的实现。

2014年国际政治局势的剧烈变动以及国际油价的下跌,使得中国在俄罗斯维持其经济安全和政治安全中的作用凸显。对中国而言,国际局势的变动也为缓解中国的能源安全问题带来了巨大的机遇。本节将基于前面的SWOC分析,探讨未来一段时间内中国的中俄油气合作战略。

## 一、中俄油气合作的战略目标

中国对外油气合作行动的目标是为了维护中国的能源安全。中国在能源安全出现的问题时,会通过一系列传导机制将威胁传导到中国国家安全的各个领域。而能源合作对俄罗斯而言,则是国家收入的主要来源以及其国内外政治影响力的支柱。因此,俄罗斯的能源安全与经济安全可以视为一个硬币的两面,当能源危机出现时,必须伴随着经济危机,进而威胁到俄罗斯国家的政治安全。

当前俄罗斯面临了严重的经济危机和紧张的国际关系。油价太低引发经济负增长,卢布脱离原油价格的贬值并与高通胀率形成恶性循环,乌克兰危机引发了美欧日等大国对俄罗斯的政治孤立。俄罗斯需要有影响力的国际政治支持与经济合作。这一时期,中国维护能源安全而寻求国际合作的战略目标,与俄罗斯寻求政治和经济支持的需求高度契合。此时俄罗斯对中俄能源合作的意愿会比在其经济稳定增长时的合作意愿要高。中国需要把握这一时期,需要运用妥协者和共生者的战略模式,在合作谈判中采取适当的妥协,并发掘有价值的合作领域,推动合作的向前发展,利用中俄油气合作来实现中国能源安全保障体系的建设目标。

具体的合作战略任务及其配套战略如图 7 – 10 所示。

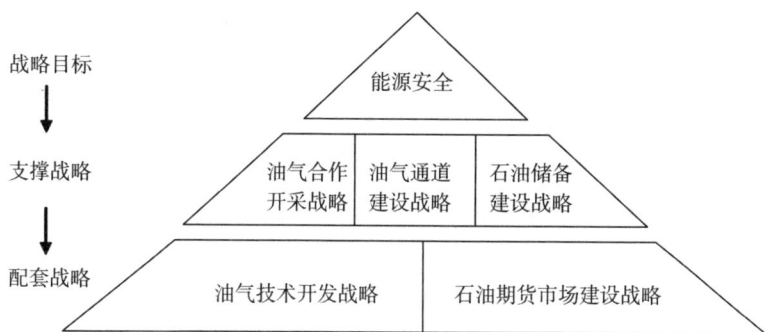

图 7 – 10　中俄油气合作战略构成

**二、中俄油气合作的战略任务**

从中俄油气的战略协议的文本分析中可以看到(详见第三章第一节),中俄油气合作的重点领域集中在油气的勘探开采和加工、油气管道的建设以及油气的贸易领域。这是目前中国能源安全中三个支撑领域,即油气合作开采领域、油气通道建设领域及石油储备建设领域。中俄油气合作战略将在这三大领域建设的战略任务下展开。

1. **海外油气合作开采战略**

根据 BP 公司的统计,2013 年中国石油和天然气的储量分别为 25 亿吨和 3.3

万亿立方米,占该年世界已探明储量的 1.1% 和 1.8%①。中国在常规油气的储量无法满足中国人口和经济发展需求。自从 1993 年中国成为石油净进口国开始,中国油气企业就加快了"走出去"的步伐,在油气丰富的国家和地区寻找国际合作开采的机会。目前中国有在俄罗斯、中亚地区、中东地区、非洲地区及拉美地区都拥有油气田开采项目。在俄罗斯亚马尔液化天然气的投资项目是目前中石油海外的最大天然气开采项目。这些海外的油气开采项目,使中国获得油气项目的份额用油,有利于弥补中国油气资源不足,满足国内发展的需求。

2. 海外油气通道建设战略

海外油气需要通过运输通道运回国内。中国海外油气运输通道已经建成了四大战略通道。即西北的中国—中亚油气管道、东北的中俄油气管道(天然气管道在建)、西南的中缅油气管道,以及东南海上油气运输航线。其中东南海上油气运输航线目前是我国主要油气运输通道,从中东、非洲和东南亚到中国的三条油气都必须经过马六甲海峡,2013 年中国的原油有 67% 是通过该线路运抵中国。而中缅油气管道所运油气的来源地与同样来自中东与非洲,分散的是这些油气来源地的运输风险,而不能分散来源地的供应风险。由于西北中国—中亚油气管道的油气来源地中亚的油气资源产量有限,2013 年俄罗斯是世界石油生产第二大国和第二天然气生产大国,其产量可以与中东油气抗衡。我国长期以来依赖中东的石油,因此中俄油气管道建成和运营可以起到平衡马六甲海运通道的战略作用。

3. 石油储备建设战略

战略石油储备制度源于 20 世纪 70 年,由于欧佩克成员国联合起来,对西方发达国家实行石油禁运,引发"石油危机"。发达国家成立的国际能源署(IEA)呼吁成员国建立战略石油储备制度,储备相当国家每日消耗量 90 天以上的石油(80年代后的标准),以政府和企业两种储备方式存在,来应对石油大规模减少或中断带来的冲击。中国战略储备基地共有三期,2014 年 11 月,国家统计局表示一期储备量 1243 万吨已完成。目前正值油价低迷期,且国内经济不振,对能源的需求总量降低工,中国正利用这一时机加快二期与三期石油储备的建设。2015 年 1 月,中国国家发改委颁布了商业原油库存管理的意见,通过政策来促进企业原油储备

---

① 数据来源:BP Statistical Review of World Energy,第 6 页和第 20 页。

的建设。俄罗斯的管道原油的价格相对中东石油的到岸价格一直就不具备竞争优势,中国对俄罗斯的石油贸易更多是两国政府进行政治合作时的利益让渡,是经济利益向安全利益妥协的结果。而在目前油价低迷的形势下,中国最优的选择是进口中东原油,而非进口俄罗斯的管道原油。是否利用建设战略石油储备的契机来加强两国之间油气贸易的合作,仍需要权衡具体情境下两国的经济利益和政治利益。

通过开拓油(气)源,扩大中国的油气供应量;通过运输线路的建设和运营,来保障油气资源稳定的供给;通过战略石油储备,来应对危机情况下的供给短缺。能源合作的三大战略用于保障能源安全的维护,而由于俄罗斯油气资源的国际影响力,中俄油气合作在此三大战略任务中体现出重要的战略价值。

### 三、中俄油气合作的配套战略

上述三大战略任务的实施在保障能源安全上仍有不足。原因是中国缺少大宗商品的定价权。在定价权缺失的情况下,中国购买战略物资时都会伴随出现"高买低卖"的窘境。因此,需要实施配套战略,来提高中国油气购买时的议价能力,更有效地保障能源安全目标的实现。

目前国际油价定价权可以通过两种方式获得,一是拥有可以影响国际原油总供给量的石油生产大国,通过供给量的调节来影响国际油价;二是拥有可以影响国际石油期货市场的金融实力,通过金融市场来影响国际油价。美国拥有强大的金融市场足以影响原油期货市场。而美国主导的页岩革命下,页岩技术不断地成熟与发展,美国页岩油气成功实现商业开发,2009 年美国超越俄罗斯成为世界第一的天然气生产国,2014 年底美国的原油日产能力达到了世界第三的水平。2014 年 7 月后国际油价的下跌,美国原油产量的增加也是主要原因。

在中国的对外能源合作中,包括中俄合作的过程中,都要注重这两个配套战略的实施,以提高中国在油气价格市场的影响力。

1. 油气技术开发战略

根据《BP Statiscal Review of World Energy 2014》的统计数据,2013 年中国已探明的石油储量为 25 亿吨,天然气为 3.3 万亿立方米。随着中国油气勘探开采技术的进步,中国还有油气资源潜力可以挖掘。EIA 估计在中国南海区域可能有

110 亿桶石油和 190 万亿立方英尺(约 5.4 亿立方米)①中国的《能源行动计划》中,提出到 2020 年实现常规天然气 5.5 万亿立方米的勘探目标。BP 石油公司在《2035 世界能源展望》认为中国具有丰富的页岩油气储量②。因此,中国在低品位、深地层、深海以及页岩结构的区域仍有很大的油气潜力,但需要相关技术上实现突破,才能实现这些天然气资源的开发。因此,油气技术的开发以及关键油气技术的突破对提高中国能源的自给率非常重要。对国外油资源依赖度降低有助于提高资源购买的议价能力。

在中俄油气合作中,一般都有多个国家参与,如亚马尔液化天然气项目地处北极圈内,由法国道达尔(Total)公司提供油气技术。无论是从合作方进行技术的学习,还是合作产生的技术外溢,都会对中国的油气技术产生正面影响。

2. 石油期货市场建设战略

争夺国际石油定价权的另一个途径是建立有竞争力的能源金融市场。油气企业可以通过石油期货市场的套期保值来规避风险。拥有发达且有国际影响力的石油期货市场才能使中国获得国际油价的定价权(唐衍伟等,2007:184 - 189)。但石油期货市场的建立前提必须是建设统一开放的能源市场体系,由市场来决定能源资源的配置。中国的能源市场改革的探讨已久,但具体行动才开始陆续进行。2014 年中石油与中石化进行了混合所有制改革,尤其是中石化的"混改"进入实质性阶段,通过"混改"来提高市场在资源配置中的地位和作用。2015 年 2月 16 日,国家发改委发布《关于进口原油使用管理有关问题》的通知,开始逐步解决油气的垄断的问题。③ 国家发改委在 2015 年 2 月 26 日发出通知,宣布天然气价格并轨④。

市场化改革只是石油期货市场建设战略的第一步,还需要更长的时间建立和培育有国际竞争力和影响力的石油期货市场,才能对国际油价具有话语权。

① 数据来源:EIA. South China Sea [EB/OL]. http://www. eia. gov/countries/regions - top-ics. cfm? fips = SCS,2013/2/7.

② 资料来源:BP. BP2035 世界能源展望[R]. BP 中国网,http://www. bp. com/zh_cn/china/re-ports - and - publications/bp2035. html,2015/1/9.

③ 资料来源:王璐. 发改委放开进口原油使用权[EB/OL]. 人民网,http://finance. people. com. cn/n/2015/0217/c1004 - 26577980. html,2015/2/17.

④ 发改委. 理顺非居民用天然气价格的通知[EB/OL]. 国家与发展改革委员会网站,ht-tp://www. sdpc. gov. cn/gzdt/201502/t20150228_665747. html,2015/2/26.

# 第八章

# 研究结论与展望

随着中国经济总量的扩大,能源安全是构成国家安全的重要因素。在目前复杂的国际形势下,在国家安全目标下如何维护能源安全的议题在国家战略探讨中具有重要价值。本选题在这样的背景下提出,以中俄能源合作为研究对象,综合运用历史分析法、内容分析法、系统方法、博弈方法、理论构建和案例研究的方法,对中俄能源合作的过程、合作形成的条件以及合作战略的模式进行了系统的分析和理论上的探讨,初步构建起了能源合作环境分析框架、能源平衡合作战略博弈模型以及能源合作战略模式选择模型,来刻画中俄能源合作规律以及探讨中俄能源合作的战略。

## 第一节　主要结论及建议

### 一、本论文的主要研究结论

本书应用历史分析法梳理中俄能源合作的历史。在此基础上,进一步利用内容分析法,通过对 1992 至 2014 年中俄签订的首脑级的能源战略合作协议文本的内容分析,揭示了中俄能源合作的规律和特点。中俄能源合作的领域主要集中在天然气、石油、核电、煤炭、电力五大领域,其中油气领域的合作在艰难中推进,核电与电力合作的推进较为顺利,煤炭合作刚刚起步。而油气合作领域则最具战略价值,对两国能源安全的影响最大。从两国能源合作历程展示的合作态度上,两国政府对能源合作的战略意义高度认同,都认为两国的能源合作是具有地缘政治利益基础的。但总体而言,两国的能源合作并不深入,制约两国能源合作的原因主要有三个:一是两国能源企业的利润目标存在巨大的差距,能源企业的合作动力不足。因此即使在政府层面上达成了合作协议,在企业层面会因经济性问题最终无法实施合作协议;二是虽然两国都彼此认同与对方国家合作的价值,但这个价值显然政治意义更大。中国最重要的能源来源国是中东,而俄罗斯最重要的能源销售市场是欧盟,两国目前都不是彼此最重要的市场,影响两国之间的深入合作;三是两国国家安全观的差异会影响两国能源合作的深入,中国国家安全观下需要大量油气储备来维护国家的能源安全,而俄罗斯国家安全观则需要防止邻国在经济、人口和文化领域的扩张。在各自国家安全观下开展的行动会产生利益冲突,限制两国能源合作的深入开展。通过历史分析得知,在中俄能源合作中,只有在合作短期或长期的经济利益足以吸引两国能源企业(能源合作的微观实施主体)开展合作行动,而这些合作行动又符合当时国家安全利益——至少不会对两国的国家安全利益形成威胁或是潜在的威胁时,才有可能促成两国的能源合作。

战略环境分析是战略制定的前提。本研究通过对文献的查找和归纳,认为在目前国际政治合作的环境分析的研究中,缺少类似于波特钻石模型那样的环境的分析工具,用于分析国家间合作环境,使战略管理理论在国家战略领域的应用不足。本书以战略管理理论为基础,借鉴了公共战略学环境分析中的张力理论,初步构建了中俄能源合作环境的张力分析框架。在这个分析框架中,按照环境因素的"影响方式"和环境"审视视角",将影响国际能源合作的环境因素进行了分类,将能源合作环境的影响因素划分为国内市场因素、国际市场因素、国家安全因素以及国际关系因素四大类。这四大类的影响因素中的一个或几个因素的变化会引发影响因素之间的六种张力,分别是国内市场—国际市场张力、国家安全—国际关系张力、国内市场—国家安全张力、国际市场—国际关系张力、国内市场—国际关系张力,以及国家安全—国际市场张力。通过因素之间的张力分析,可以阐释环境因素对能源合作行动产生的影响,发现环境因素的改变将会给能源合作带来怎样的机遇或挑战,并可以通过思考国家对机会的利用能力和对挑战的应对能力发现国家在能源合作中的优势和劣势。这一分析框架完善了国家战略环境的SWOC分析方法,为探讨中俄能源合作战略的制定提供更实用的环境分析工具。

对中俄能源合作战略的探讨,必须先弄清中俄能源合作产生的条件,以及这些条件如何影响中俄能源合作实现的。本书采用演化博弈的方法,建立了能源平衡合作战略博弈模型。在中俄能源合作历史的分析中,已经识别了经济利益与政治安全利益是决定中俄能源合作的关键要素。能源平衡合作战略博弈模中,刻画了经济利益和政治安全利益的共同作用下,能源合作行动是如何演化的。通过演化分析得出,各要素对两国能源合作意愿的影响机制,并发现两国经济收益与安全收益的综合作用出现三种情况:一是两国的经济利益与安全利益一致时,两国合作意愿的初始状态高于临界状态,会向合作点演化;二是经济利益与安全利益不一致时,两国合作意愿的初始状态低于临界状态,则会向不合作点演化,即趋向于不合作;三是当经济利益与安全利益部分一致时,即当经济利益对合作意愿产生正向影响,而安全利益对合作意愿是负面影响时,或者经济利益影响为负,安全利益影响为正时,将体现为两国在鞍点的停留的状态。此时,两国将会对经济利益和安全利益进一步进行协调和谈判,当协商和谈判行动能实现经济利益与安全利益一致时,两国的状态会由鞍点向合作状态演化;当谈判破裂时,状态会由鞍点向不合作状态演化;也有可能两国状态长期在鞍点处停滞,体现出两国对合作达成期待以及对合作相对利益争取之间博弈。

中俄能源平衡合作战略博弈模型中推演出国家对能源合作的意愿函数,双方国家会根据合作中预期的经济和政治安全利益进行权衡,形成各自的合作意愿。双方的合作意愿的相互作用会形成合作情境。本书采用类型学的分类方法,根据双方合作意愿的高低对比,将一国战略决策的情境分为平静型、急迫型、动荡型和振动型。四种不同情境下会形成八类不同的能源合作战略模式,对应的能源合作战略模式类型有陌生者和试探者、追逐者和动议者、妥协者和共生者、关注者和适应者八种类型的战略模式。不同类型下的战略模式包括相应的战略目标和战略对策,体现了不同的战略思维。在情境变化的情况下,战略模式会跟随战略决策情境而变化。本书进一步战略模式选择的路径进行了论述。路径演化的结论与博弈演化模型中博弈演化的路径一致。因此,博弈演化模型印证战略模式选择路径的合理性,同时战略选择路径解释了演化博弈模型的演化路径的现实含义。同时,能源合作战略模型的选择路径同样也体现了向三个演化博弈稳定点演化的趋势,即合作会趋向于谈判临界状态(鞍点)、共生者战略(合作点),以及向陌生者战略(不合作点)三个稳定状态转化。

在理论上探讨了中俄能源合作的规律后,本书通过中俄油气合作战略分析来对验证前面理论分析的结论,并探讨中俄油气合作战略的制定。在案例分析中,首先用演化博弈的方法分析了中俄两国各自对外油气合作条件的变化过程以及双方油气合作战略的变迁历程。阐释了中俄油气合作战略由于合作条件的变化,双方的油气合作战略由 2000 年以前(俄)动议者—(中)适应者战略,2000 年至 2005 年演化为(俄)适应者—(中)动议者战略,2006 年至 2012 年向(俄)试探者—(中)试探者战略的演化过程。其次,进一步应用能源合作环境张力分析框架,对 2013 年以来中俄油气合作环境因素进行了识别和分析,厘清了中国在目前国际环境中开展中俄油气合作的机会、威胁、优势及劣势。中俄应把握目前的合作机会,根据妥协者和共生者的战略模式来确定中俄油气合作的战略。本书依据环境张力分析框架的 SWOC 分析结果,论述了中国在国家安全目标下中俄油气合作中的能源安全目标,并提出中俄能源合作要在三大战略任务,即油气合作开采战略、油气通道建设战略及石油储备建设战略的框架下展开。三大战略任务通过保障油气资源的开发和运输,以及应对中短期油气资源的短缺来保障国家的能源安全目标。虽然三大战略任务的实施能够降低中国能源安全的风险,但由于中国缺乏对大宗商品的国际定价权,三大战略的实施仍受国际油价变动的局限。中国应配套实施油气技术开发战略以及石油期货市场建设战略,有助于中国获得国际石油价格定价权或是对国际油价产生影响力。通过三大战略任务和两大配套战略的实施来实现中国的能源安全目标。由于油气合作是中俄能源合作的重点,因此中国对中俄油气合作战略的实施推动着中俄能源合作的向前发展。

**二、中俄实施能源合作战略的建议**

中俄两国未来将持续推进石油、天然气、核电、电力以及煤炭五大领域的合作。在石油领域,2013 年 3 月下旬,中俄签订了原油增供的购销合同,在未来的 25 年,每年向中国供应 4700 万吨原油;在天然气领域,中国参股(20%)建设的亚马尔液化天然气项目进入建设期,预计 2016 年可进入商业运营①,中国将保障每年至少进口 300 万吨液化天然气②。中俄天然气东线管道建设的俄罗斯境内段已在 2014 年 9 月开工建设,中国境内段也将在 2015 年上半年开始,预计在 2018 年竣

① 资料来源:俄天然气公司称亚马尔 LNG 项目将于 2016 年运营[EB/OL]. 中国燃气网,http://www. chinagas. org. cn/hangye/zixun/Foreign/2013 - 05 - 20/8868. html,2013/5/18.

② 资料来源:中俄政府间亚马尔液化天然气项目协议生效[EB/OL]. 中化新闻网,http://www. ccin. com. cn/ccin/news/2014/03/07/289495. shtml,2014/3/7.

工投产①,从 2019 年开始以 50 亿立方米供气,5 年后递增至 380 亿立方米/年的输气量②。中俄西线天然气管道在 2014 年 11 月也签订了天然气供应的框架协议,2015 年上半年中俄能源谈判的重点就是西线管道项目,俄计划通过西线每年向中国供应天然气 300 亿立方米③;在核电领域,2009 年田湾核电站的二期工程开工,计划 2018 年投入运营,此后中俄将就规划剩余的四台核电机组进一步协商谈判。中俄有计划将在浮动核电站的建造上开展合作④。电力和煤炭领域的合作也在进一步加深。

目前国际的政治经济形势的发展,给深入推进中俄两国的能源合作带来了契机,需要中俄以妥协者和共生者战略模式来思考中俄能源的合作战略,一方面在各自国家安全利益诉求下,让渡部分的期望经济收益,以推进合作的不断深入开展;另一方面,通过不断加深中俄两国之间经济的相互依赖和文化的认同来增强两国共同利益的基础,推动合作行动的实施。

从国际合作理论的角度,中央政府可以从加强两国经济相互依赖、加强合作的机制的建设,以及构建文化认同等方面的建设,为中俄能源合作战略营造实施的环境,以促进中俄能源合作战略的实施。

1. 加强区域经济合作以增强两国间的相互依赖关系

中俄在不断寻找和开发区域间的合作机会。中俄从 20 世纪 90 年代初开始寻求边境地区的相互合作,尤其沿黑龙江、乌苏里江,以及图们江区域的合作开发一直是中俄两国政府在边境地区合作的重点区域。2009 年 9 月中俄签订了中国东北地区与俄远东及东西伯利亚地区的合作规划中,对在上述三个地区 2009 年至 2018 年对基础设施建设、运输、科技园区、劳务、旅游和环保等领域的合作进行规划,并商定了合作重点项目的目录。⑤ 尤其图们江区域是中朝俄三国交界区域,

---

① 资料来源:中俄东线天然气管道中国境内段明年上半年开工[EB/OL]. 新浪财经,http://finance. sina. com. cn/stock/usstock/c/20141009/170420494410. shtml,2014/10/9.

② 资料来源:中俄天然气东线管道走向公布 西线或年底前谈成[EB/OL]. 网易财经,http://money. 163. com/14/1009/17/A84O0FC4002524SO. html,2014/10/9.

③ 资料来源:俄媒:中俄西线天然气管道项目基本做好动工准备[EB/OL]. 环球网,http://world. huanqiu. com/exclusive/2015–02/5677111. html? referer = huanqiu,2015/2/13.

④ 资料来源:俄罗斯中国将在建造浮动核电站领域开展合作[EB/OL]. 中国能源局网站,http://www. nea. gov. cn/2012–12/12/c_132034848. htm,2012/12/12/

⑤ 中华人民共和国东北地区与俄罗斯联邦远东及东西伯利亚地区合作规划纲要[EB/OL]. 中国外交部网站,http://www. fmprc. gov. cn/mfa_chn/zyxw_602251/t709754. shtml,2009/9/23.

并面向日本海与韩日相连,辐射蒙古,战略地位更显突出。1992 年,联合国开发计划署倡导下,除日本外的五国共同启动该区域的合作项目。在该区域通过多边合作建设原油储备也被提及(白根旭,2013:380)。此外,2013 年中国提出建设"一路一带"的战略构想,中俄合作也在"21 世纪海上丝绸之路"的建设构想之内。[①]

中国继续从多层次多维度地尝试加深中俄两国之间的经济合作,为区域合作的深入开展创造良好的合作环境,扩大两国间的经贸合作。通过加深经济间的相互依赖关系来提升两国在对方国家经济发展中的战略地位,间接推动能源领域合作的进一步开展。

2. 进行合作机制建设以促进两国间的合作

中俄两国在 1996 年底建立了总理定期会晤机制,会晤委员会下常设能源合作分委会,开启了能源领域政府间磋商的机制。2008 年 7 月,为了更好地推进两国之间的能源合作进程,中俄两国在北京启动了副总理级的中俄能源谈判机制。国家元首级能源双边合作机制的建立为推进两国的能源合作起到了重要的作用。

除了双边合作机制的正常运行外,中俄两国还可以通过其他多边合作机制来加强两国间的合作,如中俄参与的政治多边合作上有解决朝核问题的"六方会谈",加强边境地区互信和促进裁军谈判的"上海合作组织",以及促进经济合作的"金砖国家",中俄印三国外长会晤机制,以及东亚峰会机制等合作机制。这些合作机制都为在多边框架下协调国家间的合作问题提供了平台。

目前在东北亚地区还未能建立起能源合作多边合作机制。而图们江地区独特的地理位置能够对中俄朝日韩蒙六国的多国能源合作发挥独特的作用。在图们江地区建设多国联合的战略石油储备体系的议题,可以为建立东北亚地区的能源合作多边合作体系提供的基础。

3. 建构文化认同以缓解两国安全观差异的矛盾

除了两国对经济收益目标间的差距影响了中俄两国能源企业对能源合作行动的实施外,两国安全观的差异也阻碍了能源合作的深入开展。对俄罗斯而言,一方面能源民族主义的安全观决定了俄罗斯会将本国的油气资源置于政府的控制之下,保护本国油气资源不受外国资本或是外来政治力量的控制,使俄政府对

---

① 资料来源:习近平提战略构想:"一带一路"打开"筑梦空间"[EB/OL]. 新华网,http://news. xinhuanet. com/fortune/2014 - 08/11/c_1112013039. htm,2014/8/11.

油气资源利润的分配具有绝对的话语权;另一方面,中国良好的经济发展态势也给俄罗斯带来危机感,尤其俄罗斯远东及东西伯利亚地区的经济发展水平及人口密度与中国东北地区客观上存在的差距,加上西方国家所宣传的"中国威胁论",俄罗斯已经将中国视为对其国家安全具有潜在威胁的国家。因此,中俄两国之间的合作一般在俄罗斯面临的外部危机,与中国合作能够帮助其有效地缓解外部威胁的压力时,两国的合作可以较为顺利地开展。一旦俄罗斯的外部危机解除,中国崛起的潜在威胁又会重新成为两国合作的障碍。使得中俄两国的能源合作总呈现出俄罗斯面临危机时得以推进,俄罗斯平衡发展时受阻的规律。

构建中俄两国之间文化认同是缓解观念冲突的一种途径。在苏联时期,两国的社会主义制度为相互之间提供了一种文化认同,资本主义和社会主义两大阵营的对立,也进一步加深了相互之间的文化认同。冷战结束和苏联解体后,社会主义和资本主义已经不成为国家间文化认同,经济民族主义①则加剧了国家间文化认同的鸿沟。同时,虽然中俄两国之间的边境划分问题已随着 2004 年黑瞎子岛主权的划分而宣布完成,但两国领土问题上的观念冲突并不会消弭。随着中国经济实力的增强,俄罗斯在远东及东西伯利亚地区的领土危机感会不断增强。构建中俄两国间的文化认同存在着客观上的困难。

但中俄两国政府仍在不断地为构建两国的文化认同做出努力。从第三章对中俄战略合作领域的文件分布(图 3 - 1)可以看出,中俄签订的合作协议中,涉及文化合作领域的合作协议数量是在能源和经贸领域之后,排在第三位,可以看出两国政府在文化认同的构建上做出的努力。虽然两国的文化认同构建上无法实现国家安全观上的认同,但对缓解两国之间的文化冲突还是会起到一定的正面影响作用。

因此,本研究认为,中俄能源合作战略重点围绕油气合作战略展开。对中国而言,通过中俄油气合作来实施油气资源的合作开发、油气管道的建设运营及战略石油储备建设的战略,并通过油气技术开发和石油期货市场建设两个配套战略的实施,来实现中国能源安全的目标。同时,中央政府需要从推进中俄两国区域合作,完善两国的双边合作机制和建立多边能源合作机制,以及构建两国间的文化认同等途径,来为这些战略的实现创造良好的实施环境。而其中,两国难以构建相互间身份

---

① 经济民族主义指将国家间因资源而进行的斗争视为国际体系本身内在的一般性质,它是用于解释财富与权力之间关系的一种思想。其中能源民族主义又是经济民族主义的重要组成。参见:孙霞(2010:162)。

认同也是两国能源合作难以在常态下推进的根本原因。因此,中俄能源合作深入推进的机会出现在俄罗斯面临严重外部危机的时候,而中国也必须抓住俄罗斯陷入危机的历史机遇开展合作。同时认识到俄罗斯在外部危机缓解后很有可能出现合作意愿降低,使中俄能源合作回复到艰难推进的状态。中国政府和企业应该做好相应的风险防范措施,以降低俄罗斯脱离危机状态后违约带来的损失。

## 第二节 研究局限与展望

国际能源合作问题涉及国际关系、国际战略、国际经济合作等领域,不同的学者对此问题的研究角度各有不同。本书根据能源既是商品,又是影响到国家安全的战略资源的前提下,从国际政治合作的角度对中俄能源合作规律进行模型的刻画;并应用政府战略管理的理论和方法,对中俄能源合作战略进行了研究,构建能源合作战略的环境分析工具;最后综合应用能源合作条件的分析模型和能源合作环境分析工具,来探讨中俄能源合作战略。本研究尝试构建一些创新性的模型和工具,初步达到了研究的预期目标。但是由于研究者的学识和研究条件等方面的限制,文章还存在一些局限,这些不足也是这个选题进行更一步研究的方向。

首先,对中俄能源合作规律的刻画缺乏实质性的数据支撑。能源中最重要的就是石油和天然气,尤其是石油作为国家的战略资源,其国家间合作的细节既是能源企业的商业机密,也是国家保密的领域。因此,对能源合作规律分析的模型构架和理论阐释也许缺少一些关键性但是不公开的信息,将会使模型的解释力受到影响。

其次,能源合作环境分析框架有待进一步完善。能源合作所面临的环境复杂多样,本书识别的合作环境影响因素体系相对简化,影响因素的作用机制的分析也停留在定性分析阶段。下一步的研究中,可以思考如何用定量的方法来测量影响因素的作用机制,进一步完善战略环境分析方法。

第三,能源合作战略的探讨可以更加深入。国际能源合作战略是国家级的战略,对国家战略的探讨需要综合历史观、国际观、系统观和科学观的战略思维。随着研究者研究的深入、见识的增加以及思路的拓展,能源合作战略研究会有丰富的内容。

# 参考文献

[1]陈宏．博弈论与战略互动[J]．外交评论,2007(4):98－104.

[2]陈小沁．俄罗斯能源战略演进的历史脉络[J]．教学与研究,2006(10):30－44.

[3]陈绪学．中土油气合作管理模式研究[D]．西南石油大学博士学位论文,2011,.

[4]陈振明．公共部门战略管理途径的特征、过程和作用[J]．厦门大学学报(哲学社会科学版),2004(3):5－14.

[5]程胜．国际能源合作的演化博弈分析[J]．中国石油大学学报,2007(1):7－11.

[6]丛鹏主编．大国安全观比较[M]．北京:时事出版社,2004:5.

[7]邓小平．邓小平文选(第2版)[M]．北京:人民出版社,1994:160.

[8]董志强．制度及其演化的一般理论[J]．管理世界,2008(05):151－165.

[9]方婷婷．中俄能源合作:影响因素与现实选择[J]．当代世界与社会主义,2011(03):88－91.

[10]方振邦,徐东华编著．管理思想百年脉络[M]．北京:中国人民大学出版社,2012.

[11]冯连勇,郑宇．中俄油管线与能源合作问题的博弈分析[J]．俄罗斯中亚东欧研究,2004(04):38－41.

[12]富景筠．"页岩气革命"、"乌克兰危机"与俄欧能源关系——对天然气市场结构与权力结构的动态分析[J]．欧洲研究,2014(6):82－98.

[13]高际香．俄罗斯外债问题[J]．俄罗斯中亚东欧研究,2008(1):49－55.

[14]高建,杨丹,董秀成．贷款换石油:中外石油合作新模式[J]．国际经济合作,200(10):19－23.

[15]葛艾继,郭鹏,许红．国际油气合作理论与实务[M]．北京:石油工业出版社,2004.

[16]管清友,何帆．中国的能源安全与国际能源合作[J]．世界经济与政治,2007(11):45－53＋4－5.

[17]亥新曾．欧盟的亚洲能源合作战略[J]．全球科技经济瞭望,1997(3):17－18.

[18]韩学功,佟纪元主编. 国际石油合作[M]. 北京:石油工业出版社,1995.

[19]郝宇彪,田春生. 中俄能源合作:进展、动因及影响[J]. 东北亚论坛,2014(5):71–82.

[20]华迎. 页岩气革命及其影响[J]. 国际经济合作,2013(8):67–68.

[21]黄凯南. 演化博弈与演化经济学[J]. 经济研究,2009(02):132–145.

[22]黄素逸,龙妍编著. 能源经济学[M]. 北京:中国电力出版社,2010.

[23]黄毅诚. 能源部[M]. 大连:大连出版社,1993.

[24]季志业主编. 俄罗斯,中亚"油气政治"与中国[M]. 哈尔滨:黑龙江人民出版社,2008.

[25]姜海南. 论全球化背景下的国家政治安全与中国政治安全维护[D]. 暨南大学博士论文,2007 年:I.

[26]金灿荣主编. 中国学者看世界·大国战略卷[M]. 北京:新世界出版社,2007.

[27]金燕.,国际能源合作研究[D]. 财政部财政科学研究所博士学位论文,2011.

[28]李渤. 经济全球化背景下的中印能源合作模式[M]. 北京:时事出版社,2011.

[29]李钢,蓝石等编著. 公共政策内容分析方法[M]. 重庆:重庆大学出版社,2007.

[30]李景治,罗天虹. 国际战略学[M]. 北京:中国人民大学出版社,2003.

[31]李明泉,马广水. 经济学基础[M]. 大连:东北财经大学出版社,2000.

[32]李少军主编. 国际战略报告:理论体系,现实挑战与中国的选择[M]. 北京:中国社会科学出版社,2005.

[33]李树清. 开展国际经济合作分享海外石油资源[J]. 国际经济合作,1996(11):24–26.

[34]李霞. 东北亚区域能源安全与能源合作研究[D]. 吉林大学博士学位论文,2012.

[35]李宇环. 中国地方政府战略管理模式创新研究[D]. 中央财经大学 2013 年博士论文.

[36]刘跃进. 非传统的总体国家安全观[J]. 国际安全研究,2014(6):3–25.

[37]刘跃进主编. 国家安全学[M]. 北京:中国政治大学出版社,2012.

[38]陆南泉. 从中俄输油管道问题对两国关系的几点思考[J]. 俄罗斯中亚东欧研究,2005(01):81–83.

[39]马秀卿. 中国的石油进口需求和同阿拉伯国家石油合作的发展[J]. 西亚非洲,1997(2):16–22.

[40]门洪华. 如何进行大战略研究—兼论中国大战略研究的意义[J]. 国际政治研究,2004(4):33–45.

[41]钮先钟. 战略研究[M]. 桂林:广西师范大学出版社,2003.

[42]Nechaeva E.. 交易理论与中俄能源合作[D]. 吉林大学博士学位论文,2013.

[43]戚文海. 面向21世纪的中俄能源合作[J]. 东欧中亚市场研究,1998(11):

[44]尚永庆,王震等. 石油合同对国际油气合作博弈影响分析[J]. 技术经济与管理研究,2012(2):13 - 16.

[45]尚永庆,王震等. 油气资源合作的演化博弈分析—以中俄原油管道为例[J]. 技术经济与管理研究,2013(3):17 - 20.

[46]孙文娟. 中亚能源合作演化博弈分析[J]. 开发研究,2011(3):133 - 136.

[47]孙霞. 权力与规范:东北亚能源安全合作[M]. 北京:世界知识出版社,2010.

[48]唐衍伟,黄运成,杨婕. 中国石油进口参与国际定价的现状,趋势及策略分析[J]. 资源科学,2007(1):184 - 189.

[49]王爱国. 高技术企业战略管理模式的创新研究[M]. 济南:山东人民出版社,2009.

[50]王帆,卢静主编. 国际安全概论[M]. 北京:世界知识出版社,2010.

[51]王双. 东北亚地区能源合作:问题、挑战及前景[D]. 上海社会科学院博士学位论文,2012.

[52]王毅,张冀强等. 全球背景下的能源与环境合作:中美关系中的战略牌[J]. 战略与管理,1997(6):54 - 59.

[53]伍福佐. 能源消费国家间的能源国际合作[D]. 复旦大学博士学位论文,2007.

[54]徐斌. 黄少卿. 从双边博弈到多边合作——中日俄石油管线争端的案例研究[J]. 世界经济与政治,2010(03):141 - 154 + 160.

[55]徐海燕. 俄罗斯"东向"能源出口战略与中俄油气合作——基于地缘政治经济学的分析[J]. 复旦学报(社会科学版),2004(05):101 - 106 + 116.

[56]严波. 试论西方大战略理论[J]. 国外社会科学,2007(6):21 - 25.

[57]严伟. 俄罗斯能源战略与中俄能源合作研究[M]. 沈阳:东北大学出版社,2013.

[58]叶蓁蓁,国际能源合作模式与中国的战略选择[D]. 外交学院博士学位论文,2005:108.

[59]叶自成. 中国大战略:中国成为世界大国的主要问题及战略选择[M]. 北京:中国社会科学出版社,2003.

[60]于会录,董锁成等. 丝绸之路经济带资源格局与合作开发模式研究[J]. 资源科学,2014(12):2468 - 2475.

[61]余治国. 世界金融五百年(下)[M]. 天津:天津社会科学院出版社,2011.

[62]查有梁. 什么是模式论?[J]. 社会科学研究,1994(2):89 - 92.

[63]张晶. 亟须长期战略——透视中俄石油管线改道风波[J]. 国际贸易,2003(3):30 - 32.

[64]张茂荣.美国"能源独立"前景及其地缘经济影响[J].现代国际关系,2014(7):52-58.

[65]张瑞君,J.P.多里安,顾京文.东北亚的能源合作与发展[J].国际石油经济,1995(4):21-26.

[66]张曦凤.国际商务谈判中三大常见模式的对比及其应用研究[J].山西财经大学学报,2009(2):70-71.

[67]张跃庆,张念宏.经济大辞海[M].北京:海洋出版社,1992.

[68]赵景华,李代民.政府战略管理三角模型评析与创新[J].中国行政管理,2009(6):47-49.

[69]赵景华,李代民.政府战略管理中的张力研究[A].中国管理现代化研究会.第六届(2011)中国管理学年会——组织与战略分会场论文集[C].中国管理现代化研究会:,2011:7.

[70]赵景华,李宇环.公共战略学的学科构建与发展趋势[J].中国行政管理,2010(8):112-116.

[71]赵景华,李宇环.公共战略管理的价值取向与分析模式[J].中国行政管理,2011(12):32-37.

[72]赵景华,邢华.政府战略管理的SWOT模型:一个概念框架[J].中国行政管理,2010(5):23-27.

[73]赵雷.全球问题研究的类型学方法论[N].中国社会科学报,2012年8月1日(第B03版).

[74]郑羽,庞昌伟.俄罗斯能源外交与中俄油气合作[M].北京:世界知识出版社,2003.

[75]朱国伟.论公共行政战略的理性精神——一种三维理性范式观[J].华中科技大学学报(社会科学版),2010(5):39-59.

[76]朱显平,李天籽.东北亚区域能源合作研究[M].长春:吉林人民出版社,2006.

[77][美]艾尔弗雷德·D·钱德勒.北京天则经济研究所等译.战略与结构:美国工商企业成长的若干篇[M].昆明:云南人民出版社,2002.

[78][英]巴瑞·布赞,[丹麦]奥利·维夫,[丹麦]迪·怀尔德著.朱宁译.新安全论[M].杭州:浙江人民出版社,2003.

[79][美]保罗·C·纳特,罗伯特·M·巴可夫著.陈振明等译校.公共和第三部门组织的战略管理[M].北京:中国人民大学出版社,2001.

[80][韩]白根旭.丁晖等译.中俄油气合作现实与启示[M].北京:石油工业出版社,2013.

[81][美]彼得·帕雷特主编. 时殷弘等译. 现代战略的缔造者—从马基雅维利到核时代[M]. 北京:世界知识出版社,2006.

[82][美]大卫·A·鲍德温编著. 肖欢容译. 新现实主义和新自由主义[M]. 杭州:浙江人民出版社,2001.

[83][美]邓肯·斯奈德尔. 国际政治的博弈理论[C].[美]肯尼思·奥耶编. 无政府状态下的合作. 上海:上海人民出版社;2010.

[84][美]海伦·米尔纳著. 曲博译. 王正毅校. 利益与信息:国内政治与国际关系[M]. 上海:上海人民出版社,2010.

[85][美]汉斯·摩根索著. 徐昕等译. 王缉思校. 国家间政治:权力斗争与和平(第七版)[M]. 北京:北京大学出版社,2006.

[86][美]亨利·明茨伯格等. 魏江译. 战略历程[M];北京:机械工业出版社,2012.

[87][美]Kathleen M. Eisenhardt & Melissa E. Graebner. 由案例构建理论:机会与挑战[C]. 李平,曹仰锋主编. 案例研究方法:理论与范例—凯瑟琳·艾森哈特论文集. 北京:北京大学出版社,2012.

[88][美]肯尼思·奥耶编. 田野,辛平译. 无政府状态下的合作[M]. 上海:上海人民出版社,2010.

[89][美]肯尼斯·华尔兹. 信强译. 国际政治理论[M]. 上海:上海人民出版社,2004.

[90][美]雷蒙德·E·迈尔斯,查尔斯·C·斯诺著. 方洁译. 组织的战略、结构和过程[M]. 北京:东方出版社,2006.

[91][美]理查德·罗斯克兰斯,阿瑟·斯坦主编. 刘东国译. 大战略的国内基础[M]. 北京:北京大学出版社,2005.

[92][美]罗伯特·基欧汉著. 苏长和等译. 霸权之后:世界政治经济中的合作与纷争[M]. 上海:上海人民出版社,2001.

[93][美]罗伯特·杰维斯. 秦亚青译. 国际政治中的知觉与错误知觉[M]. 北京:世界知识出版社,2003.

[94][美]迈克尔·波特. 陈小悦译. 竞争优势[M]. 北京:华夏出版社,1997年.

[95][美]曼瑟尔·奥尔森著. 陈郁等译. 集体行动的逻辑[M]. 上海:上海人民出版社,2011.

[96][日]木村泛著. 王炜译. 黄晓勇译审. 普京的能源战略[M]. 北京:社会文献出版社,2013.

[97][瑞典]乔根·W·威布尔著. 王永钦译. 演化博弈论[M]. 上海:三联书店,2006.

[98][美]托马斯·谢林著. 赵华等译. 冲突的战略[M]. 北京:华夏出版社,2011.

[99][美]伊戈尔·安索夫. 曹德骏等译. 新公司战略M]. 成都:西南财经大学出版社,2009.

[100][美]约翰·布赖森著. 孙春霞译. 公共与非营利组织战略规划[M]. 北京:北京大学出版社,2010.

[101][美]约翰·加迪斯著. 时殷弘等译. 遏制战略:战后美国国家安全政策评析[M]. 北京:世界知识出版社,2005.

[102][美]詹姆斯·多尔蒂等著. 阎学通等译. 争论中的国际关系理论(第五版)[M]. 北京:世界知识出版社,2013.

[103] Alger C. The Emerging Roles of NGOs in the UN System:From Article 71 to a People's Millennium Assembly [J]. Global Governance,2002,8(1):93 – 117.

[104] Bahgat,Gawdat,ed. Energy security:an interdisciplinary approach [M]. John Wiley & Sons,2011.

[105] Battigalli P. Strategic rationality orderings and the best rationalization principle [J]. Games and Economic Behavior,1996,13(2):178 – 200.

[106] Bilgin M.. Geopolitics of European natural gas demand:Supplies from Russia,Caspian and the Middle East [J]. Energy Policy,2009,37(11):4482 – 4492.

[107] Bozeman B., Straussman J. D.. Public Management Stategies [M]. San Francisco:Jossey – Bass Publishers,1990.

[108] Chakarova V. P.. Energy crises and cooperation:Do international institutions matter? [D]. Old Dominion University. Ph. D. 2010.

[109] Cleveland H.. Nobody in Charge:Essays on the Future of Leadership [M]. New York:Wiley,2002.

[110] Cobanli O.. Central Asian gas in Eurasian power game [J]. Energy Policy,2014(68):348 – 370.

[111] Cowhey P. F.. The Problems of Plenty:Energy Policy and International Policy [M]. Berkley:University of California Press,1985.

[112] Earnest D. C.. Simulating the K – Factor:An Agent – Based Model of Distributive Conflict In International Negotiations. Conference Papers — International Studies Association. 2009 Annual Meeting.

[113] Farrell H.,Newman A. L.. Domestic institutions beyond the Nation – State:Charting the new interdependence approach [J]. World Policts,2014,66(2):331 – 363.

[114] Frieden J. A. Actors and Preferences in International relations [J]. Strategic choice and international relations,1999:39 – 76.

[115] Friedman D. Evolutionary games in economics[J]. Econometrica,1991:637 – 666.

[116] Gowa J. . Anarchy,Egoism,and Third Images:The Evolution of Cooperation and International Relations [J]. International Organization,1986,40(1):167 – 186.

[117] Grieco,J. M. . Cooperation among nations:Europe,America,and non – tariff barriers to trade [J]. Cornell Studies in Political Economy Ithaca and London:Cornell University Press,1990.

[118] Hancher L,Janssen S. Shared Competences and Multi – Faceted Concepts – European Legal Framework for security of Supply[J]. Energy Security,Managing Risk in a Dynamic Legal and Regulatory Environment,2004:85 – 119.

[119] Haukkala H. ,Jakobson L. . The myth of a Sino – Russian Challenge to the West [J]. The International Spectator,2009,44(3):59 – 76.

[120] Hoffman T. , Johnson B. . The World Energy Triangle:Strategy for Cooperation [M]. Massachusetts:Ballinger Publishing Company,1981.

[121] Hubert F,Ikonnikova S. Strategic Investments and Multilateral Bargaining in the Eurasian Gas Supply Network:A Shapley value analysis[J]. The Journal of Industrial Economics,2011, 59(1):85 – 116.

[122] Ikenberry G. J. ,Mastanduno M. and Wohlforth W. C. . Unipolarity,State Behavior,and Systemic Consequences [J]. World Politics,2009,61(1):1 – 27.

[123] Jervis R. Cooperation under the Security Dilemma [J]. World Politics,1978,30(2): 167 – 214.

[124] Jordana J. D. ,Levi – Faur,Marin X. . The global diffusion of regulatory agencies [J]. Comparative Political Studies,2011,44(10):1343 – 1369.

[125] Kaloudis S. C. T. . Gazprom and Russia:The economic rationality of Russian foreign energy policy[D]. The Catholic University of America. ,Ph. D. ,2009.

[126] Kate O' Neill,J¨org Balsiger,and Stacy D. VanDeveer. Actor,Norms,and Impact:Recent International Cooperation Theory and the Influence of the Agent – Structure Debate [J]. Annual Review Politcs and Science,2004(7):149 – 175.

[127] Kettl D. F. . Transformation of Governance:Public Administration for Twenty – First Century America[M]. Baltimore,Md. :Johns Hopkins University Press,2002.

[128] Kohl W. L. ,ed. . After the Secord Oil Crisis:Energy Policies in Europe,American,and Japan [M]. Lexington:D. C. Heath and Company,1982.

[129] Krasner S. D. Changing state structures:Outside in [C]. Proceedings of the National Academy of Sciences of the United States of America,12/27/2011 Supplement:21302 – 21307.

[130] Kropatcheva E. ,He who has the pipeline calls the tune? Russia's energy power against

the background of the shale "revolutions"[J]. Energy Policy,2014(66):1 – 10.

[131]Lieber R. J. The Oil deade:Conflict and Cooperation in the West [M]. New York:Praeger,1983.

[132]Marigold P.. National Security and International Relations[M]. London:Routledge,1990.

[133]Meek J. W.. The limits of collective action:a collective goods interpretation of energy cooperation among western industrialized countries in the international energy agency[D]. The Claremont Graduate University,phD,1980.

[134]Miles R. E. , Snow C. C. , and others. Organizational Strategy, Structure, and Process [J]. Academy of Management Review,1978,3(3):546 – 562.

[135]Milner H.. International Theories of Cooperation Among Nation:Strengths and Weakness[J]. World Politics,1992,44(03):466 – 496.

[136]Mintzberg H.. Patterns in strategy formulation [J]. Management Science, 1978(24): 934 – 948.

[137]Nutt P. C. & Backoff R. W.. Fashioning and Sustaining Strategic Change in Public Organizations[J]. Public Productivity & Management Review,1996,19(3):313 – 337.

[138]Moravcsik A. Taking preferences seriously:A liberal theory of international politics [J]. International organization,1997,51(04):513 – 533.

[139]Morgenthau H J. Another "Great Debate":the national interest of the United States [J]. American Political Science Review,1952,46(04):961 – 988.

[140]Morrow J D. Game Theory for political scientists[M]. Princeton,NJ:Princeton University Press,1994:1.

[141]Noreng O.. Oil Politics in the 1980s:Patterns of International cooperation [M]. New York:McGraw – Hill Book Company,1978.

[142]Nutt P. C. & Backoff R. W. ,Transforming Public Organizations with Strategic Management and Strategic Leadership[J]. 1993b,19(2):299 – 347.

[143]Nutt P. C. & Backoff R. W.. Fashioning and Sustaining Strategic Change in Public Organizations[J]. Public Productivity & Management Review,1996,19(3):313 – 337.

[144]Nutt P. C. & Backoff R. W.. Strategic Issues as Tensions[J]. Journal of Management Inquiry,1993a,2(1):28 – 42.

[145]Omonbude E. J.. The transit oil and gas pipeline and the role of bargaining:A non – technical discussion[J]. Energy Policy,2007,35(12):6188 – 6194.

[146]O'Neill K. , Balsiger J. , VanDeveer S. D.. ACTORS, NORMS, AND IMPACT:Recent International Cooperation Theory and the Influence of the Agent – Structure Debate [J]. Annual Re-

view of Political Science,2004,7(1):149 – 175.

[147]Ozdamar,I. O.. The Great Game redux:Energy security and the emergence of tripolarity in Eurasia [D]. a dissertation of PHD. University of Missouri – Columbia. 2006:36.

[148]Porter M. E. How competitive forces shape strategy [J]. Harvard Business Review. , 1979,57(2):137 – 145.

[149]Posner E.. Making Rules for Global Finance:Transatlantic Regulatory Cooperation at the Turn of the Millennium [J]. International Organization,2009,63(3):665 – 699.

[150]Powell R.. Absolute and relative gains in international relations theory[J]. American Political Science Review,85:1303 – 1320.

[151]Smil V. Future of oil:trends and surprises[J]. OPEC review,1998,22(4):253 – 276.

[152]Snidal D. Relative Gains and the Pattern of International Cooperation [J]. The American Political Science Review,1991,85(3):701 – 726.

[153]Snidal D.. The game Theory of International Politics[J]. World Politics,1985,38(1): 25 – 57.

[154]Snow C. C. ,Hambrick D. C.. Measuring Organizational Strategies:Some Theoretical and Methodological Problem [J]. Academy of Management Review,1980,5(4):527 – 538.

[155]Stulberg A. N.. Strategic bargaining and pipeline politics:Confronting the credible commitment problem in Eurasian energy transit[J]. Review of International Political Economy,2012,19(5):808 – 836.

[156]Svyatets E.. Power,Profits,and Politics:Energy Security and Cooperation in Eurasia. [D]. University of Southern California. bInternational Relations. Ph. D. 2013.

[157]Szyliowicz J. S. ,O'Neill B. E.. Energy Crisis and U. S. Foreign Policy[M]. New York: Prager Publisher Inc. ,1975.

[158]Trenin D.. The End of Eurasia:Russia on the Border between Geopolitics and Globalisation [M]. Washington D. C:Carnegie Endowment for Interational Peace,2002:204 – 213.

[159]Willrich M.. Energy and World Politics[M]. New York:the Free Press,1975.

[160]Zanoyan V. Global energy security [J]. Middle East Economic Survey,2003,46:15.

[161]Energy Information Administration. RURRIA[EB/OL].
http://www. eia. gov/countries/analysisbriefs/Russia/russia. pdf,2013/11/26.

[162]Energy Information Administration. Technically Recoverable Shale Oil and Shale Gas Resources:An Assessment of 137 Shale Formations in 41 Countries Outside the United States[EB/OL]. http://www. eia. gov/analysis/studies/worldshalegas/,2013/06/13.

[163] Energy Information Administration. World Energy Outlook (2012) [EB/OL].

www. Eia. gov. 2014/04/21.

[164] Energy Information Administration. World Oil Transit Chokepoints (2012) [EB/OL]. www. Eia. gov. 2014/04/20.

[165] Gromov A. Key points of Russian energy strategy up to 2030 – between Europe and Asia [EB/OL]. http://wenku. baidu. com/link? url = dDTEm9aji1NHoV9114YMmgr3GoTkVm3679GSG2zfO l5aNfvU8nKRMqaAsuW – r8AD8WlS67Y3XujblWbQ7mcd9wbe7 – MyAjwPvB0ky4J1wri ,2010/9/30.

### 数据库

国家统计局数据库:http://www. stats. gov. cn/tjsj/ndsj/2014/indexch. htm

中国海关总署:http://www. customs. gov. cn/publish/portal0/tab49666/info729725. htm

中国国家图书馆–人民日报全文数据库

世界银行数据库:http://databank. shihang. org/data/views/reports/tableview. aspx

美国能源署数据库:http://www. eia. gov/dnav/pet/pet_sum_sndw_dcus_nus_w. htm

# 附 件

## 附件 1 中俄合作战略协议集

### 表 A1 – 1 中俄合作战略协议全集

| 编号 | 年份 | 月 | 日 | 协议 | 领域 |
|---|---|---|---|---|---|
| 1 | 1992 | 2 | 25 | 中华人民共和国和苏维埃社会主义共和国联盟关于中苏国界东段的协定 | 政治 |
| 2 | 1992 | 3 | 5 | 中华人民共和国和俄罗斯联邦政府经济贸易关系协定 | 经贸 |
| 3 | 1992 | 3 | 16～17 | 中华人民共和国和苏维埃社会主义共和国联盟关于中苏（苏中）国界东段的协定 | 政治 |
| 4 | 1992 | 5 | 4～5 | 1992 年俄中两国换货议定书 | 经贸 |
| 5 | 1992 | 5 | 4～5 | 政府在社会劳动领域合作协定 | 公民往来 |
| 6 | 1992 | 6 | 6～12 | 中俄 1992～1993 年度的文化合作意向书 | 文化 |

续表

| 编号 | 年份 | 月 | 日 | 协议 | 领域 |
| --- | --- | --- | --- | --- | --- |
| 7 | 1992 | 6 | 8 | 地震科学技术合作议定书 | 科技 |
| 8 | 1992 | 6 | 20 | 中华人民共和国和俄罗斯联邦关于民事和刑事司法协助的条约 | 公民往来 |
| 9 | 1992 | 6 | 20 | 《中俄联合勘界委员会条例》和与中国国界东段勘界有关的一项文件和细则 | 政治 |
| 10 | 1992 | 8 | 18~19 | 中俄两国政府关于派遣和吸收中国公民到俄罗斯联邦企业、联合公司及机构工作的原则协定 | 公民往来 |
| 11 | 1992 | 9 | 10 | 著作权合作议定书 | 文化 |
| 12 | 1992 | 12 | 17~19 | 关于中华人民共和国和俄罗斯联邦相互关系基础的联合声明 | 综合 |
| 13 | 1992 | 12 | 17~19 | 1993年中俄经贸合作议定书 | 经贸 |
| 14 | 1992 | 12 | 17~19 | 在中国合作建设核电站及俄罗斯向中国提供政府贷款的协议 | 能源 |
| 15 | 1992 | 12 | 17~19 | 中国向俄罗斯提供商品的政府贷款协议 | 金融 |
| 16 | 1992 | 12 | 17~19 | 国际汽车运输协定 | 经贸 |
| 17 | 1992 | 12 | 17~19 | 中华人民共和国和俄罗斯联邦政府科学技术合作协定 | 科技 |
| 18 | 1992 | 12 | 17~19 | 和平利用与研究宇宙空间合作协定 | 科技 |
| 19 | 1992 | 12 | 17~19 | 文化合作协定 | 文化 |
| 20 | 1992 | 12 | 17~19 | 北京市与莫斯科市合作协议书 | 区域合作 |
| 21 | 1992 | 12 | 17~19 | 俄罗斯向中国汕头电站提供设备的合同 | 能源 |
| 22 | 1992 | 12 | 18 | 中华人民共和国政府和俄罗斯联邦政府关于在边境地区相互裁减军事力量和加强军事领域信任问题的谅解备忘录 | 安全 |

续表

| 编号 | 年份 | 月 | 日 | 协议 | 领域 |
|---|---|---|---|---|---|
| 23 | 1993 | 2 | 9~12 | 俄台通航问题的原则协议 | 政治 |
| 24 | 1993 | 3 | | 中俄科技合作委员会会议定书 | 科技 |
| 25 | 1993 | 4 | 23~26 | 中俄经贸科技合作委员会常设运输工作小组第一次的会谈纪要 | 科技 |
| 26 | 1993 | 6 | 3 | 1993/1994年教育合作议定书 | 文化 |
| 27 | 1993 | 6 | 7~9 | 北京市和莫斯科市《1993/1994年合作计划》 | 区域合作 |
| 28 | 1993 | 6 | 16~18 | 俄地方边境经贸合作常设工作小组第一次会议的会谈纪要 | 经贸 |
| 29 | 1993 | 8 | 9 | 两国加强在铁路运输等领域的合作的会谈纪要 | 科技 |
| 30 | 1993 | 8 | 25 | 中俄两国文化部1994/1995年文化合作定书 | 文化 |
| 31 | 1993 | 9 | 20~26 | 中俄海上安全的会谈纪要 | 安全 |
| 32 | 1993 | 11 | 3 | 中华人民共和国政府与俄罗斯联邦政府旅游合作协议 | 文化 |
| 33 | 1993 | 12 | 7~14 | 两国气象部门签署了气象合作会谈纪要 | 科技 |
| 34 | 1993 | 12 | 29 | 中国和俄罗斯互免外交、公务旅行签证制度协定 | 公民往来 |
| 35 | 1993 | 12 | 29 | 中国公民往来签证协定 | 公民往来 |
| 36 | 1994 | 1 | 26~29 | 中华人民共和国和俄罗斯联邦政府关于中俄边境过境站协定 | 经贸 |
| 37 | 1994 | 1 | 26~29 | 中华人民共和国和俄罗斯联邦外交部磋商议定书 | 外交 |
| 38 | 1994 | 1 | 27 | 中国、俄罗斯、蒙古政府关于确定三国国界交界点的协定在乌兰巴托签订 | 政治 |
| 39 | 1994 | 3 | 21~4 | 中俄两国国家航天局关于和平利用与研究宇宙空间方面进行合作的议定书 | 科技 |

续表

| 编号 | 年份 | 月 | 日 | 协议 | 领域 |
|------|------|------|------|------|------|
| 40 | 1994 | 4 | 1~9 | 保障居民健康卫生防疫领域合作协定 | 卫生 |
| 41 | 1994 | 4 | 16~21 | 中俄两国外交部新闻信息领域合作议定书草案 | 文化 |
| 42 | 1994 | 5 | 3~7 | 中俄两国高等教育1994/1995学年合作议定书 | 文化 |
| 43 | 1994 | 5 | 26~29 | 中华人民共和国政府和俄罗斯联邦关于中俄国界管理制度的协定 | 政治 |
| 44 | 1994 | 5 | 26~29 | 中华人民共和国政府和俄罗斯联邦政府关于对所得避免双重征税和防止偷偷税的协定 | 经贸 |
| 45 | 1994 | 5 | 26~29 | 中华人民共和国政府和俄罗斯联邦经贸科技混委会第二次会议纪要 | 科技 |
| 46 | 1994 | 5 | 26~29 | 中华人民共和国政府和俄罗斯联邦政府农工综合体合作协定 | 科技 |
| 47 | 1994 | 5 | 26~29 | 中华人民共和国政府和俄罗斯联邦政府海运合作协定 | 经贸 |
| 48 | 1994 | 5 | 26~29 | 中华人民共和国环境保护局和俄罗斯联邦环境保护部关于环境保护的协议 | 环保 |
| 49 | 1994 | 5 | 26~29 | 中华人民共和国政府和俄罗斯联邦政府关于黑龙江、乌苏里江边境水域渔业资源保护、调整和增殖的议定书 | 环保 |
| 50 | 1994 | 6 | 3~14 | 中华人民共和国和俄罗斯联邦关于中俄国界西段的协定 | 政治 |
| 51 | 1994 | 6 | 27~29 | 中俄国界西段协定 | 政治 |
| 52 | 1994 | 7 | | 中俄外交部新闻领域合作议定书 | 文化 |
| 53 | 1994 | 7 | 11~16 | 两国政府预防危险军事活动协定 | 安全 |
| 54 | 1994 | 8 | 20~26 | 中华人民共和国政府和俄罗斯联邦政府邮电合作协议 | 经贸 |
| 55 | 1994 | 9 | 2~6 | 中俄联合声明 | 综合 |

续表

| 编号 | 年份 | 月 | 日 | 协议 | 领域 |
|---|---|---|---|---|---|
| 56 | 1994 | 9 | 2~6 | 中华人民共和国主席和俄罗斯联邦总统关于互相不首先使用核武器和互不将战略核武器瞄准对方的联合声明 | 安全 |
| 57 | 1994 | 9 | 2~6 | 中华人民共和国和俄罗斯联邦关于中俄国界西段的协定 | 政治 |
| 58 | 1994 | 9 | 2~6 | 中华人民共和国政府和俄罗斯联邦政府海关合作与互助协定 | 经贸 |
| 59 | 1994 | 9 | 2~6 | 中华人民共和国政府和俄罗斯联邦政府关于船只从乌苏里江（乌苏里河）经哈巴罗夫斯克城下至黑龙江（阿穆尔河）往返的议定书 | 经贸 |
| 60 | 1994 | 9 | 2~6 | 中华人民共和国政府和俄罗斯联邦政府一九四四年经济贸易合作议定书 | 经贸 |
| 61 | 1994 | 10 | 31 | 军队代表团工作会谈的工作纪要 | 安全 |
| 62 | 1994 | 12 | 29 | 中俄国界西段协议 | 政治 |
| 63 | 1995 | 2 | 24 | 关于乌苏里江流域土地持续利用规划草案 | 区域合作 |
| 64 | 1995 | 4 | 1 | 中华人民共和国政府和俄罗斯联邦政府1995年经济贸易合作议定书 | 经贸 |
| 65 | 1995 | 5 | 15~20 | 中俄两国国防部长会谈纪要 | 安全 |
| 66 | 1995 | 5 | 16~22 | 北京市与莫斯科市建立友好城市的协议 | 区域合作 |
| 67 | 1995 | 5 | 16~22 | 1995年度北京市和莫斯科市友好交流备忘录 | 区域合作 |
| 68 | 1995 | 6 | 12~14 | 签署了中俄经贸科技合作委员会第三次会议纪要 | 科技 |
| 69 | 1995 | 6 | 26 | 中俄联合公报 | 综合 |
| 70 | 1995 | 6 | 26 | 中华人民共和国政府和俄罗斯联邦政府关于共同建设黑河—布拉戈维申斯克黑龙江（阿穆尔河）界河大桥的协定 | 政治 |

续表

| 编号 | 年份 | 月 | 日 | 协议 | 领域 |
|---|---|---|---|---|---|
| 71 | 1995 | 6 | 26 | 中华人民共和国政府和俄罗斯联邦政府关于森林防火联防协定 | 环保 |
| 72 | 1995 | 6 | 26 | 中华人民共和国政府和俄罗斯联邦政府关于植物检疫和植物保护协定 | 环保 |
| 73 | 1995 | 6 | 26 | 中华人民共和国政府和俄罗斯联邦政府关于在信息化领域合作的协议 | 科技 |
| 74 | 1995 | 6 | 26 | 中华人民共和国机械工业部与俄罗斯联邦机械工业委员会建立和发展合作关系的协议 | 部门合作 |
| 75 | 1995 | 6 | 26 | 中华人民共和国政府和俄罗斯联邦政府关于相互承认学历、学位证书的协议 | 文化 |
| 76 | 1995 | 6 | 26 | 中华人民共和国和俄罗斯联邦引渡条约 | 政治 |
| 77 | 1995 | 6 | 27 | 跨国远东国际商会筹备会议备忘录 | 经贸 |
| 78 | 1995 | 8 | 22～26 | 中华人民共和国国防部和俄罗斯联邦边防总局合作协议 | 部门合作 |
| 79 | 1995 | 11 | 2 | 中国石油与俄能源部签署《中国石油天然气总公司和俄罗斯联邦燃料能源部合作备忘录》 | 能源 |
| 80 | 1995 | 11 | 30 | 中华人民共和国劳动部与俄罗斯联邦就业局关于在劳动市场就业政策领域进行合作的协议 | 公民往来 |
| 81 | 1995 | 12 | 6 | 关于建立图们江经济开发区及东北亚开发商协商委员会的协定 | 区域合作 |
| 82 | 1995 | 12 | 6 | 图们江地区经济开发区及东北亚环境谅解备忘录 | 区域合作 |
| 83 | 1995 | 12 | 6 | 关于建立图们江地区开发协调委员会的协定 | 区域合作 |
| 84 | 1995 | 12 | 18 | 中华人民共和国文化部与俄罗斯联邦文化部1996年文化合作议定书 | 文化 |
| 85 | 1996 | 1 | 24～31 | 中俄国界西段联合勘界委员会第一次会议纪要 | 政治 |
| 86 | 1996 | 4 | 1 | 中华人民共和国政府和俄罗斯联邦政府1996年经济贸易合作议定书 | 经贸 |

续表

| 编号 | 年份 | 月 | 日 | 协议 | 领域 |
|---|---|---|---|---|---|
| 87 | 1996 | 4 | 12 | 关于保持接触和改进口岸边防监督办法的议定书 | 经贸 |
| 88 | 1996 | 4 | 16~20 | 中华人民共和国海关总署与俄罗斯联邦海关委员会关于执行中华人民共和国政府俄罗斯联邦政府海关合作与互助协定的备忘录 | 部门合作 |
| 89 | 1996 | 4 | 24~26 | 中俄联合声明 | 综合 |
| 90 | 1996 | 4 | 24~26 | 中华人民共和国政府和俄罗斯联邦政府关于建立直通保密电话通讯线路的协定 | 政治 |
| 91 | 1996 | 4 | 24~26 | 中俄两国政府关于在知识产权保护领域合作的协定 | 文化 |
| 92 | 1996 | 4 | 24~26 | 两国政府和平利用核能合作协定 | 安全 |
| 93 | 1996 | 4 | 25 | 中华人民共和国政府和俄罗斯联邦政府关于共同开展能源领域合作的协定 | 能源 |
| 94 | 1996 | 4 | 25 | 两国政府关于兴凯湖自然保护区协定 | 环保 |
| 95 | 1996 | 4 | 25 | 两国政府在外汇监管领域合作及互助协定 | 金融 |
| 96 | 1996 | 4 | 25 | 中华人民共和国政府和俄罗斯联邦政府关于进出口商品合格评定合作协议 | 经贸 |
| 97 | 1996 | 4 | 25 | 中俄政府间反不正当竞争和反垄断领域交流合作协定 | 经贸 |
| 98 | 1996 | 4 | 25 | 中俄政府关于禁止非法贩运和滥用麻醉药品和精神药物的合作协定 | 安全 |
| 99 | 1996 | 4 | 25 | 中国国家核安全局核安全合作议定书 | 安全 |
| 100 | 1996 | 5 | 2~8 | 关于落实1993年两国军事部门签订的军事技术合作协议的议定书 | 科技 |
| 101 | 1996 | 9 | 16~26 | 中俄勘界委员会签署了会谈纪要并验收图纸 | 政治 |
| 102 | 1996 | 11 | 26~28 | 中俄领导人热线电话联系专家级技术谈判会谈纪要 | 政治 |

续表

| 编号 | 年份 | 月 | 日 | 协议 | 领域 |
|---|---|---|---|---|---|
| 103 | 1996 | 11 | 21 | 萨哈林－中国天然气管线研究协议 | 能源 |
| 104 | 1996 | 12 | 12 | 中国与俄罗斯政府同经贸和科技合作委员会第四次会议签署了本次会议纪要 | 科技 |
| 105 | 1996 | 12 | 26~28 | 建设连云港核电站框架合同协议 | 能源 |
| 106 | 1996 | 12 | 26~28 | 中国人民银行与俄罗斯联邦银行合作协议 | 金融 |
| 107 | 1996 | 12 | 27 | 中俄联合公报 | 综合 |
| 108 | 1997 | 4 | 22~26 | 中华人民共和国和俄罗斯联邦关于世界多极化和建立国际新秩序的联合声明 | 政治 |
| 109 | 1997 | 4 | 26 | 中华人民共和国政府和俄罗斯联邦政府关于简化共同建设黑龙江大桥的人员、建筑材料、施工设备和交通工具过境手续的协定 | 经贸 |
| 110 | 1997 | 6 | 27 | 中华人民共和国政府和俄罗斯联邦政府关于建立中俄总理定期会晤机制及其组织原则的协定（一共十个文件） | 综合 |
| 111 | 1997 | 6 | 27 | 中国石油与俄能源部签署《中国石油天然气总公司和俄燃料能源部关于组织实施油气合作项目的协议》 | 能源 |
| 112 | 1997 | 6 | 27 | 中华人民共和国政府和俄罗斯联邦政府一九九七年至二〇〇〇年贸易协定 | 经贸 |
| 113 | 1997 | 6 | 27 | 中华人民共和国政府和俄罗斯联邦政府一九九七年经济贸易合作协议书 | 经贸 |
| 114 | 1997 | 6 | 27 | 中华人民共和国政府和俄罗斯联邦政府1997—1998年文化合作计划 | 文化 |
| 115 | 1997 | 7 | 10 | 中华人民共和国文化部同俄罗斯联邦文化部关于1997－1998年文化合作协议书 | 文化 |
| 116 | 1997 | 8 | 9 | 中国石油与俄罗斯天然气工业股份公司签署《关于在天然气工业领域合作的协议》 | 能源 |
| 117 | 1997 | 11 | 10 | 《中俄联合声明》等8份文件 | 综合 |

续表

| 编号 | 年份 | 月 | 日 | 协议 | 领域 |
|---|---|---|---|---|---|
| 118 | 1997 | 11 | 10 | 中华人民共和国和俄罗斯联邦关于经济和科技合作基本方向的谅解备忘录 | 科技 |
| 119 | 1997 | 11 | 10 | 关于铺设天然气输气管道、开发凝析气田项目基础原则的谅解备忘录 | 能源 |
| 120 | 1997 | 11 | 10 | 中华人民共和国政府和俄罗斯联邦东西伯利亚地区到中华人民共和国以及可能用户的第三国的天然气管道和开发俄罗斯联邦科维克金凝析气田项目的技术经济论证的基本原则谅解备忘录 | 能源 |
| 121 | 1997 | 11 | 10 | 中华人民共和国政府和俄罗斯联邦政府关于两国地方政府间合作原则的协定 | 区域合作 |
| 122 | 1997 | 11 | 10 | 关于中俄友好、和平与发展委员会活动指导原则的协议 | 文化 |
| 123 | 1997 | 11 | 15 | 中华人民共和国政府与俄罗斯联邦政府关于解决政府贷款债务的协定 | 金融 |
| 124 | 1998 | 2 | 17 | 中俄政府关于解决贷款债务的协定 | 金融 |
| 125 | 1998 | 2 | 17 | 中华人民共和国政府和俄罗斯联邦政府——九九八年经济贸易合作议定书 | 经贸 |
| 126 | 1998 | 2 | 17 | 中华人民共和国政府和俄罗斯联邦政府关于在高速船建造领域合作的协议 | 经贸 |
| 127 | 1998 | 2 | 17 | 中华人民共和国政府和俄罗斯联邦政府关于简化俄罗斯公民进入中俄边境互贸区中方一侧手续的换文 | 公民往来 |
| 128 | 1998 | 2 | 17 | 中华人民共和国政府和俄罗斯联邦政府关于开设中俄边界珲春（中国）－马哈林诺（俄罗斯）的国际铁路客货运输口岸的换文 | 经贸 |
| 129 | 1998 | 2 | 18 | 中俄联合公报 | 综合 |
| 130 | 1998 | 11 | 23 | 关于世纪之交的中俄关系的联合声明 | 综合 |
| 131 | 1998 | 11 | 23 | 关于中俄边界问题的联合声明 | 政治 |
| 132 | 1998 | 11 | 24 | 关于江泽民主席访问俄联邦并与叶利钦总统举行非正式会晤的联合新闻公报 | 综合 |

续表

| 编号 | 年份 | 月 | 日 | 协议 | 领域 |
|---|---|---|---|---|---|
| 133 | 1999 | 1 | 22 | 香港特别行政区政府与俄罗斯政府签署民用航空协定 | 经贸 |
| 134 | 1999 | 2 | 23 | （中俄两国总理定期会晤委员会第三次会议,共签五项协议）中国欧洲商业开发投资管理中心与俄罗斯玛拉有限股份公司关于新阿尔巴特街21号特街21号房地产买卖合同 | 经贸 |
| 135 | 1999 | 2 | 23 | 欧洲商业开发投资管理中心与C（&）T股份有限公司关于新村街4号房地产买卖合同 | 经贸 |
| 136 | 1999 | 2 | 23 | 中国TCL集团有限公司与俄罗斯莫斯科红宝石电视机厂关于彩电散件组装协议 | 经贸 |
| 137 | 1999 | 2 | 23 | 中国TCL集团与俄罗斯量子电视机厂关于彩电散件组装协议 | 经贸 |
| 138 | 1999 | 2 | 23 | 中国春兰集团和俄罗斯国有企业机械制造厂能源公司的合资意向书 | 经贸 |
| 139 | 1999 | 2 | 24~27 | （中俄总理第四次定期会谈。双方签署了11项协议）关于铺设从伊尔库茨克州科维克京斯克气田到中国的输气管道的技术经济依据总协定 | 能源 |
| 140 | 1999 | 2 | 24~27 | 中国石油与俄罗斯尤科斯石油公司,俄罗斯管道运输公司签署《关于开展中俄原油管道工程预可行性研究工作的协议》； | 能源 |
| 141 | 1999 | 2 | 24~27 | 中国石油与露西亚石油股份公司签署《关于铺设从科维克金凝析气田到中国以及可能的第三国用户输送天然气管道和开发科维克金凝析气田可行性研究总协议》 | 能源 |
| 142 | 1999 | 2 | 24~27 | 关于增加从东西伯利亚向中国出口电能的框架协议 | 能源 |
| 143 | 1999 | 2 | 24~27 | 辽宁省和巴什基尔共和国合作协定 | 区域合作 |
| 144 | 1999 | 2 | 24~27 | 吉林省和滨海边疆区合作协定 | 区域合作 |
| 145 | 1999 | 2 | 24~27 | 上海市和阿穆尔州合作协定 | 区域合作 |

续表

| 编号 | 年份 | 月 | 日 | 协议 | 领域 |
|---|---|---|---|---|---|
| 146 | 1999 | 2 | 24～27 | 新疆维吾尔自治区和阿尔边疆区合作协定 | 区域合作 |
| 147 | 1999 | 2 | 24～27 | 关于成立电视机组装厂和空调组装厂的协定 | 经贸 |
| 148 | 1999 | 2 | 24～27 | 俄罗斯统一电力公司与中国国家能源公司签署的电力合作协议 | 能源 |
| 149 | 1999 | 2 | 25 | 中华人民共和国政府和俄罗斯联邦政府关于一九九二年十二月十八日签订的《中华人民共和国政府和俄罗斯联邦政府科学技术合作协定》附加知识产权保护和权利分配原则议定书 | 科技 |
| 150 | 1999 | 3 | 1 | 春兰（集团）公司与俄罗斯国有企业机械制造厂能源公司签署合作生产房间空调器项目协议 | 经贸 |
| 151 | 1999 | 3 | 25 | 中华人民共和国政府和俄罗斯联邦政府关于中俄国界线东段的叙述议定书 | 政治 |
| 152 | 1999 | 3 | 25 | 《中华人民共和国政府和俄罗斯联邦政府关于中俄国界线西段的叙述议定书》及其附件 | 政治 |
| 153 | 1999 | 3 | 31 | 双方就改善中俄界河黑龙江、乌苏里江、额尔古纳河的航行条件,提高航标航道的维护质量和加强船舶管理、保证界河航行安全等问题达成了有关协议 | 经贸 |
| 154 | 1999 | 4 | 14 | 中俄《关于限制反导弹导道导弹系统条约》有关问题磋商的新闻公报 | 安全 |
| 155 | 1999 | 4 | 27 | 中俄两国文化部合作议定书 | 文化 |
| 156 | 1999 | 4 | 27 | 中俄两国政府文化合作计划 | 文化 |
| 157 | 1999 | 6 | 2 | 北京会晤联合新闻公报 | 综合 |
| 158 | 1999 | 8 | 24～28 | 《中俄两国军事技术合作领域协定》等一系列协定 | 科技 |
| 159 | 1999 | 9 | 24 | 中俄两国政府在绥芬河市建立中俄互市贸易区的协定 | 经贸 |

续表

| 编号 | 年份 | 月 | 日 | 协议 | 领域 |
|---|---|---|---|---|---|
| 160 | 1999 | 10 | 8 | 中俄签署军备购买合同 | 安全 |
| 161 | 1999 | 10 | 8 | 北京与莫斯科2000至2001年合作协议 | 区域合作 |
| 162 | 1999 | 10 | 27 | 签署关于文化交流的协议 | 文化 |
| 163 | 1999 | 11 | 18 | 中国贸促会哈尔滨市分会和俄罗斯滨海边区工商会在哈尔滨市签署《中俄两国地区间合作调解边贸纠纷的协议》。 | 经贸 |
| 164 | 1999 | 12 | 3 | 中俄总理定期会晤委员会运输分会第四次会议纪要 | 经贸 |
| 165 | 1999 | 12 | 9 | 联合新闻公报 | 综合 |
| 166 | 1999 | 12 | 10 | 中俄联合声明 | 综合 |
| 167 | 1999 | 12 | 10 | 中华人民共和国政府和俄罗斯联邦政府关于中俄国界线东段的叙述定书 | 政治 |
| 168 | 1999 | 12 | 10 | 中华人民共和国政府和俄罗斯联邦政府关于中俄国界线西段的叙述定书 | 政治 |
| 169 | 1999 | 12 | 10 | 中华人民共和国政府和俄罗斯联邦政府关于对界河中个别岛屿及其附近水域进行共同经济利用的协定 | 政治 |
| 170 | 2000 | 3 | 1 | 中华人民共和国外交部长唐家璇访问俄罗斯联合新闻公报 | 综合 |
| 171 | 2000 | 3 | 1 | 中华人民共和国政府和俄罗斯联邦政府关于公民相互往来的协定 | 公民往来 |
| 172 | 2000 | 3 | 1 | 中华人民共和国政府和俄罗斯联邦政府关于互免团体旅游签证的协定 | 公民往来 |
| 173 | 2000 | 3 | 2~4 | 中华人民共和国国务委员吴仪与俄罗斯联邦政府副总理克列巴诺夫会谈纪要 | 综合 |
| 174 | 2000 | 3 | 20~21 | 中俄总理定期会晤委员会能源合作分委会第一次会议纪要 | 能源 |
| 175 | 2000 | 3 | 21~23 | 中俄经贸合作分委会第二次会议纪要 | 经贸 |

续表

| 编号 | 年份 | 月 | 日 | 协议 | 领域 |
|---|---|---|---|---|---|
| 176 | 2000 | 4 | 15～20 | 中俄总理定期会晤委员会科技合作分委会第四次会议的议定书 | 科技 |
| 177 | 2000 | 5 | 23～25 | 中俄经贸合作分委会第三次会议纪要 | 经贸 |
| 178 | 2000 | 5 | 26～27 | 中俄总理定期会晤委员会航天合作分委会第一次会议纪要 | 科技 |
| 179 | 2000 | 5 | 30～31 | 中俄核问题分委会第四次会议纪要 | 安全 |
| 180 | 2000 | 7 | 18 | 中华人民共和国和俄罗斯联邦北京宣言 | 综合 |
| 181 | 2000 | 7 | 18 | 中华人民共和国主席和俄罗斯联邦总统关于反导问题的联合声明（共七个政府间协议） | 安全 |
| 182 | 2000 | 7 | 18 | 中俄两国政府关于继续共同开展能源领域合作的协定 | 能源 |
| 183 | 2000 | 7 | 18 | 中俄两国政府关于在中国建造和运行快中子实验堆的合作协议 | 能源 |
| 184 | 2000 | 7 | 18 | 中国银行和俄罗斯对外经济银行合作协议 | 金融 |
| 185 | 2000 | 7 | 19 | 中华人民共和国教育部和俄罗斯联邦教育部2000～2002年教育合作协议 | 文化 |
| 186 | 2000 | 7 | 19 | 中俄能源合作分委会中方石油天然气工作组和俄方石油天然气工作组关于同意韩国政府指定的公司参加俄罗斯联邦伊尔库茨克州维克克金凝析气田管道供气项目可行性研究工作的谅解备忘录 | 能源 |
| 187 | 2000 | 7 | 19 | 中国石油天然气集团公司和俄罗斯联邦能源部、管道运输公司、尤科斯石油公司关于准备中俄原油管道项目可行性研究的谅解备忘录 | 能源 |
| 188 | 2000 | 7 | 19 | 中国联合石油有限责任公司与俄罗斯尤科斯石油公司关于三十万吨西西伯利亚轻质原油的购销合同 | 能源 |
| 189 | 2000 | 9 | 12 | 中国全国人大常委会办公厅与俄国家杜马办公厅合作协议 | 政治 |

续表

| 编号 | 年份 | 月 | 日 | 协议 | 领域 |
| --- | --- | --- | --- | --- | --- |
| 190 | 2000 | 9 | 12 | 中国全国人大常委会与俄罗斯联邦委员会办公厅合作协议 | 政治 |
| 191 | 2000 | 10 | 25~26 | 中俄总理定期会晤委员会银行合作分委会第一次会议纪要 | 金融 |
| 192 | 2000 | 11 | 3 | 中俄总理第五次定期会晤联合公报 | 综合 |
| 193 | 2000 | 11 | 3 | 中俄总理定期会晤委员会第四次会议纪要 | 综合 |
| 194 | 2000 | 11 | 3 | 中华人民共和国政府和俄罗斯联邦政府关于建立两国总理直通保密电话通讯线路的协定 | 政治 |
| 195 | 2000 | 11 | 3 | 关于一九九七年六月二十七日《中华人民共和国政府和俄罗斯联邦政府关于建立中俄总理定期会晤机制及其组织原则的协定》的议定书 | 综合 |
| 196 | 2000 | 11 | 3 | 中华人民共和国政府和俄罗斯联邦公民在中华人民共和国的短期劳务协定 | 公民往来 |
| 197 | 2000 | 11 | 3 | 中华人民共和国政府和俄罗斯联邦政府关于共同开发森林资源合作的协定 | 环保 |
| 198 | 2000 | 11 | 3 | 中华人民共和国政府和俄罗斯联邦政府2001~2005年贸易协定 | 经贸 |
| 199 | 2000 | 11 | 3 | 中华人民共和国国土资源部和俄罗斯联邦自然资源部关于开展地学和矿产资源利用科技合作的协定 | 科技 |
| 200 | 2000 | 11 | 3 | 中华人民共和国科学技术部和俄罗斯联邦科学技术部关于在创新领域合作的谅解备忘录 | 科技 |
| 201 | 2000 | 11 | 3 | 中国国家税务总局和俄罗斯联邦税务部相互谅解备忘录 | 经贸 |
| 202 | 2000 | 11 | 3 | 中国国家开发银行和俄银联(苏联外经银行)合作协议 | 金融 |
| 203 | 2000 | 11 | 3 | 中华人民共和国国家质量监督与俄罗斯联邦国家标准化和计量委员会关于在标准化,计量,合格评定,认可和产品质量管理领域的合作协议 | 经贸 |

续表

| 编号 | 年份 | 月 | 日 | 协议 | 领域 |
|---|---|---|---|---|---|
| 204 | 2000 | 11 | 3 | 中华人民共和国江苏核电有限公司与俄罗斯联邦财政部在根据《中华人民共和国政府与俄罗斯联邦政府关于在中国合作建设核电站和俄罗斯向中国提供政府贷款的协议》建造田湾核电站中中方为俄罗斯长期制造周期设备制造提供支持的协议 | 能源 |
| 205 | 2000 | 11 | 3 | 关于韩国天然气公司加入筹备设从俄罗斯伊尔库茨克州维克金凝析气田到中国和韩国输送天然气管道和开发科维克金凝析气田可行性研究的协议 | 能源 |
| 206 | 2000 | 12 | 5 | 中俄教、文、卫、体合作委员会第一次会议并签署了有关合作文件 | 文化 |
| 207 | 2000 | 12 | 6~9 | 成立中俄通信和信息技术分委会的议定书 | 科技 |
| 208 | 2001 | 2 | 15 | 中华人民共和国政府和俄罗斯联邦政府关于共同建设室韦-奥洛契额尔古纳河界河桥的协定 | 政治 |
| 209 | 2001 | 4 | 3~4 | 中俄总理定期会晤委员会经贸合作分委会森林资源开发和利用常设工作小组第一次会议纪要 | 环保 |
| 210 | 2001 | 6 | 4 | 中俄总理定期会晤委员会经贸合作分委会第四次会议纪要 | 经贸 |
| 211 | 2001 | 6 | 19~23 | 甘肃省与萨州关于经贸科技教育文化合作协议书 | 区域合作 |
| 212 | 2001 | 6 | 26~28 | 中俄总理定期会晤委员会银行合作分委会第二次会议纪要 | 金融 |
| 213 | 2001 | 7 | 2~3 | 中俄总理定期会晤委员会经贸合作分委会边境地方经贸合作常设工作小组第四次会议纪要 | 经贸 |
| 214 | 2001 | 7 | 12~16 | 中俄总理定期会晤委员会能源合作分委会第三次会议纪要 | 能源 |
| 215 | 2001 | 7 | 16 | 中俄元首莫斯科联合声明 | 综合 |

续表

| 编号 | 年份 | 月 | 日 | 协议 | 领域 |
|---|---|---|---|---|---|
| 216 | 2001 | 7 | 16~18 | 山西省和乌里扬诺夫斯克州建立友好省州关系协议书 | 区域合作 |
| 217 | 2001 | 7 |  | 山西省、乌里扬诺夫斯克州2001~2003年合作交流计划 | 区域合作 |
| 218 | 2001 | 7 | 16 | 中华人民共和国和俄罗斯联邦睦邻友好合作条约 | 综合 |
| 219 | 2001 | 7 | 17 | 中国石油天然气集团公司和俄罗斯尤科斯石油公司关于开展铺设俄罗斯至中国原油管道项目可行性研究主要原则的协议 | 能源 |
| 220 | 2001 | 7 | 20 | 中俄总理定期会晤委员会核问题分委会第五次会议纪要 | 安全 |
| 221 | 2001 | 7 | 26~28 | 中俄总理定期会晤委员会科技合作分委会第五次会议纪要 | 科技 |
| 222 | 2001 | 8 | 6~9 | 中俄总理定期会晤委员会航天合作分委会第二次会议纪要 | 科技 |
| 223 | 2001 | 9 | 7~12 | 中俄总理第六次定期会晤联合公报 | 综合 |
| 224 | 2001 | 9 | 7~12 | 中俄总理定期会晤委员会第五次会议纪要 | 综合 |
| 225 | 2001 | 9 | 7~12 | 关于一九九七年六月二十日《中华人民共和国和俄罗斯联邦政府关于建立中俄总理会晤机制及其组织原则的协定》的议定书 | 综合 |
| 226 | 2001 | 9 | 7~12 | 中俄总理定期会晤委员会通信与信息技术分委会条例 | 科技 |
| 227 | 2001 | 9 | 7~12 | 中华人民共和国和俄罗斯联邦政府关于促进航空安全的协议 | 安全 |
| 228 | 2001 | 9 | 7~12 | 中俄关于共同开展铺设俄罗斯至中国原油管道工作的总协议 | 能源 |
| 229 | 2001 | 9 | 7~12 | 中国航空器材进出口总公司与俄罗斯航空出口公司关于购买俄五架制图204-120型飞机的合同 | 经贸 |
| 230 | 2001 | 9 | 7~12 | 2001~2002年中俄互供商品指导性清单的换文 | 经贸 |
| 231 | 2001 | 9 | 7~12 | 关于成立中俄化肥生产和进出口商联合会的协议 | 经贸 |

续表

| 编号 | 年份 | 月 | 日 | 协议 | 领域 |
|---|---|---|---|---|---|
| 232 | 2001 | 10 | 11～15 | 中俄总理定期会晤委员会通讯与信息技术分委会第一次会议纪要 | 科技 |
| 233 | 2001 | 10 | 12～15 | 湖北省和萨拉托夫州建立友好省州关系的协议 | 区域合作 |
| 234 | 2001 | 10 | 27～3 | 黑龙江省省长与俄总统驻远东区代表会谈纪要 | 区域合作 |
| 235 | 2001 | 11月 | 27～2 | 中国公安部和俄内务部合作协议 | 部门合作 |
| 236 | 2002 | 4 | 24～26 | 中华人民共和国和俄罗斯联邦领事条约 | 外交 |
| 237 | 2002 | 7 | 15～20 | 中俄教文卫体合作委员会第三次会议纪要 | 文化 |
| 238 | 2002 | 8 | 22 | 中俄总理定期会晤联合公报 | 综合 |
| 239 | 2002 | 8 | 22 | 中俄总理定期会晤委员会第六次会议纪要 | 综合 |
| 240 | 2002 | 8 | 22 | 中国人民银行与俄罗斯联邦中央银行关于边境地区贸易的银行结算协定 | 金融 |
| 241 | 2002 | 8 | 22 | 中国工商银行向俄罗斯对外贸易银行提供2亿美元出口买方信贷框架协议 | 金融 |
| 242 | 2002 | 12 | 2 | 中华人民共和国与俄罗斯联邦联合声明 | 综合 |
| 243 | 2003 | 1 | 27 | 俄中签署10亿美元向中国提供24架"苏—30MKK"多功能战斗机的协议 | 安全 |
| 244 | 2003 | 2 | 27 | 中俄两国外长就伊拉克问题和朝鲜半岛局势发表联合声明 | 政治 |
| 245 | 2003 | 5 | 26 | 关于世纪之交的中俄关系的联合声明 | 综合 |
| 246 | 2003 | 5 | 27 | 中华人民共和国政府与俄罗斯联邦政府关于海洋领域合作协议 | 科技 |
| 247 | 2003 | 5 | 27 | 建设银行与俄罗斯外贸银行出口买方信贷总协议 | 金融 |
| 248 | 2003 | 5 | 28 | 关于"中俄原油管道原油长期购销合同"基本原则和共识的总协议 | 能源 |

续表

| 编号 | 年份 | 月 | 日 | 协议 | 领域 |
|------|------|-----|-------|------|------|
| 249 | 2003 | 5 | 28 | 关于 600 万吨原油的铁路购销合同 | 能源 |
| 250 | 2003 | 8 | 29 | 俄中未来航天技术领域的合作计划 | 科技 |
| 251 | 2003 | 9 | 17 | 中俄教文卫体合作委员会第四次会议纪要 | 文化 |
| 252 | 2003 | 9 | 17 | 中俄教文卫体合作委员会旅游合作分委会条例 | 文化 |
| 253 | 2003 | 9 | 24 | 中俄总理第八次定期会晤联合公报 | 综合 |
| 254 | 2003 | 9 | 24 | 中俄总理定期会晤委员会第七次会议纪要 | 综合 |
| 255 | 2003 | 9 | 24 | 中华人民共和国国家发展和改革委员会、俄罗斯联邦经济发展与贸易部关于发展相互协作关系的备忘录 | 部门合作 |
| 256 | 2003 | 9 | 24 | 中华人民共和国商务部与俄罗斯联邦发展与贸易部关于完善中俄贸易敏感商品预警和磋商机制的议定书 | 经贸 |
| 257 | 2003 | 9 | 24 | 互换《中华人民共和国和俄罗斯联邦领事条约》批准书的证书 | 外交 |
| 258 | 2003 | 9 | 24 | 中信实业银行和俄罗斯外贸银行合作协议 | 金融 |
| 259 | 2003 | 11 | 14 | 从俄伊尔库茨克科维克金气田向中国和韩国供应天然气的可行性研究报告 | 能源 |
| 260 | 2003 | 11 | 20 | 中国建设银行和俄联邦储蓄银行签署一项以货币结算账户的合作协议 | 金融 |
| 261 | 2003 | 11 | 28 | 俄罗斯远东地区边防局和中国黑龙江省边境管理局在哈尔滨签署一项合作协议,将在俄中境内及两国边境合作打击毒品走私和其他犯罪活动 | 安全 |
| 262 | 2003 | 12 | 15～22 | 2004 年俄中军事联合计划 | 安全 |
| 263 | 2004 | 1 | 14 | 中俄外交部 2004 年磋商计划 | 外交 |
| 264 | 2004 | 6 | 24～30 | 中俄两国妇女工作分委会合作交流协议 | 文化 |

续表

| 编号 | 年份 | 月 | 日 | 协议 | 部门合作 领域 |
|------|------|-----|------|------|------|
| 265 | 2004 | 7 | 12～18 | 双方签署了两党合作议定书 | 部门合作 |
| 266 | 2004 | 8 | 27～2 | 中华人民共和国新疆维吾尔自治区人民政府与俄罗斯新西伯利亚州政府关于加强经贸、科学技术和文化的合作协议 | 区域合作 |
| 267 | 2004 | 8 | 27～2 | 中华人民共和国新疆维吾尔自治区经济协作办公室和俄罗斯"西伯利亚"地区间协会合作问题谅解备忘录 | 区域合作 |
| 268 | 2004 | 8 | 27～2 | 中华人民共和国新疆维吾尔自治区人民政府和俄罗斯驻西伯利亚联邦区代表处关于科技合作的议定书 | 区域合作 |
| 269 | 2004 | 9 | 2 | 中俄近期教育领域的主要合作方向议定书 | 文化 |
| 270 | 2004 | 9 | 11～14 | 中俄教文卫体合作委员会第五次会议纪要 | 文化 |
| 271 | 2004 | 9 | 23～25 | 中俄总理定期第九次定期会晤联合公报 | 综合 |
| 272 | 2004 | 9 | 23～25 | 中俄总理定期会晤委员会第八次会议纪要 | 综合 |
| 273 | 2004 | 9 | 23～25 | 中俄教文卫体合作委员会第五次会议纪要 | 文化 |
| 274 | 2004 | 9 | 23～25 | 关于中国政府向俄罗斯政府提供车臣教育援助的换文 | 文化 |
| 275 | 2004 | 9 | 23～25 | 中华人民共和国商务部和俄罗斯联邦经济发展和贸易部关于规范中俄贸易秩序的谅解备忘录 | 经贸 |
| 276 | 2004 | 9 | 23～25 | 中华人民共和国商务部和俄罗斯联邦经济发展和贸易部关于支持开展机电产品贸易的换函 | 经贸 |
| 277 | 2004 | 9 | 23～25 | 2002年8月22日签署的中国人民银行和俄罗斯联邦中央银行关于边境地区贸易省行结算协定的纪要 | 金融 |
| 278 | 2004 | 9 | 23～25 | 中国出口信用保险公司与苏联对外经济银行和俄罗斯进出口银行合作协定 | 金融 |

续表

| 编号 | 年份 | 月 | 日 | 协议 | 领域 |
|---|---|---|---|---|---|
| 279 | 2004 | 10 | 14 | 中国石油天然气集团公司与俄罗斯天然工业股份公司战略合作协议 | 能源 |
| 280 | 2004 | 10 | 14 | 中俄联合声明 | 综合 |
| 281 | 2004 | 10 | 14 | 中俄关于中俄国界东段的补充协定 | 政治 |
| 282 | 2004 | 10 | 14 | 关于中俄船只在黑瞎子岛（俄方称"大乌苏里岛"）和银龙岛（俄方称"塔拉巴罗夫岛"）地区周围水域航行的议定书 | 政治 |
| 283 | 2004 | 10 | 14 | 关于对界河中个别岛屿及其附近水域进行共同经济利用的协定 | 政治 |
| 284 | 2004 | 10 | 14 | 关于两国间现行有效协定适用于新划定国界地段的备忘录 | 政治 |
| 285 | 2004 | 11 | | 中国石油与萨哈林－1投资集团的谈判代表签署谅解备忘录 | 能源 |
| 286 | 2005 | 1 | 27 | 中俄教育合作分委会2005—2008年高等教育合作执行计划 | 文化 |
| 287 | 2005 | 5 | 25 | 中俄友好和平与发展委员会2005年工作计划 | 文化 |
| 288 | 2005 | 5 | 27 | 中华人民共和国和俄罗斯联邦关于中俄国界东段的补充协定 | 政治 |
| 289 | 2005 | 6 | 16~18 | 中国全国人大与俄罗斯国家杜马合作委员会章程 | 部门合作 |
| 290 | 2005 | 7 | 2 | 中俄关于21世纪国际秩序的联合声明 | 政治 |
| 291 | 2005 | 7 | 3 | 中俄联合公报 | 综合 |
| 292 | 2005 | 7 | 3 | 中石油与俄罗斯石油公司长期合作协议 | 能源 |
| 293 | 2005 | 7 | 3 | 建立合资企业共同参与俄罗斯远东萨哈林－3油气田开发的协议 | 能源 |
| 294 | 2005 | 11 | 4 | 中俄总理第十次定期会晤联合公报 | 综合 |
| 295 | 2005 | 11 | 4 | 中俄总理定期会晤委员会第九次会议纪要 | 综合 |

续表

| 编号 | 年份 | 月 | 日 | 协议 | 领域 |
|---|---|---|---|---|---|
| 296 | 2005 | 11 | 4 | 中俄教文卫体合作委员会第六次会议纪要 | 文化 |
| 297 | 2005 | 11 | 4 | 中华人民共和国政府和俄罗斯联邦关于在俄罗斯联邦学习汉语和在中华人民共和国学习俄语的合作协议 | 文化 |
| 298 | 2005 | 11 | 4 | 中华人民共和国商务部和俄罗斯联邦经济发展与贸易部关于2006—2010年中俄经贸合作发展规划的谅解备忘录 | 经贸 |
| 299 | 2005 | 11 | 4 | 中华人民共和国卫生部和俄罗斯联邦卫生与社会发展署关于别斯兰恐怖事件受伤儿童复治疗康复的谅解备忘录 | 人道援助 |
| 300 | 2005 | 11 | 4 | 中国国家工商行政管理总局和俄罗斯联邦反垄断局关于实施〈中华人民共和国政府和俄罗斯联邦政府反不正当竞争和反垄断领域合作协定〉谅解备忘录（2006年—2007年） | 经贸 |
| 301 | 2005 | 11 | 4 | 中华人民共和国银行业监督管理委员会和俄罗斯联邦中央银行关于银行监管领域合作的谅解备忘录 | 金融 |
| 302 | 2005 | 11 | 4 | 中国银行股份有限公司与俄罗斯外贸银行2亿美元出口买方信贷框架协议 | 金融 |
| 303 | 2005 | 11 | 4 | 中国银联股份有限公司与俄罗斯外贸银行合作备忘录 | 金融 |
| 304 | 2005 | 11 | 4 | 国家开发银行与俄罗斯对外经济银行贷款协议 | 金融 |
| 305 | 2006 | 3 | 21 | 中华人民共和国和俄罗斯联邦联合声明 | 综合 |
| 306 | 2006 | 3 | 21 | 中国石油天然气集团公司与俄罗斯天然气工业股份公司关于从俄罗斯向中国供应天然气的谅解备忘录 | 能源 |
| 307 | 2006 | 3 | 21 | 关于中国石油天然气集团公司与俄罗斯石油公司在中国、俄罗斯成立合资企业深化石油合作的基本原则协议 | 能源 |

续表

| 编号 | 年份 | 月 | 日 | 协议 | 领域 |
|---|---|---|---|---|---|
| 308 | 2006 | 3 | 21 | 中国石油天然气集团公司和俄罗斯管道运输公司关于斯科沃罗季诺—中国边境段原油管道设计和建设问题研究会谈纪要 | 能源 |
| 309 | 2006 | 11 | 9 | 中俄总理第十一次定期会晤联合新闻公报 | 综合 |
| 310 | 2006 | 11 | 9 | 中俄总理定期会晤委员会第十次会议纪要 | 综合 |
| 311 | 2006 | 11 | 9 | 中俄教文卫体合作委员会第七次会议纪要 | 文化 |
| 312 | 2006 | 11 | 9 | 中华人民共和国政府与俄罗斯联邦政府关于中俄国界管理制度的协定 | 政治 |
| 313 | 2006 | 11 | 9 | 互换《中华人民共和国和俄罗斯联邦关于移管被判刑人的条约》批准书的证书 | 政治 |
| 314 | 2006 | 11 | 9 | 中华人民共和国政府和俄罗斯联邦政府关于促进和相互保护投资协定 | 经贸 |
| 315 | 2006 | 11 | 9 | 中华人民共和国商务部与俄罗斯联邦经济发展和贸易部关于完成2006－2010年中俄经贸合作规划工作的备忘录 | 经贸 |
| 316 | 2006 | 11 | 9 | 中华人民共和国商务部与俄罗斯联邦经济发展和贸易部关于促进中俄机电产品贸易2007－2008年行动计划 | 经贸 |
| 317 | 2006 | 11 | 9 | 中华人民共和国国防科学技术工业委员会和俄罗斯联邦原子能署关于和平利用核能中期合作的谅解备忘录 | 能源 |
| 318 | 2006 | 11 | 9 | 中国国家开发银行向俄罗斯外经银行授信协议 | 金融 |
| 319 | 2006 | 11 | 9 | 中华人民共和国教育部与俄罗斯联邦教育科学部教育合作协议 | 文化 |
| 320 | 2006 | 11 | 9 | 中国国家开发银行和俄罗斯萨哈林州政府哈巴罗夫斯克银行关于投资发展领域合作的协议 | 金融 |
| 321 | 2006 | 11 | 9 | 中国人民银行和俄罗斯联邦中央银行关于扩大中国境内提供中俄边境本币结算服务的银行所在地的地域范围的纪要 | 金融 |

续表

| 编号 | 年份 | 月 | 日 | 协议 | 领域 |
|---|---|---|---|---|---|
| 322 | 2006 | 11 | 9 | 中国国家电网公司与俄罗斯统一电力系统股份公司关于从俄罗斯向中国供电项目第一阶段购售电合同 | 能源 |
| 323 | 2006 | 11 | 9 | 中国石油化工集团公司和俄罗斯石油公司战略合作框架协议 | 能源 |
| 324 | 2006 | 11 | 9 | 中国石油天然气股份有限公司与俄罗斯石油国际公司设立合资公司合同 | 能源 |
| 325 | 2006 | 11 | 9 | 中国出口信用保险公司、上海海外联合投资股份有限公司,俄罗斯外贸银行关于"波罗的堡"的海明珠项目"金融保险合作协议 | 金融 |
| 326 | 2006 | 11 | 9 | 新华通讯社与俄罗斯新闻社新闻交换与合作协议 | 文化 |
| 327 | 2007 | 3 | 27 | 中俄联合声明 | 综合 |
| 328 | 2007 | 3 | 25 | 中华人民共和国海关总署和俄罗斯联邦海关署关于在双边贸易中开展信息交换试点的协定书 | 经贸 |
| 329 | 2007 | 4 | 13 | 2007年跨国水域联合监控计划 | 环保 |
| 330 | 2007 | 9 | 28 | 中俄总理定期会晤委员会第十一次会议纪要 | 综合 |
| 331 | 2007 | 11 | 6 | 中俄总理第十二次定期会晤联合公报 | 综合 |
| 332 | 2007 | 11 | 6 | 对1992年12月18日《中华人民共和国政府和俄罗斯联邦政府关于在中华人民共和国领土上合作建设用于原子动力的气体离心体浓缩铀工厂的补充协议》协议书 | 能源 |
| 333 | 2007 | 11 | 6 | 中华人民共和国国防科学技术工业委员会与俄罗斯联邦原子能署关于和平利用核能中期合作协议定书 | 能源 |
| 334 | 2007 | 11 | 6 | 中华人民共和国商务部与俄罗斯联邦经济发展与贸易部关于中小企业合作的谅解备忘录 | 经贸 |

续表

| 编号 | 年份 | 月 | 日 | 协议 | 领域 |
|---|---|---|---|---|---|
| 335 | 2007 | 11 | 6 | 中华人民共和国科技部和俄罗斯联邦科学与创新署关于在科技优先发展领域开展共同项目合作的谅解备忘录 | 科技 |
| 336 | 2007 | 11 | 6 | 对2002年8月22日中国人民银行与俄罗斯联邦中央银行关于边境地区贸易的银行结算协定的纪要 | 金融 |
| 337 | 2007 | 11 | 6 | 中国原子能工业公司与俄罗斯技术工艺出口公司关于自俄引进铀浓缩四期项目框架协议 | 能源 |
| 338 | 2007 | 11 | 6 | 江苏核电有限公司和俄罗斯原子能建设出口公司开展田湾二期合作原则协议 | 能源 |
| 339 | 2007 | 11 | 6 | 中国进出口银行与俄罗斯佩列列斯维特投资股份有限公司房地产开发项目融资合作协议 | 经贸 |
| 340 | 2008 | 5 | 23 | 中华人民共和国和俄罗斯联邦关于重大国际问题的联合声明 | 综合 |
| 341 | 2008 | 5 | 24 | 中俄元首北京会晤联合公报 | 综合 |
| 342 | 2008 | 10 | 28 | 中俄总理第十三次定期会晤联合公报 | 综合 |
| 343 | 2008 | 10 | 28 | 中俄总理定期会晤委员会第十二次会议纪要 | 综合 |
| 344 | 2008 | 10 | 28 | 中俄人文合作委员会第九次会议纪要 | 文化 |
| 345 | 2008 | 10 | 28 | 中华人民共和国政府和俄罗斯联邦政府关于共同建设、使用、管理和维护中华人民共和国黑龙江省同江市-俄罗斯联邦犹太自治州下列宁斯阔耶居民点区域内黑龙江（阿穆尔河）铁路界河桥的协定 | 政治 |
| 346 | 2008 | 10 | 28 | 中华人民共和国国家旅游局与俄罗斯联邦旅游署关于2008-2010年期间落实《中华人民共和国政府与俄罗斯联邦政府旅游合作协议(1993年11月3日签订)》的合作计划的一号实施纲要 | 文化 |

续表

| 编号 | 年份 | 月 | 日 | 协议 | 领域 |
|---|---|---|---|---|---|
| 347 | 2008 | 10 | 28 | 中俄人文合作委员会教育合作分委会 2009－2012 年工作计划 | 文化 |
| 348 | 2008 | 10 | 28 | 中华人民共和国科学技术部与俄罗斯国家纳米技术战略合作联盟的协议 | 科技 |
| 349 | 2008 | 10 | 28 | 中国核工业集团公司与俄罗斯国家原子能集团公司关于在中国合作建造田湾核电站扩建项目两台机组与商用示范快堆的备忘录 | 能源 |
| 350 | 2008 | 10 | 28 | 中国石油天然气集团公司和俄罗斯管道运输公司关于斯科沃罗季诺－中俄边境原油管道建设与运营的原则协议 | 能源 |
| 351 | 2008 | 10 | 28 | 中航工业直升机有限责任公司和俄罗斯直升机股份公司关于联合研制重型民用直升机及俄罗斯直升机股份公司关于军民用直升机购机意向书 | 经贸 |
| 352 | 2008 | 10 | 28 | 中国航空技术进出口总公司与俄罗斯直升机股份公司关于军民用直升机购机意向书 | 经贸 |
| 353 | 2008 | 10 | 28 | 中国进出口银行与俄罗斯天然气工业银行 3 亿美元合作框架协议 | 金融 |
| 354 | 2008 | 10 | 28 | 中国国家开发银行与俄罗斯外经银行合作框架协议 | 金融 |
| 355 | 2009 | 2 | 17 | 中华人民共和国政府与俄罗斯联邦政府能源谈判机制会谈纪要 | 能源 |
| 356 | 2009 | 2 | 17 | 中华人民共和国政府和俄罗斯联邦政府关于石油领域合作的协议 | 能源 |
| 357 | 2009 | 2 | 17 | 中国石油天然气集团公司与俄罗斯管道运输公司关于斯科沃罗季诺—中俄边境原油管道建设与运营合同 | 能源 |
| 358 | 2009 | 2 | 17 | 中国石油与俄罗斯石油公司开展长期原油贸易的协议 | 能源 |
| 359 | 2009 | 2 | 17 | 中国石油与俄罗斯管道运输公司开展长期原油贸易的协议 | 能源 |
| 360 | 2009 | 4 | 21 | 中俄石油领域合作政府间协议 | 能源 |

续表

| 编号 | 年份 | 月 | 日 | 协议 | 领域 |
|------|------|-----|-----|------|------|
| 347 | 2008 | 10 | 28 | 中俄人文合作委员会教育合作分委会2009～2012年工作计划 | 文化 |
| 348 | 2008 | 10 | 28 | 中华人民共和国科学技术部与俄罗斯国家纳米技术集团公司关于建立纳米技术合作联盟的协议 | 科技 |
| 349 | 2008 | 10 | 28 | 中国核工业集团公司与俄罗斯国家原子能集团公司关于在中国合作建造田湾核电站扩建项目两台机组与商用示范快堆的备忘录 | 能源 |
| 350 | 2008 | 10 | 28 | 中国石油天然气集团公司和俄罗斯管道运输公司关于斯科沃罗季诺－中俄边境原油管道建设与运营的原则协议 | 能源 |
| 351 | 2008 | 10 | 28 | 中航工业直升机有限责任公司和俄罗斯直升机股份公司关于联合研制重型民用直升机谅解备忘录 | 经贸 |
| 352 | 2008 | 10 | 28 | 中国航空技术进出口总公司与俄罗斯直升机股份公司关于民用直升机购机意向书 | 经贸 |
| 353 | 2008 | 10 | 28 | 中国进出口银行与俄罗斯天然气工业银行3亿美元合作框架协议 | 金融 |
| 354 | 2008 | 10 | 28 | 中国国家开发银行与俄罗斯外经银行合作框架协议 | 金融 |
| 355 | 2009 | 2 | 17 | 中华人民共和国政府与俄罗斯联邦政府能源谈判机制会谈纪要 | 能源 |
| 356 | 2009 | 2 | 17 | 中华人民共和国政府和俄罗斯联邦政府关于石油领域合作的协议 | 能源 |
| 357 | 2009 | 2 | 17 | 中国石油天然气集团公司与俄罗斯管道运输公司关于斯科沃罗季诺－中俄边境原油管道建设与运营合同 | 能源 |
| 358 | 2009 | 2 | 17 | 中国石油与俄罗斯石油公司开展长期原油贸易的协议 | 能源 |
| 359 | 2009 | 2 | 17 | 中国石油与俄管道输油公司开展长期原油贸易的协议 | 能源 |
| 360 | 2009 | 4 | 21 | 中俄石油领域合作政府间协议 | 能源 |

续表

| 编号 | 年份 | 月 | 日 | 协议 | 领域 |
|---|---|---|---|---|---|
| 377 | 2009 | 10 | 13 | 中华人民共和国政府和俄罗斯联邦政府关于相互通报弹道导弹和航天运载火箭发射的协定 | 安全 |
| 378 | 2009 | 10 | 13 | 中华人民共和国政府和俄罗斯联邦政府关于互设文化中心的协定 | 文化 |
| 379 | 2009 | 10 | 13 | 中华人民共和国铁道部、俄罗斯联邦运输部和俄罗斯铁路股份公司关于在俄罗斯联邦境内组织和发展快速及高速铁路运输的谅解备忘录 | 经贸 |
| 380 | 2009 | 10 | 13 | 中华人民共和国海关总署和俄罗斯联邦海关总署关于规范通关监管秩序的合作备忘录 | 经贸 |
| 381 | 2009 | 10 | 13 | 2010～2012年中俄航天合作大纲 | 科技 |
| 382 | 2009 | 10 | 13 | 关于俄罗斯向中国出口天然气的框架协议 | 能源 |
| 383 | 2009 | 10 | 13 | 中国石油天然气集团公司与俄罗斯石油公司关于推进上下游合作的谅解备忘录 | 能源 |
| 384 | 2009 | 10 | 13 | 中国核工业集团公司与俄罗斯原子能公司关于田湾核电站有关问题的谅解备忘录 | 能源 |
| 385 | 2009 | 10 | 13 | 中俄合作建设中国示范快堆预先设计研究合同 | 能源 |
| 386 | 2009 | 12 | 8 | 中俄战略安全磋商机制合作议定书 | 安全 |
| 387 | 2010 | 9 | 26 | 中华人民共和国和俄罗斯联邦关于全面深化战略协作伙伴关系的联合声明 | 综合 |
| 388 | 2010 | 9 | 27 | 关于修改二〇〇九年四月二十一日签订的《关于石油领域合作的协议》的议定书 | 能源 |
| 389 | 2010 | 9 | 27 | 俄罗斯斯科沃罗季诺输油站至中国漠河原油管道运行的相互关系及合作总协议 | 能源 |
| 390 | 2010 | 9 | 27 | 俄罗斯向中国供气主要条款框架协议 | 能源 |

续表

| 编号 | 年份 | 月 | 日 | 协议 | 领域 |
|------|------|----|----|------|------|
| 391 | 2010 | 9 | 27 | 关于合作完成天然气处理与天然气化工项目可行性经济技术分析工作成果的备忘录 | 能源 |
| 392 | 2010 | 9 | 27 | 中俄原油管道填充原油供油合同 | 能源 |
| 393 | 2010 | 9 | 27 | 中国石油与俄罗斯卢克石油公司扩大战略合作协议 | 能源 |
| 394 | 2010 | 9 | 27 | 电网发展领域合作备忘录 | 能源 |
| 395 | 2010 | 9 | 27 | 关于煤炭领域合作谅解备忘录的议定书 | 能源 |
| 396 | 2010 | 9 | 27 | 煤炭领域合作路线图 | 能源 |
| 397 | 2010 | 11 | 23 | 中俄总理第十五次定期会晤联合公报 | 综合 |
| 398 | 2010 | 11 | 23 | 中俄总理定期会晤委员会第十四次会议纪要 | 综合 |
| 399 | 2010 | 11 | 23 | 中俄人文合作委员会第十一次会议纪要 | 文化 |
| 400 | 2010 | 11 | 23 | 关于修订一九九二年三月五日《中华人民共和国政府和俄罗斯联邦政府关于经济贸易关系的协定》的议定书 | 经贸 |
| 401 | 2010 | 11 | 23 | 关于对《关于一九九七年六月二十七日《中华人民共和国政府和俄罗斯联邦政府关于建立中俄总理定期会晤机制及其组织原则的协定》的补充议定书》进行修改的议定书 | 综合 |
| 402 | 2010 | 11 | 23 | 中俄政府间民用航空运输协定 | 经贸 |
| 403 | 2010 | 11 | 23 | 中华人民共和国商务部和俄罗斯联邦工业贸易部关于建立反倾销、反补贴和保障措施实施和应用领域合作的谅解备忘录 | 经贸 |
| 404 | 2010 | 11 | 23 | 中华人民共和国铁道部和俄罗斯联邦铁路运输部运输领域谅解备忘录 | 经贸 |
| 405 | 2010 | 11 | 23 | 中华人民共和国海关总署和俄罗斯联邦海关署关于加强知识产权边境执法合作的备忘录 | 经贸 |

续表

| 编号 | 年份 | 月 | 日 | 协议 | 领域 |
|---|---|---|---|---|---|
| 406 | 2010 | 11 | 23 | 中华人民共和国海关总署和俄罗斯联邦建设署关于边境口岸互助合作的协议 | 部门合作 |
| 407 | 2010 | 11 | 23 | 二〇〇五年七月一日《中华人民共和国政府和俄罗斯联邦政府关于最终解决原苏联和俄罗斯所欠中国债务的协定》的补充议定书 | 金融 |
| 408 | 2010 | 11 | 23 | 合作建造田湾核电站3、4号机组总合同 | 能源 |
| 409 | 2010 | 12 | 18 | 中华人民共和国公安部和俄罗斯联邦内务部会谈纪要 | 政治 |
| 410 | 2010 | 12 | 18 | 中华人民共和国公安部和俄罗斯联邦内务部2011—2012年合作议定书 | 政治 |
| 411 | 2011 | 5 | 31 | 2009年6月24日天然气领域合作谅解备忘录的议定书 | 能源 |
| 412 | 2011 | 6 | 17 | 《中俄睦邻友好合作条约》签署10周年联合声明 | 综合 |
| 413 | 2011 | 6 | 16 | 中华人民共和国和俄罗斯联邦关于当前国际形势和重大国际问题的联合声明 | 综合 |
| 414 | 2011 | 10 | 12 | 中俄总理第十六次定期会晤联合公报 | 综合 |
| 415 | 2011 | 10 | 12 | 中俄总理定期会晤委员会第十五次会议纪要 | 综合 |
| 416 | 2011 | 10 | 12 | 中俄人文合作委员会第十二次会议纪要 | 文化 |
| 417 | 2011 | 10 | 12 | 中华人民共和国政府和俄罗斯联邦政府关于经济现代化领域合作备忘录 | 经贸 |
| 418 | 2011 | 10 | 12 | 关于修改一九九三年十一月三日签订的《中华人民共和国政府与俄罗斯联邦政府旅游合作协定》的议定书 | 文化 |
| 419 | 2011 | 10 | 12 | 中华人民共和国农业部和俄罗斯联邦农业部关于加强农业领域合作的谅解备忘录 | 经贸 |
| 420 | 2011 | 10 | 12 | 中华人民共和国国家质量监督检验检疫总局与俄罗斯联邦农业部关于兽医卫生监督领域合作备忘录 | 经贸 |

续表

| 编号 | 年份 | 月 | 日 | 协议 | 领域 |
|---|---|---|---|---|---|
| 421 | 2011 | 10 | 12 | 中国国家开发银行与俄罗斯开发对外经济银行融资合作框架协议 | 金融 |
| 422 | 2011 | 10 | 12 | 中国工商银行与贝加尔矿业公司合作协议 | 金融 |
| 423 | 2011 | 10 | 12 | 中国投资有限责任公司和俄罗斯国家开发和对外经贸银行，俄罗斯直接投资基金关于建立中俄投资基金的合作备忘录 | 金融 |
| 424 | 2011 | 10 | 12 | 中国石化与俄罗斯西布尔公司关于进一步拓展合作的谅解备忘录 | 能源 |
| 425 | 2011 | 10 | 12 | 中国保利集团公司与"俄罗斯技术"国家集团合作意向协议 | 科技 |
| 426 | 2011 | 10 | 12 | 中国电子科技集团公司与"俄罗斯技术"国家集团意向协议 | 科技 |
| 427 | 2011 | 10 | 12 | 中钢集团吉林机电设备有限公司与"契克苏"股份有限公司意向协议 | 科技 |
| 428 | 2012 | 6 | 2 | 中俄能源谈判代表第八次会晤纪要 | 能源 |
| 429 | 2012 | 6 | 5 | 中华人民共和国和俄罗斯联邦关于进一步深化平等信任的中俄全面战略协作伙伴关系的联合声明 | 综合 |
| 430 | 2012 | 6 | 23 | 黑龙江省与伊尔库茨克州政府合作协议 | 区域合作 |
| 431 | 2012 | 12 | 4 | 中华人民共和国国家能源局和俄罗斯联邦能源部关于开展能源市场态势评估合作的谅解备忘录 | 能源 |
| 432 | 2012 | 12 | 4 | 中俄煤炭领域合作路线图 | 能源 |
| 433 | 2012 | 12 | 4 | 中俄煤炭合作工作组第一次会议纪要 | 能源 |
| 434 | 2012 | 12 | 4 | 国家电网与俄罗斯东方能源公司关于2013年供电量和电价的协议 | 能源 |
| 435 | 2012 | 12 | 5 | 中国国家开发银行与俄罗斯储蓄银行金融合作协议 | 金融 |
| 436 | 2012 | 12 | 6 | 中俄总理第十七次定期会晤联合公报 | 综合 |

续表

| 编号 | 年份 | 月 | 日 | 协议 | 领域 |
|---|---|---|---|---|---|
| 437 | 2012 | 12 | 6 | 中俄总理定期会晤委员会第十六次会晤会议纪要 | 综合 |
| 438 | 2012 | 12 | 6 | 中俄能源谈判代表第九次会晤纪要 | 能源 |
| 439 | 2012 | 12 | 6 | 1997年6月27日《中华人民共和国政府和俄罗斯联邦政府关于建立中俄总理定期会晤机制及其组织原则的协定》的议定书 | 综合 |
| 440 | 2012 | 12 | 6 | 中俄人文合作委员会第十三次会议纪要 | 文化 |
| 441 | 2012 | 12 | 6 | 中俄人文合作委员会关于《中俄人文合作行动计划》的备忘录 | 文化 |
| 442 | 2012 | 12 | 6 | 中华人民共和国政府与俄罗斯联邦政府关于民用航空器搜救协议 | 人道援助 |
| 443 | 2012 | 12 | 6 | 中华人民共和国和俄罗斯联邦政府关于预防、阻止和消除非法、不报告、不管制捕捞海洋生物资源的合作协定 | 环保 |
| 444 | 2012 | 12 | 6 | 中华人民共和国和俄罗斯联邦政府关于在中国合作建设田湾核电站3、4号机组的议定书 | 能源 |
| 445 | 2013 | 2 | 25 | 中俄能源合作委员会双方主席会晤纪要 | 能源 |
| 446 | 2013 | 3 | 22 | 俄罗斯向中国增供原油的框架协议 | 能源 |
| 447 | 2013 | 3 | 22 | 关于扩大原油领域合作的协议 | 能源 |
| 448 | 2013 | 3 | 22 | 关于开展油气地质研究、勘探开发和销售领域合作的谅解备忘录 | 能源 |
| 449 | 2013 | 3 | 22 | 俄罗斯联邦政府和中华人民共和国政府关于公民往来便利的协议 | 公民往来 |
| 450 | 2013 | 3 | 22 | 《中俄睦邻友好合作条约》实施纲要（2013年至2016年） | 综合 |
| 451 | 2013 | 3 | 22 | 中华人民共和国和俄罗斯联邦关于合作共赢、深化全面战略协作伙伴关系的联合声明 | 综合 |

续表

| 编号 | 年份 | 月 | 日 | 协议 | 领域 |
|---|---|---|---|---|---|
| 452 | 2013 | 6 | 21 | 中国石油天然气集团公司和诺瓦泰克股份公司购股框架协议 | 能源 |
| 453 | 2013 | 6 | 21 | 预付款条件下俄罗斯向中国增供原油的购销合同 | 能源 |
| 454 | 2013 | 9 | 5 | 中国石油与诺瓦泰克公司关于收购亚马尔液化天然气股份公司股份的购股协议 | 能源 |
| 455 | 2013 | 9 | 5 | 俄罗斯通过东线管道向中国供应天然气的框架协议 | 能源 |
| 456 | 2013 | 9 | 5 | 中俄航空领域合作协议 | 科技 |
| 457 | 2013 | 9 | 5 | 中国黑龙江省政府和俄罗斯犹太自治州政府关于修建同江—下列宁斯阔耶跨界铁路桥进度的谅解备忘录 | 政治 |
| 458 | 2013 | 9 | 5 | 上海市政府和圣彼得堡市政府合作协议 | 区域合作 |
| 459 | 2013 | 10 | 21 | 中华人民共和国政府与俄罗斯联邦政府关于实施亚马尔液化天然气项目的合作协议 | 能源 |
| 460 | 2013 | 10 | 22 | 液化天然气购销框架协议 | 能源 |
| 461 | 2013 | 10 | 22 | 中俄总理第十八定期会晤公报 | 综合 |
| 462 | 2013 | 10 | 22 | 中俄能源合作委员会第十次会议纪要 | 能源 |
| 463 | 2013 | 10 | 22 | 中俄人文合作委员会第十四次会议纪要 | 文化 |
| 464 | 2013 | 10 | 22 | 中俄总理定期会晤委员会第十七次会议纪要 | 综合 |
| 465 | 2013 | 10 | 22 | 中华人民共和国教育部和俄罗斯联邦教育和科学部关于支持组建中俄同类高校联盟的谅解备忘录 | 文化 |
| 466 | 2013 | 10 | 22 | 关于降低中华人民共和国与俄罗斯联邦国际漫游资费的谅解备忘录 | 文化 |

续表

| 编号 | 年份 | 月 | 日 | 协议 | 领域 |
|---|---|---|---|---|---|
| 467 | 2013 | 10 | 22 | 中华人民共和国商务部、中华人民共和国黑龙江省人民政府与俄罗斯联邦经济发展部关于举办中国－俄罗斯博览会的谅解备忘录 | 经贸 |
| 468 | 2013 | 10 | 22 | 中华人民共和国国家卫生和计划生育委员会和俄罗斯联邦卫生部在灾害医学领域的合作谅解备忘录 | 部门合作 |
| 469 | 2013 | 10 | 22 | 中华人民共和国海关总署和俄罗斯联邦海关署关于开展特定商品海关监管结果互认的议定书 | 经贸 |
| 470 | 2013 | 10 | 22 | 中华人民共和国海关总署和俄罗斯联邦海关署关于联合打击航空运输毒品反海关违法行为谅解备忘录 | 经贸 |
| 471 | 2013 | 10 | 22 | 中华人民共和国海关总署和俄罗斯联邦海关署关于深化中国东北地区边境海关和俄罗斯远东海关署西伯利亚海关边境海关合作纲要 | 经贸 |
| 472 | 2013 | 10 | 22 | 中华人民共和国国家旅游局和俄罗斯联邦旅游署关于2012中国"俄罗斯旅游年"和2013俄罗斯"中国旅游年"活动成果的联合声明 | 文化 |
| 473 | 2013 | 10 | 22 | 中国石油天然气集团公司与俄罗斯国家石油公司关于天津炼厂投产进度及向天津炼厂供油的主要条款 | 能源 |
| 474 | 2013 | 10 | 22 | 中国石油天然气集团公司与俄罗斯诺瓦泰克公司关于购买亚马尔液化天然气的购销协议 | 能源 |
| 475 | 2013 | 10 | 22 | 中国石化化工集团公司与俄罗斯国家石油公司关于预付款出口合同备忘录 | 能源 |
| 476 | 2013 | 10 | 22 | 中国华能集团公司与俄罗斯恩佳集团战略合作框架协议 | 能源 |
| 477 | 2013 | 10 | 22 | 中国邮政集团公司与俄罗斯联邦邮政公司合作意向备忘录 | 经贸 |
| 478 | 2013 | 10 | 22 | 国家开发银行与俄罗斯对外经济与开发银行8亿美元贷款协议 | 金融 |
| 479 | 2013 | 10 | 22 | 国家开发银行与俄罗斯对外经济与开发银行4亿美元贷款协议 | 金融 |

续表

| 编号 | 年份 | 月 | 日 | 协议 | 领域 |
|---|---|---|---|---|---|
| 480 | 2013 | 10 | 22 | 中国进出口银行与俄罗斯对外经济与开发银行7亿美元贷款框架协议 | 金融 |
| 481 | 2013 | 10 | 22 | 中国有色金属建设股份有限公司与俄罗斯MBC有限公司关于俄罗斯奥杰罗铝锌矿项目建设EPC合同 | 经贸 |
| 482 | 2013 | 10 | 22 | 安徽省外经建设(集团)有限公司和俄罗斯Meetline有限公司关于俄罗斯维尔德罗夫斯克州3000吨/日水泥熟料生产线工程EPC合同 | 经贸 |
| 483 | 2014 | 3 | 19 | 中俄标准化、计量、认证和检验检疫监管常设第一次区域合作小组会议纪要 | 经贸 |
| 484 | 2014 | 4 | 9 | 中俄政府间能源合作委员会双方主席晤谈纪要 | 能源 |
| 485 | 2014 | 5 | 20 | 中华人民共和国与俄罗斯联邦关于全面战略协作伙伴关系新阶段的联合声明 | 综合 |
| 486 | 2014 | 5 | 20 | 中俄总理定期会晤委员会双方主席晤谈纪要 | 综合 |
| 487 | 2014 | 5 | 21 | 中俄东线天然气合作项目备忘录 | 能源 |
| 488 | 2014 | 5 | 21 | 中俄东线供气购销合同 | 能源 |
| 489 | 2014 | 8 | 30 | 中俄经贸合作分委会第十七次会议纪要 | 经贸 |
| 490 | 2014 | 8 | 30 | 中俄农产品贸易合作备忘录 | 经贸 |
| 491 | 2014 | 10 | 13 | 中俄总理第十九次定期会晤联合公报 | 综合 |
| 492 | 2014 | 10 | 13 | 中俄能源合作委员会第十一次会议纪要 | 能源 |
| 493 | 2014 | 10 | 13 | 中俄投资合作委员会第一次会议纪要 | 综合 |
| 494 | 2014 | 10 | 13 | 中俄人文合作委员会第十五次会议纪要 | 文化 |
| 495 | 2014 | 10 | 13 | 中俄总理定期会晤委员会第十八次会议纪要 | 综合 |

续表

| 编号 | 年份 | 月 | 日 | 协议 | 领域 |
|---|---|---|---|---|---|
| 496 | 2014 | 10 | 13 | 中华人民共和国政府和俄罗斯联邦政府关于沿中俄东线管道自俄罗斯联邦向中华人民共和国供应天然气领域合作的协议 | 能源 |
| 497 | 2014 | 10 | 13 | 中华人民共和国政府和俄罗斯联邦政府对所得避免双重征税和防止偷漏税的协定 | 经贸 |
| 498 | 2014 | 10 | 13 | 关于＜中华人民共和国政府和俄罗斯联邦政府对所得避免双重征税和防止偷漏税的协定＞议定书 | 经贸 |
| 499 | 2014 | 10 | 13 | 关于一九九七年六月二十七日《中华人民共和国政府与俄罗斯联邦政府关于建立中俄总理定期会晤机制及其组织原则的协议》的议定书 | 综合 |
| 500 | 2014 | 10 | 13 | 关于实施中俄共同庆祝第二次世界大战胜利70周年人文领域活动计划的纪要 | 文化 |
| 501 | 2014 | 10 | 13 | 关于增补中俄青年友好交流年活动计划的纪要 | 文化 |
| 502 | 2014 | 10 | 13 | 中国卫星导航系统委员会与俄罗斯联邦航天局在卫星导航领域合作谅解备忘录 | 科技 |
| 503 | 2014 | 10 | 13 | 中华人民共和国商务部与俄罗斯联邦反垄断署署关于反垄断合作的谅解备忘录 | 经贸 |
| 504 | 2014 | 10 | 13 | 中华人民共和国海关总署和俄罗斯联邦海关署关于大型集装箱检查设备使用领域合作备忘录 | 经贸 |
| 505 | 2014 | 10 | 13 | 中华人民共和国海关总署和俄罗斯联邦海关署关于防范核材料及放射性物质经中俄边境非法贩运合作的议定书 | 安全 |
| 506 | 2014 | 10 | 13 | 中华人民共和国海关总署和俄罗斯联邦海关署战略合作计划（2014－2019年） | 部门合作 |
| 507 | 2014 | 10 | 13 | 中华人民共和国商务部与俄罗斯联邦工业贸易部关于中国作为主宾国参加2015年第六届俄罗斯国际创新工业展的备忘录 | 经贸 |
| 508 | 2014 | 10 | 13 | 中华人民共和国国家发展和改革委员会与俄罗斯联邦运输部、中国铁路总公司与俄罗斯国家铁路股份公司中俄高铁合作谅解备忘录 | 经贸 |

续表

| 编号 | 年份 | 月 | 日 | 协议 | 领域 |
|---|---|---|---|---|---|
| 509 | 2014 | 10 | 13 | 中国人民银行和俄罗斯联邦中央银行人民币/卢布双边本币互换协议 | 金融 |
| 510 | 2014 | 10 | 13 | 关于中俄东线天然气管道建设和运营的技术协议 | 能源 |
| 511 | 2014 | 10 | 13 | 中石化与俄油关于进一步深化战略合作的协议 | 能源 |
| 512 | 2014 | 11 | 9 | 关于通过中俄西线管道自俄罗斯联邦向中华人民共和国供应天然气领域合作的备忘录 | 能源 |
| 513 | 2014 | 11 | 9 | 中国石油天然气集团公司与俄罗斯天然气工业公司关于经中俄西线自俄罗斯向中国供应天然气的框架协议 | 能源 |

表 A1-2 用于内容分析的中俄合作战略协议集

| 编号 | 年份 | 月 | 日 | 协议 |
|---|---|---|---|---|
| 1 | 1992 | 12 | 17~19 | 关于中华人民共和国和俄罗斯联邦相互关系基础的联合声明 |
| 2 | 1992 | 12 | 17~19 | 在中国合作建设核电站及俄罗斯向中国提供政府贷款的协议 |
| 3 | 1992 | 12 | 17~19 | 俄罗斯向中国汕头电站提供设备的合同 |
| 4 | 1995 | 6 | 26 | 中俄联合公报 |
| 5 | 1995 | 11 | 2 | 中国石油与俄能源部签署《中国石油天然气总公司和俄罗斯联邦燃料能源部合作备忘录》 |
| 6 | 1996 | 4 | 24~26 | 中俄联合声明 |
| 7 | 1996 | 4 | 25 | 中华人民共和国政府和俄罗斯联邦政府关于共同开展能源领域合作的协定 |
| 8 | 1996 | 11 | 21 | 中国石油与埃索中国石油有限公司(后被埃克森石油公司收购)签署《萨哈林－中国天然气管线研究协议》 |

续表

| 编号 | 年份 | 月 | 日 | 协议 |
|---|---|---|---|---|
| 9 | 1996 | 12 | 26~28 | 建设连云港核电站框架合同协议 |
| 10 | 1996 | 12 | 27 | 中俄联合公报 |
| 11 | 1997 | 6 | 27 | 中国石油与俄能源部署《中国石油天然气总公司和俄燃料能源部关于组织实施油气合作项目的协议》 |
| 12 | 1997 | 8 | 9 | 中国石油与俄罗斯天然气工业股份公司签署《关于在天然气工业领域合作的协议》 |
| 13 | 1997 | 11 | 10 | 中俄联合声明 |
| 14 | 1997 | 11 | 10 | 关于铺设天然气输气管道 开发凝析气田项目基础原则的谅解备忘录 |
| 15 | 1997 | 11 | 10 | 中华人民共和国政府和俄罗斯联邦政府关于铺设从俄罗斯联邦东西伯利亚地区到中华人民共和国以及可能的天然气管道和开发俄罗斯联邦科维克金凝析气田项目的技术经济论证的基本原则谅解备忘录 |
| 16 | 1999 | 2 | 24~27 | 关于铺设从伊尔库茨克州科维克金凝析气田到中国的输气管道的技术经济依据总协定 |
| 17 | 1999 | 2 | 24~27 | 中国石油与俄尤科斯石油公司,俄罗斯管道运输公司签署《关于开展中俄原油管道工程预可行性研究工作的协议》; |
| 18 | 1999 | 2 | 24~27 | 中国石油与露西亚石油股份公司签署《关于铺设从科维克金凝析气田到中国以及可能的第三国用户输送天然气管道和开发科维克金凝析气田可行性研究总协议》 |
| 19 | 1999 | 2 | 24~27 | 关于增加从东西伯利亚向中国出口电能的框架协议 |
| 20 | 1999 | 2 | 24~27 | 俄罗斯统一电力公司与中国国家能源公司签署的电力合作协议 |
| 21 | 1999 | 6 | 2 | 北京会晤联合新闻公报 |
| 22 | 1999 | 12 | 9 | 联合新闻公报 |

续表

| 编号 | 年份 | 月 | 日 | 协议 |
|---|---|---|---|---|
| 23 | 1999 | 12 | 10 | 中俄联合声明 |
| 24 | 2000 | 7 | 18 | 中华人民共和国和俄罗斯联邦北京宣言 |
| 25 | 2000 | 7 | 18 | 中俄两国政府关于继续共同开展能源领域合作的协定 |
| 26 | 2000 | 7 | 18 | 中俄两国政府关于在中国建造和运行快中子实验堆的合作协议 |
| 27 | 2000 | 7 | 19 | 中俄能源合作分委会中方石油天然气工作组和俄方石油天然气工作组关于同意韩国政府指定的公司参加俄罗斯联邦伊尔库茨州科维克金科维克金凝析气田可行性研究工作的谅解备忘录 |
| 28 | 2000 | 7 | 19 | 中国石油天然气集团公司和俄罗斯联邦能源部、管道运输公司关于准备中俄原油管道项目可行性研究的谅解备忘录 |
| 29 | 2000 | 7 | 19 | 中国联合石油有限责任公司与俄罗斯尤科斯石油公司关于三十万吨西西伯利亚轻质原油的购销合同 |
| 30 | 2000 | 11 | 3 | 中俄总理第五次定期会晤联合公报 |
| 31 | 2000 | 11 | 3 | 中华人民共和国江苏核电有限公司与俄罗斯联邦政府关于在中国合作建设核电站和俄罗斯向中国提供政府贷款的协议》建造田湾核电站中中方为俄罗斯长期制造同期设备制造提供支持的协议根据 1992 年 12 月 18 日签订的《中华人民共和国政府与俄罗斯联邦财政部在 |
| 32 | 2000 | 11 | 3 | 关于韩中天然气公司加入筹备铺设从俄罗斯伊尔库茨州科维克金凝析气田到中国和韩国输送天然气管道和开发科维克金凝析气田可行性研究的协议 |
| 33 | 2001 | 7 | 16 | 中俄元首莫斯科联合声明 |
| 34 | 2001 | 7 | 16 | 中华人民共和国和俄罗斯联邦睦邻友好合作条约 |
| 35 | 2001 | 7 | 17 | 中国石油天然气集团公司和俄罗斯尤科斯石油运输管道公司、俄罗斯尤科斯石油公司关于开展铺设俄罗斯至中国原油管道项目可行性研究主要原则的协议 |

续表

| 编号 | 年份 | 月 | 日 | 协议 |
|---|---|---|---|---|
| 36 | 2001 | 9 | 7~12 | 中俄总理第六次定期会晤联合公报 |
| 37 | 2001 |  |  | 中俄关于共同开展铺设俄罗斯至中国原油管道项目可行性研究工作的总协议 |
| 38 | 2002 | 8 | 22 | 中俄总理第七次定期会晤联合公报 |
| 39 | 2002 | 12 | 2 | 中华人民共和国与俄罗斯联邦联合声明 |
| 40 | 2003 | 5 | 26 | 关于世纪之交的中俄关系的联合声明 |
| 41 | 2003 | 5 | 28 | 关于"中俄原油管道原油长期购销合同"基本原则和共识的总协议 |
| 42 | 2003 | 5 | 28 | 关于600万吨原油的铁路购销合同 |
| 43 | 2003 | 9 | 24 | 中俄总理第八次定期会晤联合公报 |
| 44 | 2003 | 11 | 14 | 从俄伊尔库茨克科维克金气田向中国和韩国供应天然气的可行性研究报告 |
| 45 | 2004 | 9 | 23~25 | 中俄总理第九次定期会晤联合公报 |
| 46 | 2004 | 10 | 14 | 中国石油天然气集团公司与俄罗斯天然气工业股份公司战略合作协议 |
| 47 | 2004 | 10 | 14 | 中俄联合声明 |
| 48 | 2004 | 11 | 3 | 中国石油与萨哈林-1投资集团的谈判代表签署谅解备忘录 |
| 49 | 2005 | 7 | 3 | 中俄联合公报 |
| 50 | 2005 | 7 | 3 | 中石油与俄罗斯石油公司长期合作协议 |
| 51 | 2005 | 7 | 3 | 俄石油和中石化建立合资合营企业共同参与俄罗斯远东萨哈林-3油气田开发的协议 |
| 52 | 2005 | 11 | 4 | 中俄总理第十次定期会晤联合公报 |

续表

| 编号 | 年份 | 月 | 日 | 协议 |
|---|---|---|---|---|
| 53 | 2006 | 3 | 21 | 中华人民共和国和俄罗斯联邦联合声明 |
| 54 | 2006 | 3 | 21 | 中国石油天然气集团公司与俄罗斯天然气工业股份公司关于从俄罗斯向中国供应天然气的谅解备忘录 |
| 55 | 2006 | 3 | 21 | 关于中国石油天然气集团公司在中国、俄罗斯成立合资企业深化石油合作的基本原则协议 |
| 56 | 2006 | 3 | 21 | 中国石油天然气集团公司和俄罗斯管道运输公司关于斯科沃罗季诺—中国边境段原油管道设计和建设问题研究会谈纪要 |
| 57 | 2006 | 11 | 9 | 中俄总理第十一次定期会晤联合新闻公报 |
| 58 | 2006 | 11 | 9 | 中华人民共和国国防科学技术工业委员会和俄罗斯联邦原子能署和平利用核能中期合作的谅解备忘录 |
| 59 | 2006 | 11 | 9 | 中国国家电网公司与俄罗斯统一电力系统股份公司关于从俄罗斯向中国供电项目第一阶段购售电合同 |
| 60 | 2006 | 11 | 9 | 中国石油化工集团公司和俄罗斯石油公司战略合作框架协议 |
| 61 | 2006 | 11 | 9 | 中国石油天然气股份有限公司与俄石油国际有限公司设立合资公司合同 |
| 62 | 2007 | 3 | 27 | 中俄联合声明 |
| 63 | 2007 | 11 | 6 | 中俄总理第十二次定期会晤联合公报 |
| 64 | 2007 | 11 | 6 | 对1992年12月18日《中华人民共和国政府和俄罗斯联邦政府关于在中华人民共和国领土上合作建设用于原子动力的气体离心浓缩铀工厂协议》的补充议定书 |
| 65 | 2007 | 11 | 6 | 中华人民共和国国防科学技术工业委员会与俄罗斯联邦原子能署关于和平利用核能中期合作议定书 |
| 66 | 2007 | 11 | 6 | 中国原子能工业公司与俄罗斯技术工艺出口公司关于自俄引进铀浓缩四期项目框架协议 |

续表

| 编号 | 年份 | 月 | 日 | 协议 |
|---|---|---|---|---|
| 67 | 2007 | 11 | 6 | 江苏核电有限公司和俄罗斯原子能建设出口公司开展田湾二期合作原则协议 |
| 68 | 2008 | 5 | 23 | 中华人民共和国和俄罗斯联邦关于重大国际问题的联合声明 |
| 69 | 2008 | 5 | 24 | 中俄元首北京会晤联合公报 |
| 70 | 2008 | 10 | 28 | 中俄总理第十三次定期会晤联合公报 |
| 71 | 2008 | 10 | 28 | 中国核工业集团公司与俄罗斯国家原子能集团公司关于在中国合作建造田湾核电站扩建项目两台机组与商用示范快堆的备忘录 |
| 72 | 2008 | 10 | 28 | 中国石油天然气集团公司和俄罗斯管道运输公司关于斯科罗沃斯季诺－中俄边境原油管道建设与运营的原则协议 |
| 73 | 2009 | 2 | 17 | 中华人民共和国政府和俄罗斯联邦政府关于石油领域合作的协议 |
| 74 | 2009 | 2 | 17 | 中国石油天然气集团公司与俄罗斯管道运输公司关于斯科罗沃斯季诺－中俄边境原油管道建设与运营合同 |
| 75 | 2009 | 2 | 17 | 中国石油与俄罗斯石油公司开展长期原油贸易的协议 |
| 76 | 2009 | 2 | 17 | 中国石油与俄罗斯管道运输公司开展长期原油贸易的协议 |
| 77 | 2009 | 4 | 21 | 中俄石油领域合作政府间协议 |
| 78 | 2009 | 6 | 18 | 中俄元首莫斯科会晤联合声明 |
| 79 | 2009 | 6 | 18 | 中俄投资合作规划纲要 |
| 80 | 2009 | 6 | 18 | 关于天然气领域合作的谅解备忘录 |
| 81 | 2009 | 6 | 18 | 关于煤炭领域合作的谅解备忘录 |
| 82 | 2009 | 10 | 13 | 中俄总理第十四次定期会晤联合公报 |

续表

| 编号 | 年份 | 月 | 日 | 协议 |
|---|---|---|---|---|
| 83 | 2009 | 10 | 13 | 落实 2009 年 6 月 24 日签署的《关于天然气领域合作的谅解备忘录》路线图 |
| 84 | 2009 | 10 | 13 | 关于俄罗斯向中国出口天然气的框架协议 |
| 85 | 2009 | 10 | 13 | 中国石油天然气集团公司与俄罗斯石油公司关于推进上下游合作的谅解备忘录 |
| 86 | 2009 | 10 | 13 | 中国核工业集团公司与俄罗斯原子能公司关于田湾核电站有关问题的谅解备忘录 |
| 87 | 2009 | 10 | 13 | 中俄合作建设中国示范快堆预先设计研究合同 |
| 88 | 2010 | 9 | 26 | 中华人民共和国和俄罗斯联邦关于全面深化战略协作伙伴关系的联合声明 |
| 89 | 2010 | 9 | 27 | 关于修改二〇〇九年四月二十一日签订的《关于石油领域合作》的议定书 |
| 90 | 2010 | 9 | 27 | 俄罗斯斯科沃季诺输油站至中国漠河输油管原油管道运行的相互关系及合作总协议 |
| 91 | 2010 | 9 | 27 | 俄罗斯向中国供气主要条款框架协议 |
| 92 | 2010 | 9 | 27 | 关于合作完成天然气处理天然气化工项目可行性经济技术分析工作成果的备忘录 |
| 93 | 2010 | 9 | 27 | 中俄原油管道真充油合同 |
| 94 | 2010 | 9 | 27 | 中国石油与俄罗斯卢克石油公司扩大战略合作协议 |
| 95 | 2010 | 9 | 27 | 电网发展领域合作谅解备忘录 |
| 96 | 2010 | 9 | 27 | 关于煤炭领域合作谅解备忘录的议定书 |
| 97 | 2010 | 9 | 27 | 煤炭领域合作路线图 |
| 98 | 2010 | 11 | 23 | 中俄总理第十五次定期会晤联合公报 |
| 99 | 2010 | 11 | 23 | 合作建造田湾核电站 3、4 号机组总合同 |

续表

| 编号 | 年份 | 月 | 日 | 协议 |
|---|---|---|---|---|
| 100 | 2011 | 5 | 31 | 2009 年 6 月 24 日天然气领域合作谅解备忘录的议定书 |
| 101 | 2011 | 6 | 17 | 《中俄睦邻友好合作条约》签署 10 周年联合声明 |
| 102 | 2011 | 10 | 12 | 中俄总理第十六次定期会晤联合公报 |
| 103 | 2011 | 10 | 12 | 中国石化与俄罗斯西布尔公司关于进一步拓展合作的谅解备忘录 |
| 104 | 2012 | 6 | 5 | 中华人民共和国和俄罗斯联邦关于进一步深化平等信任的中俄全面战略协作伙伴关系的联合声明 |
| 105 | 2012 | 12 | 4 | 中华人民共和国国家能源局和俄罗斯联邦能源部关于开展能源市场态势评估合作的谅解备忘录 |
| 106 | 2012 | 12 | 4 | 中俄煤炭领域合作路线图 |
| 107 | 2012 | 12 | 4 | 国家电网与俄罗斯东方能源公司关于 2013 年供电量和电价的协议 |
| 108 | 2012 | 12 | 6 | 中俄总理第十七次定期会晤联合公报 |
| 109 | 2012 | 12 | 6 | 中华人民共和国政府和俄罗斯联邦政府关于在中国合作建设田湾核电站 3、4 号机组的议定书 |
| 110 | 2013 | 3 | 22 | 俄罗斯向中国增供原油的框架协议 |
| 111 | 2013 | 3 | 22 | 关于扩大原油合作的协议 |
| 112 | 2013 | 3 | 22 | 关于开展油气地质研究、勘探开发和销售领域合作的谅解备忘录 |
| 113 | 2013 | 3 | 22 | 《中俄睦邻友好合作条约》实施纲要(2013 年至 2016 年) |
| 114 | 2013 | 3 | 22 | 中华人民共和国和俄罗斯联邦关于合作共赢、深化全面战略协作伙伴关系的联合声明 |
| 115 | 2013 | 6 | 21 | 中国石油天然气集团公司和诺瓦克股份公司购股框架协议 |

223

续表

| 编号 | 年份 | 月 | 日 | 协议 |
|---|---|---|---|---|
| 116 | 2013 | 6 | 21 | 预付款条件下俄罗斯向中国增供原油的购销合同 |
| 117 | 2013 | 9 | 5 | 中国石油与诺瓦泰克公司关于收购亚马尔液化天然气股份公司股份的购股协议 |
| 118 | 2013 | 9 | 5 | 俄罗斯通过东线管道向中国供应天然气的框架协议 |
| 119 | 2013 | 10 | 21 | 中华人民共和国政府与俄罗斯联邦政府关于实施亚马尔液化天然气项目的合作协议 |
| 120 | 2013 | 10 | 22 | 液化天然气购销框架协议 |
| 121 | 2013 | 10 | 22 | 中俄总理第十八次定期会晤公报 |
| 122 | 2013 | 10 | 22 | 中国石油天然气集团公司关于天津炼厂投产进度及向天津炼厂供油的主要条款 |
| 123 | 2013 | 10 | 22 | 中国石油公司与俄罗斯诺瓦泰克公司关于购买亚马尔液化天然气的购销协议 |
| 124 | 2013 | 10 | 22 | 中国石油化工集团公司与俄罗斯国家石油公司关于预付款出口款合同备忘录 |
| 125 | 2013 | 10 | 22 | 中国华能集团公司与俄罗斯恩佳集团战略合作框架协议 |
| 126 | 2014 | 5 | 20 | 中华人民共和国与俄罗斯联邦关于全面战略协作伙伴关系新阶段的联合声明 |
| 127 | 2014 | 5 | 21 | 中俄东线天然气合作项目备忘录 |
| 128 | 2014 | 5 | 21 | 中俄东线供气购销合同 |
| 129 | 2014 | 10 | 13 | 中俄总理第十九次定期会晤联合公报 |
| 130 | 2014 | 10 | 13 | 中华人民共和国政府和俄罗斯联邦政府关于沿中俄东线管道自俄罗斯联邦向中华人民共和国供应天然气领域合作的协议 |
| 131 | 2014 | 10 | 13 | 关于中俄东线天然气管道建设和运营的技术协议 |

续表

| 编号 | 年份 | 月 | 日 | 协议 |
|---|---|---|---|---|
| 132 | 2014 | 10 | 13 | 中石化与俄油关于进一步深化战略合作的协议 |
| 133 | 2014 | 11 | 9 | 关于通过中俄西线管道自俄罗斯邦向中华人民共和国供应天然气领域合作的备忘录 |
| 134 | 2014 | 11 | 9 | 中国石油天然气集团公司与俄罗斯天然气工业公司关于经中俄西线自俄罗斯向中国供应天然气的框架协议 |

# 附件2　中俄能源合作历史进程回顾

表 A2－1　中俄能源合作历程

| 年 | 月日 | 政府层面 | 企业层面 |
|---|---|---|---|
| 1992 | 8 月底 | | 中国石油天然气总公司相关负责人在俄罗斯的邀请下访问莫斯科,两国同行针对石油开采领域的合作前景进行了探讨。 |
| 1994 | 11.09 | | 俄方率先提出修建中俄原油管道计划。中国石油天然气总公司与俄西伯利亚—远东石油公司(即西丹科公司)在北京会谈并签署《中国石油天然气总公司与俄罗斯西伯利亚远东石油股份公司会谈备忘录》,探讨了从俄罗斯东西伯利亚伊尔库茨克州的城市安加尔斯克至中国大庆(即安大线)铺设输油管道项目的合作问题。 |
| | 12.23 | | 国家计委批准中国石油天然气总公司从俄东西伯利亚进口天然气。中俄油气合作项目正式立项,中俄油气合作领导小组成立。 |
| 1995 | 1.10～1.20 | | 中国石油天然气总公司和俄燃料能源部、西丹科公司在莫斯科举行会议,共同制定了关于从伊尔库茨克向中国东北铺设管道,向中国输送天然气的经济技术评价计划。 |
| | 11.02 | | 中国石油天然气总公司与俄能源部签署《中国石油天然气总公司和俄罗斯联邦燃料能源部合作备忘录》。 |

续表

| 年 | 月日 | 政府层面 | 企业层面 |
|---|---|---|---|
| 1996 | 4.25 | 俄总统叶利钦访华,两国签署《关于共同开展能源领域合作协定》。 | |
| | 11.21 | | 中国石油天然气总公司与埃索中国石油有限公司(后被埃克森石油公司收购)签署《萨哈林—中国天然气管线研究协议》。 |
| | 12.27 | 中俄两国政府设立"中俄总理定期会晤委员会",该框架内常设能源合作分委会。 | |
| 1997 | 6.27 | 中俄总理举行第二次定期会晤 | 中国石油天然气总公司与俄能源部签署《中国石油天然气总公司和俄燃料能源部关于组织实施油气合作项目的协议》。 |
| | 8.9 | | 中国石油天然气总公司与俄罗斯天然气工业股份公司签署《关于在天然气工业领域合作的协议》,落实从俄罗斯经中国西部边境向中国东南部输送天然气管道项目和在中、俄境内勘探开发油气田等开展合作。 |
| | 11.10 | 俄总统叶利钦访华,两国政府签署《关于经济和科技合作基本方向的谅解备忘录》及《关于铺设天然气输气管道、开发凝析气田项目基础原则的谅解备忘录》,决定实施从俄伊尔库茨克和西西伯利亚至中国的天然气管道项目和向中国输送原油管道项目前期研究。 | |

续表

| 年 | 月日 | 政府层面 | 企业层面 |
|---|---|---|---|
| 1999 | 2.25 | 中俄总理第四次定期会晤 | 中国石油天然气总公司与俄尤科斯石油公司、俄罗斯管道运输公司签署《关于开展中俄原油管道工程预可行性研究工作的协议》；与露西亚石油股份公司签署《关于铺设从科维克金凝析气田到中国以及可能的第三国用户输送天然气管道和开发科维克金凝析气田可行性研究总协议》。该年俄天然气集团和中石油达成意向性的天然气出口协议，俄方开价180美元/千立方，中方出价165美元/千立方，后因国际能源市场价格飙升，双方最终未能签署合同。 |
| 2000 | 7.18～7.19 | 俄总统普京访华，两国签署的《中华人民共和国和俄罗斯联邦北京宣言》提及中国和俄罗斯将探讨俄罗斯参与中国西部大开发的可能性，包括开发石油天然气田和铺设天然气管道。 | 《中俄能源合作分委会中方石油天然气工作组和俄方石油天然气工作组关于同意韩国政府指定的公司参加俄罗斯联邦伊尔库茨克州科维克金凝析气田管道供气项目可行性研究工作的谅解备忘录》、《中国石油天然气集团公司和俄罗斯联邦能源部、管道运输公司、尤科斯石油公司关于准备中俄原油管道项目可行性研究协议的谅解备忘录》和《中国联合石油有限责任公司与俄罗斯尤科斯石油公司关于三十万吨西西伯利亚轻质原油的购销合同》。 |
| | 11.3 | 中俄总理第五次定期会晤 | 签署《关于韩国天然气公司加入筹备铺设从俄罗斯伊尔库茨克州科维克金凝析气田到中国和韩国输送天然气管道和开发科维克金凝析气田可行性研究的协议》。 |

续表

| 年 | 月日 | 政府层面 | 企业层面 |
|---|---|---|---|
| 2001 | 7.17 | 江泽民主席访俄。 | 中国石油与俄管道公司、尤科斯石油公司签署了《中国石油天然气集团公司和俄管道运输公司、俄尤科斯石油公司关于开展铺设俄罗斯至中国原油管道项目可行性研究原则协议》。 |
| | 9.8 | 中俄总理第六次定期会晤。 | 中国石油与俄管道公司、尤科斯石油公司签署了《中俄关于共同开展铺设俄罗斯至中国原油管道项目可行性研究工作的总协议》。 |
| 2002 | 12.18 | 俄罗斯国家杜马通过专门决议禁止中石油参与斯拉夫石油公司的收购。 | |
| 2003 | 3.14 | 俄罗斯总理卡西亚诺夫宣布,俄政府决定铺设安加尔斯克—纳霍德卡石油主管道(即安纳线),同时建设至中国大庆的分管道。 | |
| | 5.28 | 胡锦涛主席访俄。 | 中国石油天然气集团公司和俄罗斯尤科斯石油公司签署了《关于中俄原油管道原油长期购销合同基本原则和共识的总协议》和《关于600万吨原油的铁路购销合同》。 |
| | 11.30 | | 中国石油、俄罗斯露西亚石油股份公司与韩国天然气公社合作完成了从科维克金气田到中国以及可能的第三国用户输送天然气管道和开发科维克金凝析气田可行性研究(第一阶段)报告,并分别递交给三国政府审议。 |
| | 12月 | | 中石油与萨哈林石油股份公司就俄罗斯萨哈林油田的勘探开发业务签订框架协议。 |

续表

| 年 | 月日 | 政府层面 | 企业层面 |
|---|---|---|---|
| 2004 | 10.14 | | 俄罗斯天然气工业股份公司和中国石油天然气集团公司在北京签订战略合作协议。 |
| | 11月 | | 中国石油与萨哈林－1投资集团的谈判代表签署谅解备忘录，开始进行萨哈林－1供气项目购销天然气框架协议和边境气价公式谈判。 |
| | 12.31 | 俄政府签署文件正式批准俄东西伯利亚—太平洋原油管道工程（即泰纳线）。 | |
| 2005 | 1.8 | | 中国石油与俄罗斯石油公司签署《关于进口4840万吨俄罗斯原油的长期贸易合同》，采用石油换贷款的模式。<br>年初，中国石化也与俄罗斯石油公司签署开展广泛合作的谅解备忘录。 |
| | 7.4 | 中俄两国元首会晤。 | 中国石油天然气集团公司与俄罗斯石油公司签署《长期合作协议》。<br>中国石化集团公司也与俄罗斯石油公司签署了有关建立合资企业共同参与俄罗斯远东萨哈林－3油气田开发的协议。 |
| 2006 | 3.21 | 俄总统普京访华。 | 中石油分别与俄罗斯天然气工业股份公司、俄罗斯石油公司和俄罗斯管道运输公司签署《中国石油天然气集团公司与俄罗斯天然气工业股份公司关于从俄罗斯向中国供应天然气的谅解备忘》《关于中国石油天然气集团公司与俄罗斯石油公司在中国、俄罗斯成立合资企业深化石油合作的基本原则协议》《中国石油天然气集团公司和俄罗斯管道运输公司关于斯科沃罗季诺—中国边境段原油管道设计和建设问题研究会谈纪要》合作文件。 |

续表

| 年 | 月日 | 政府层面 | 企业层面 |
|---|---|---|---|
| | 4.28 | | 俄罗斯远东石油管道(泰纳线)一期工程正式开工建设。一期工程从泰舍特至斯科沃罗季诺,二期从斯科沃罗季诺至佩列沃兹纳亚湾。 |
| | 6.5 | | 中国石油化工集团与俄石油公司从俄罗斯"秋明—英国(TNK-BP)"石油公司手中收购了俄罗斯乌德穆尔特石油公司(UDM),中石化持有合资公司49%的股权。这是中国公司首次进入石油开采领域。 |
| | 9.10 | | 俄罗斯卢克石油公司与中国石油天然气集团总公司签署了在石油天然气开采和加工领域进行战略合作的协议。 |
| | 10.19 | | 中石油与俄罗斯石油公司合资成立东方能源公司,拥有49%的权益。签署《东方能源有限责任公司创建协议》。合资公司的建立标志着中国石油企业又开辟了一个打入俄罗斯市场的新途径。 |
| | 10月底 | | 萨哈林—1投资集团和中国石油天然气集团公司签署《关于从位于俄罗斯近海的"萨哈林1号"项目向中国东北地区提供天然气的购销天然气框架协议》。之后未正式签署正式的购销协议。 |

| 年 | 月日 | 政府层面 | 企业层面 |
|---|---|---|---|
| 2007 | 3 月 | | 中国石化与俄罗斯石油公司签署合资协议,共同创立维宁石油股份公司(Veninneft),负责萨哈林-3 项目 Venin 大陆架的勘探和开发作业。中国石化拥有该公司 25.1% 的股权。 |
| | 7 月 | | 东方能源中标俄伊尔库茨克州上伊恰尔和西乔两个勘探区块。同年 10 月 8 日获得俄罗斯自然资源部颁发的勘探开发许可证。后因该项目由于受到俄罗斯税收制度的影响会面临亏损,没有继续进展。 |
| | 10. 30 | | 中国石油与俄罗斯石油公司合资,在中国注册成立东方石化有限责任公司。 |
| 2008 | 7. 26 | 中俄副总理级能源谈判机制在京启动。 | 天然气交易价格,俄方开价 300 元/千立方,中方出价 200 美元/千立方,谈判未达成。 |
| | 10. 29 | 中俄总理进行第十三次定期会晤,两国政府签署《关于在石油领域合作的谅解备忘录》。 | 中石油与俄罗斯管道运输公司签署了《关于斯科沃罗基诺至中俄边境原油管道建设与运营的原则协议》。 |
| 2009 | 2. 17 | 中俄副总理举行中俄能源谈判代表第三次会晤,签署《中华人民共和国政府与俄罗斯联邦政府能源谈判机制会谈纪要》,并草签《关于石油领域合作的协议》。 | 中石油与俄罗斯管道运输公司签署了《关于从斯科沃罗季诺—中俄边境原油管道、建设与运营合同》,与俄罗斯石油公司和俄罗斯管道运输公司分别签署了开展长期原油贸易的协议。中国将向两公司提供总计 250 亿美元的长期贷款,俄以供油偿还贷款。 |

| 年 | 月日 | 政府层面 | 企业层面 |
|---|---|---|---|
| | 4.21 | 中俄能源谈判代表第四次会晤，共同签署了《中俄石油领域合作政府间协议》，双方管道建设、原油贸易、贷款等一揽子合作协议随即生效。同意为建设中俄原油管道设立封闭区，并提供税费减免和简化管道建设物资与人员通关手续；授权中国石油和俄管道公司建设中俄原油管道。 | |
| | 4.27 | | 中俄原油管道（泰纳线）俄罗斯境内段在斯克沃罗季诺市管道首站开工。 |
| | 5.18 | | 中俄原油管道（泰纳线）中国境内段在黑龙江省漠河县兴安镇工程开工。 |
| | 6.18 | 中俄元首在莫斯科会晤，签署《关于天然气领域合作谅解备忘录》，指定中国石油集团公司和俄罗斯天然气工业股份公司分别为两国天然气领域合作的授权企业。 | |
| | 8.29 | 中俄原油管道关键性控制工程在黑龙江穿越开钻。 | |
| | 10.13 | 中俄总理举行第十四次定期会晤，签署《落实2009年6月24日签署的〈关于天然气领域合作的谅解备忘录〉路线图》，决定东西两线同步启动，并于2014年至2015年供气，俄每年对华输送700亿立方米天然气。 | 中石油分别与俄罗斯天然气工业公司和俄罗斯石油公司签署了《关于俄罗斯向中国出口天然气的框架协议》和《中国石油天然气集团公司与俄罗斯石油公司关于推进上下游合作的谅解备忘录》。 |
| | 12.28 | | 俄罗斯滨海边疆区纳霍德卡郊区的科济米诺的石油灌装码头正式投入使用。首批出口石油运往香港。该港口主要面对亚太市场的原油运输。至此，东西伯利亚—太平洋石油管道输送系统一期工程竣工。从斯科沃罗季诺到中国边境的支线正在铺设。 |

续表

| 年 | 月日 | 政府层面 | 企业层面 |
|---|---|---|---|
| | 8.29 | | 中俄原油管道俄境内段正式开通。 |
| | 9.21 | 中俄能源谈判代表第六次会晤。 | 中俄东方石化(天津)有限公司1300万吨/年炼油项目奠基。该项目后因炼油的油源问题,没有继续进展。 |
| 2010 | 9.27 | 两国政府签署《关于修改二〇〇九年四月二十一日签订的〈关于石油领域合作的协议〉的议定书》。 | 中俄原油管线全线竣工。中石油分别与俄罗斯管道运输公司、俄罗斯天然气工业股份公司、俄罗斯石油公司签署《俄罗斯斯科沃罗季诺输油站至中国漠河输油站原油管道运行的相互关系及合作总协议》、《俄罗斯向中国供气主要条款框架协议》和《关于合作完成天然气处理与天然气化工项目可行性经济技术分析工作成果的备忘录》、《中俄原油管道填充油供油合同》,与俄罗斯卢克石油公司签署《扩大战略合作协议》。 |
| | 11.1 | | 中俄原油管道进入试运行阶段。 |
| 2011 | 1.1 | | 中俄原油管道投入运营,通过管道,俄每年对华输送1500万吨原油,为期20年。 |
| | 5.31 | 中俄能源谈判代表在莫斯科第七次会晤。双方签署了《2009年6月24日天然气领域合作谅解备忘录的议定书》。 | |
| | 10.11 | 中俄总理第十六次会晤和中俄能源谈判代表工作会晤。未就价格达成一致,谈判接近破裂。 | |

续表

| 年 | 月日 | 政府层面 | 企业层面 |
|---|---|---|---|
| 2012 | 6.2 | 俄总统普京访华,中俄油气谈判重启。在北京中俄能源谈判代表第八次会晤。 | |
| | 12.5 | 在莫斯科举行中俄能源谈判代表第九次会晤,签署《中华人民共和国国家能源局和俄罗斯联邦能源部关于开展能源市场态势评估合作的谅解备忘录》。指出优先推进东线管道合作,积极研究西线一体化合作。 | 12月份,俄气和中石油实施西线项目意向,商定就互惠决策展开对话。 |
| 2013 | 3.22 | 习近平主席访俄,两国政府签署《俄罗斯向中国增供原油的框架协议》。 | 中石油与俄罗斯石油公司签署原油增供协议,与俄罗斯天然气工业股份公司签署从俄东部气田向中国供气的合作协议。 |
| | 6.20 | | 俄石油和中石油签署长期供油合同。中国石油还与俄罗斯第二大天然气生产商诺瓦泰克公司签署收购亚马尔液化天然气(LNG)项目20%股份的框架协议。 |
| | 9.5 | 习近平主席访俄。 | 《中国石油天然气集团公司同俄罗斯天然气股份公司关于中俄东线天然气合作的框架协议》《中国石油天然气集团公司同俄罗斯诺瓦泰克公司液化天然气股权合作协议》。 |
| | 9.12 | | 中俄原油管道漠河至大庆线扩建工程开始。进一步提升管线输油能力。 |
| | 10.22 | 中俄总理第十八次定期会晤。 | 《中国石油天然气集团公司与俄罗斯国家石油公司关于天津炼厂投产进度及向天津炼厂供油的主要条款》《中国石油天然气集团公司与俄罗斯诺瓦泰克公司关于购买亚马尔液化天然气的购销协议》《中国石油化工集团公司与俄罗斯国家石油公司关于预付款出口合同备忘录》。俄气称与中石油基本商定对华供气的定价公式,双方或在年底签署供气合同。 |

续表

| 年 | 月日 | 政府层面 | 企业层面 |
|---|---|---|---|
| 2014 | 1.15 | | 俄罗斯石油公司从中国石油天然气集团公司(中石油)获得首笔预付款,自1日起以掉期交易方式开始经哈萨克斯坦向中国输油。 |
| | 5.21 | 两国政府签署《中俄东线天然气合作项目备忘录》。 | 中国石油天然气集团公司和俄罗斯天然气工业股份公司签署了《中俄东线供气购销合同》。 |

资料来源:作者主要参考《国际石油经济》编辑部整理的《中俄油气合作大事记》(国际石油经济,2013年第6期:58 - 60.),结合1992年至今的各期《人民日报》关于中俄能源合作的新闻报道,及新华网(http://www.xinhuanet.com/)、中俄资讯网(http://www.chinaru.info/)、和讯网(http://news.hexun.com/)中国石油天然气集团公司和中国石油化工集团官网上的新闻报道后整理而来。

# 致　谢

　　搁笔掩卷,我终于迎来博士论文完成之后的短暂放松。此刻,北京春天的姹紫嫣红也让我的心情无比轻快。经历了写作伊始时的筚路蓝缕、写作中期山穷水复般的迷失,以及写作后期柳暗花明般的顿悟,我感到无比充实。这其中每一步,都离不开曾帮助、关心和支持我的老师、同学和家人,在此向你们致以最诚挚的谢意!

　　四年前在我对研究迷茫之际,能受教于赵景华教授门下,对我而言是幸运中之大幸。赵老师博学严谨,敏锐深刻,学术高屋建瓴,教育方法特立独行。不能忘记在选题阶段,我曾深陷旧思维框架的泥淖,焦虑而迷茫。是赵老师,基于其对国际形势和国家战略的高度敏感和高瞻远瞩,以及因材施教的教育理念,最终帮助我选定了中俄能源合作战略研究的写作方向。赵老师的指导仿佛茫茫黑夜中的一盏灯火照亮了迷航小船的归途。还记得选题确定之初的惶恐,我担心这个题目超出我研究的驾驭能力。但是在无数次与赵老师的交流和沟通中,我才逐渐体会到导师的良苦用心。他正是希望通过这一研究,帮我磨砺研究能力上的弱项。因此,这一选题除了它本身研究的战略价值外,更重要的是对我自身研究能力的提升也具有“战略”意义。虽然这篇博士论文的研究还有待继续深入,但是对我的研究生涯而言,确是一个质变之后的新起点。此外,赵老师还让我担任多项横向课题的课题秘书,通过外联工作来锻炼我的沟通、组织和协调能力,使我收获满满。赵老师像琢玉的匠师般,对学生们细细“打磨、雕琢”,没有赵老师的磨砺,就没有我今天的成长,再次向赵老师致以深深的谢意!

　　我要感谢中国工程院院士李京文教授、中国人民大学胡乃武教授和许光建教授、中国社科院的沈志渔研究员、国家行政学院的王健教授、中央党校的江涛教授、中山大学何艳玲教授以及清华大学的朱旭峰教授，他们分别在开题、预答辩以及答辩中对我的论文提出了宝贵的写作和修改建议，帮我大大完善了论文，谢谢你们！

博士求学过程对于我这样的职业女性而言无疑是艰辛的。丈夫身在军营，双方父母为我俩承担了养育孩子的重担。对家庭尤其对孩子，四年的缺位让我感到无比的愧疚，但我仍希望在此过程中体现的坚强和执着，能为孩子做出示范。而对于双方父母以及丈夫的支持，我只能表示深深的感激！也非常感谢工作单位广西财经学院的领导和同事，他们在四年中的照顾和体谅，使我能将有限的精力尽可能多地投入到博士阶段的研究中。

在校期间，央财政府管理学院的施青军老师、罗海元老师、任郑莲老师、崔晶老师、刘燕老师、刘立光老师等，以及经济学院、统计学院的一些老师都曾对我鼎力相助，在与他们的学习与合作过程中，我非常快乐。已毕业的同门李宇环博士、与我一同并肩的马忻博士和吴若冰博士、室友白玉华博士以及其他的同门，他们在研究上的建议和"心灵鸡汤"都支持着我博士论文的写作。

四年博士生活即将成为过去，但这四年积淀的知识、能力和对人生感悟让我更加成熟与自信。导师及各位教授在研究中展现出来的社会责任感与使命感，也让我感受到了积极向上的"正能量"。作为一名大学老师，我希望今后通过传道、授业、解惑，能将这些知识和责任传承给我的学生！

虽然论文成稿付梓，我却在短暂的放松之后又进入了新的紧张状态。我深深知道，我的成绩还只是万里长征才走了几步。接下来的日子，我将围绕合作战略进行更加深入、系统的研究。

"衣带渐宽终不悔，为伊消得人憔悴"，学术探索永无止境，2015，我将更加勇敢，也致自己！

扈剑晖

2015 年 5 月